Política de Consumo: Movimento Social de Defesa do Consumidor no Brasil

Nelson Nery Costa

Política de Consumo: Movimento Social de Defesa do Consumidor no Brasil

Del Rey Editora

Belo Horizonte
2016

Impresso no Brasil | *Printed in Brazil*

EDITORA DEL REY LTDA.
www.livrariadelrey.com.br

Editor: Arnaldo Oliveira

Editor Adjunto: Ricardo A. Malheiros Fiuza

Editora Assistente: Waneska Diniz

Coordenação Editorial: Wendell Campos Borges

Projeto Gráfico: Dilex Editoração Ltda.

Editoração: Dilex Editoração Ltda.

Revisão: RESPONSABILIDADE DO AUTOR

Capa: CYB Comunicação

Editora / MG
Rua dos Goitacazes, 71 - Sala 709-C - Centro
Belo Horizonte - MG - CEP 30190-050
Tel: (31) 3284-5845
editora@delreyonline.com.br

C837c Costa, Nelson Nery
Política de consumo: movimento social de defesa do consumidor no Brasil. / Nelson Nery Costa. Belo Horizonte: Del Rey, 2016.
xviii + 326 p.
ISBN: 978-85-384-0435-4
1. Consumo. 2. Proteção e defesa do consumidor. 3. Relação de consumo. 4. Direito do consumidor. I. Título.
CDU: 347.451.031

Nilcéia Lage de Medeiros
Bibliotecária
CRB6: 1545

"Não é a consciência dos homens que determina o seu ser, mas, ao contrário, é o seu ser social que determina sua consciência".

(Karl Marx, **Prefácio**).

Dedico a presente obra a Lavínia, minha esposa, que sempre me apoiou.

Dedico, ainda, aos meus amados, e em especial a minha mãe Glorinha Costa e aos meus filhos André, Ricardo e Alice, que enternecem meu coração e que me dão forças para andar em frente.

SUMÁRIO

PREFÁCIO

Escrever algumas linhas sobre a nova obra[1] do Professor Nelson Nery Costa propicia-me a oportunidade de discutir, ainda que brevemente, o consumo a partir de algumas de suas múltiplas dimensões, são elas: o excesso de bens e serviços disponíveis no mercado e o consumo sustentável; a necessária proteção jurídica do consumidor a partir de uma perspectiva mais realista que, ultrapassando o abstrato paradigma da *autonomia das vontades*, reconheça a real vulnerabilidade dos consumidores.

Desse modo, permito-me relembrar alguns trechos do poema *Eu, etiqueta* de Carlos Drummond:

---

1 Foucault analisa a expressão *obra* a partir do seguinte prisma: "A constituição de uma obra completa ou de um opus supõe um certo número de escolhas difíceis de serem justificadas ou mesmo formuladas [...] E que importância dar às cartas, às notas, às conversas relatadas, aos propósitos transcritos por seus ouvintes, enfim, a este imenso formigamento de vestígios verbais que um indivíduo deixa em torno de si, no momento de morrer, e que falam, em um entrecruzamento indefinido, tantas linguagens diferentes. [...] A obra não pode ser considerada como unidade imediata, nem como unidade certa, nem como unidade homogênea". Cf. FOUCAULT, M. **A ordem do discurso**. São Paulo: Loyola, 1996. p. 26-27. Contudo, adoto, aqui, obra no sentido unitário de um livro.

Estou, estou na moda.
É duro andar na moda, ainda que a moda
Seja negar minha identidade,

Com que inocência demito-me de ser.
Eu que antes era e me sabia.
Tão diverso de outros, tão mim-mesmo,

Onde terei jogado fora
Meu gosto e capacidade de escolher,

Peço que meu nome retifiquem.
Já não me convém o título de homem.
Meu nome novo é Coisa.[2]

Por mais paradoxal que pareça, o antropocentrismo não tem sido fragilizado pela necessária centralidade da vida, ou seja, pelo resgate do biocentrismo[3] como dimensão da diversidade ecológica, mas pela exacerbação dos bens e da propriedade que desconhecem o sentido da *justa medida*[4].

---

2 ANDRADE, Carlos Drummond. Eu, etiqueta. In: ______. **Nova reunião.** Rio de Janeiro: Record, 1984.

3 "*Em síntese, a ética da sustentabilidade reconhece (a) a ligação de todos os seres, acima do antropocentrismo estrito (b) o impacto retroalimentador das ações e das omissões, (c) a exigência de universalização concreta, tópico-sistemática do bem-estar e (d) o engajamento numa causa que, sem negar a dignidade humana, proclama e admite a dignidade dos seres vivos em geral.*
[...] o desenvolvimento, constitucionalmente exigido, é aquele que deixa tingir pelas cores éticas (ambientais, sociais e econômicas). Qualquer acepção unilateral ou unidirecional resulta em manifesto desacordo com as linhas mestras da Lei Maior." Cf. FREITAS, Juarez. **Sustentabilidade**: direito ao futuro. 2. ed. Belo Horizonte: Fórum, 2012. p.63-111. Grifo do autor.

4 "A cultura imperante é em tudo excessiva. Não tem o sentido da autolimitação nem o senso da justa medida. Por isso está em crise perigosa para seu próprio futuro. O desafio é: qual é a justa medida que preserva o capital natural e a sobrevivência da biosfera? A justa medida é o ótimo relativo, o equilíbrio entre o mais e o menos [...].
Aprendamos dos antigos como sanar a crise civilizacional: vivendo

O poeta Carlos Drummond, portanto, explica bem, no traçado suave e eloquente de suas palavras, o conhecido e complexo processo de reificação ou fetichismo da mercadoria.[5]

Que fique claro: não quero, aqui, discutir as teses ou o método marxista. Isto seria, a título de um prefácio, despropositado. O que desejo é apenas evidenciar que, em tempos pós-modernos, o consumo, como se sabe, não está necessariamente atrelado à satisfação de necessidades[6], mas tem sido, muitas vezes, respostas extravagantes aos apelos sempre ruidosos e persistentes do mercado. Agnes Heller[7], na obra *Teoría de las necessidades em Marx*, explica a dualidade e as contradições entre as falsas necessidades criadas pelo mercado e as necessidades essenciais.[8]

A moda dita, de forma cada vez mais rápida, a obsolescência dos produtos que, embora em condições de uso, já não são o *passaporte* social chancelado pela multidão. Portá-los, para muitos, seria praticamente uma heresia. Assim, a sociedade

---

sem excesso, na justa medida e no cuidado essencial para com tudo o que nos cerca." Cf. BOFF, Leonardo. **Ética e moral**: a busca dos fundamentos. 6. ed. Petrópolis: Vozes, 2010. p. 69-73.

5 "[...] Uma relação social definida, estabelecida entre os homens, assume a forma fantasmagórica de uma relação entre coisas." Cf. MARX, Karl. **O capital**: crítica da economia política. 13. ed. Tradução Reginaldo Sant'Anna. Rio de Janeiro: Bertrand Brasil, 1989. v. 1. p. 81.

6 Sobre necessidades humanas básicas, Cf. por todos: DOYAL, Len; GOUGH, Ian. **A theory of human need**. London: Mac Millan, 1991; PEREIRA, Potyara A. P. **Necessidades humanas**: subsídios à crítica dos mínimos sociais. São Paulo: Cortez, 2000.

7 HELLER, Ágnes. **Teoría de las necesidades en Marx**. 2. ed. Barcelona: Penisula, 1986.

8 Marcuse analisa, assim, as necessidades humanas e suas acomodações e contradições com os interesses dominantes: "A maneira pela qual a sociedade organiza a vida de seus membros compreende uma escolha inicial entre alternativas históricas que são determinadas pelo nível de cultura material e intelectual herdada. A própria escolha resulta do jogo dos interesses dominantes". Cf. MARCUSE, Herbert. **A ideologia da sociedade industrial**: o homem unidimensional. Tradução de Giasone Rebuá. 6. ed. Rio de Janeiro: Zahar, 1978. p.19.

pós-moderna de consumo identifica-se cada vez menos com o ser, e, portanto, ainda encontra, em pleno século XXI, imensas dificuldades para conviver com as diferenças[9].

Tem-se, nesse contexto, pessoas despreparadas para conviver em uma típica *crise do vínculo e do limite*, como bem explica François Ost, no livro "A natureza à margem da lei: ecologia à prova do direito"[10]

> A modernidade ocidental transformou a natureza em "ambiente": simples cenário no centro do qual reina o homem, que se autoproclama "dono e senhor". Este ambiente cedo perderá toda a consciência ontológica, sendo desde logo reduzido a um simples reservatório de recursos, antes de se tornar em depósito de resíduos - em suma, o pátio das traseiras da nossa tecnosfera. O certo é que o projecto moderno pretende construir uma supranatureza, à medida da nossa vontade e do nosso desejo de poder. Em comparação com esta supranatureza, a natureza ainda natural faz figura de entrave incómodo. [11]

Cabe enfrentar, agora, outro importante aspecto que envolve o cada vez mais complexo processo de circulação de bens e serviços, ou seja, a necessária proteção do consumidor. Esse, na prática, é, sem dúvida, o elo mais fraco da relação e, bem por isso, suscita atuação positiva do Estado, quer através de políticas públicas, quer por meio de leis conducentes a garantir de modo claro e célere seus direitos, quer, finalmente, por meio do acesso à justiça[12].

---

9 "Esforços para manter à distância o outro, o diferente, o estrangeiro, e a decisão de evitar a necessidade de comunidade, negociação e compromisso mútuo [...]". Cf. BAUMAN, Zygmunt. **Modernidade líquida**. Traducción Plínio Dentzien. Rio de Janeiro: Zahar, 2001. p.126.

10 OST, François. **A natureza à margem da lei**: a ecologia à prova do direito. Tradução Joana Chaves. Lisboa: Piaget, 1997.

11 Ibid., p. 10.

12 "O acesso à justiça pode, portanto, ser encarado como o requisito fundamental - o mais básico dos direitos humanos - de um sistema jurídico moderno e igualitário que pretenda garantir, e não apenas proclamar os direitos de todos." Cf. CAPPELLETTI, Mauro; GARTH, Bryant. **Acesso**

> A igualdade dos cidadãos perante a lei passou a ser confrontada com a desigualdade da lei perante os cidadãos, uma confrontação que em breve se transformou num vasto campo de análise sociológica e de inovação social centrado na questão do acesso diferencial ao direito e à justiça por parte das diferentes classes e estratos sociais[13].

Assim, as *Diretrizes das Nações Unidas para a Proteção do Consumidor* refletem a necessária proteção daqueles que consomem bens e serviços no mercado aliada ao consumo sustentável.

É, nesse contexto, portanto que se insere a obra do Professor Nelson Nery Costa cujos méritos, em meu sentir, são muitos. Primeiro, discute com sólido aporte dogmático o ato de consumir como direito fundamental e como política pública. Resgata e analisa dados importantes da História brasileira concernentes ao seu objeto de estudo. Inova ao trabalhar com os movimentos sociais de defesa do consumidor na agenda política. E, finalmente, dialoga com importantes questões relativas ao consumo e à proteção ambiental.

Lembro bem da fraterna convivência acadêmica com Nelson Nery Costa como sua orientadora de tese no exitoso Programa de Pós-Graduação em Políticas Públicas da Universidade Federal do Maranhão. Em solo ludovicence, conheci sua erudição e sua contagiante alegria de viver. No Piauí, Estado do Parque Nacional Serra da Capivara, tive oportunidade de conhecer seus livros que não apenas ostentam as vastas estantes do seu escritório, mas, sobretudo, povoam seu ofício de pesquisador, suas palavras e, certamente, sua vida.

Assim, parabenizo Nelson Nery Costa pela sua trajetória acadêmica que engrandeceu a Universidade Federal do Mara-

---

à justiça. Porto Alegre: Fabris, 1988. p. 12.

13 SANTOS, Boaventura de Sousa. **Pela mão de Alice**: o social e político na pós-modernidade. 2. ed. São Paulo: Cortez, 1996. p. 165.

nhão e enriquece a Universidade Federal do Piauí. Parabenizo, por fim, a iniciativa editorial que, agora, veicula a obra e a disponibiliza para os pesquisadores brasileiros.

Cláudia Maria da Costa Gonçalves
Pós-Doutora em Direito pela Faculdade de Direito da Universidade de Lisboa. Mestre e Doutora em Políticas Públicas pela Universidade Federal do Maranhão. Professora de Direito Constitucional e Direito Administrativo do Curso de Direito da Universidade Federal do Maranhão e de Desenvolvimento Sustentável e Meio Ambiente no Programa de Pós-Graduação em Políticas Públicas (Mestrado e Doutorado) da mesma Universidade. Procuradora do Estado do Maranhão. Ex-Procuradora Federal. Ex-Advogada da União.

INTRODUÇÃO

O Brasil efetuou mudanças significativas no direito, no final do século XX, fazendo com que este ficasse menos formal e mais próximo dos interesses dos cidadãos. O Estado Autoritário Burocrático[1], surgido com o Golpe de 1964[2], tinha suas instituições jurídicas atreladas aos interesses das elites políticas e econômicas. A participação de entidades da sociedade civil[3] na elaboração das novas legislações realizadas, no Brasil, ocorreu

1 Estado Autoritário Burocrático foi a forma de Estado nas economias dependentes, nas décadas sessenta e setenta do século XX, na América do Sul, caracterizado pelo regime militar, pelo cerceamento da cidadania e pela economia aberta às empresas oligopolizadas: A política pública está preocupada fundamentalmente em promover a industrialização avançada (COLLIER, 1982: 32).

2 O Golpe Militar de 1964 foi o movimento social e militar de reação ao Governo de João Goulart, este de natureza esquerdista, iniciado em 31 de março de 1964, com o apoio norte-americano. Resultou no Estado Autoritário Burocrata, no Brasil, até a posse de Presidente Civil, em 1985 (FLORES, 2001: 281).

3 Antônio Gramsci considerava que sociedade civil designa um momento da superestrutura e não da estrutura que parece ser o reflexo mais imediato da estrutura, isto é, o momento da força ou da ação política, mas sim o momento que a estrutura se reflete e, ao refletir-se, torna-se meio, instrumento do movimento histórico (BOBBIO, 1982: 60).

a partir da redemocratização com a volta de um Presidente da República civil, em 1985. O direito deixou de ser monopólio dos proprietários, passando a ser influenciado pelo movimento social.

As modificações acima mencionadas foram percebidas, a partir de experiência pessoal do doutorando como defensor público, cargo alcançado através de concurso público, em 1986, e como professor de direito da Universidade Federal do Piauí, desde 1987, também por concurso. No começo do exercício dessas atividades institucionais, existia um direito distante dos interesses sociais e sem meios adequados para que estes interesses prevalecessem dentro das normas do processo judicial. Em razão do excesso de formalismo, o direito ficava em uma caixa fechada, sem que ninguém a pudesse abrir, longe dos olhares curiosos dos trabalhadores. Por outro lado, os meios processuais faziam com que o acesso à Justiça não se efetivasse, pelas dificuldades técnicas e pela demora na sua realização.

A Constituição de 1988 resultou de um Congresso Nacional transformado em Assembleia Nacional Constituinte, por força de emenda constitucional ainda no mandato do Presidente José Sarney. No entanto, a atuação da sociedade civil no processo constituinte implicou a participação do movimento social e também de instituições de natureza conservadora. Na ampla discussão ocorrida, em algumas matérias mais do que em outras, houve a participação de associações, de organizações, de sindicatos, de fundações e de várias outras instituições na proposição de emendas e nas negociações dos pontos polêmicos. Inclusive, ocorreu o mesmo quanto ao direito do consumidor, que na época era uma matéria nova no país.

Depois da atuação do movimento social na instituição da defesa do consumidor no Brasil, com a Constituição de 1988, a sociedade civil continuou sua mobilização no sentido de que as disposições constitucionais fossem materializadas em um texto legal de ampla aplicação prática. Logo em seguida, em menos de dois anos, prazo significativo no país, surgiu a Lei Federal nº 8.078, de 11.09.1990, o Código de Defesa do Consumidor, que se constituiu em um novo direito e em um novo campo de atuação dos órgãos jurisdicionais. Não se tratava do desenvolvimento de um ramo tradicional do direito pátrio, mas da introdução de uma matéria influenciada tecnicamente pelo direito norte-americano e pelo direito comunitário europeu. A defesa do consumidor nasceu, nos Estados Unidos, da atuação inicial do movimento sindical, mas depois passou a ter características próprias e específicas.

Foi representativa a participação do movimento social na criação do direito do consumidor, em diversas disposições da Constituição de 1988. Havia a experiência anterior em algumas dessas matérias, como em leis para assegurar a quantidade e qualidade de determinados produtos, que já existia desde a fase pré-capitalista. No entanto, foi no texto constitucional acima que realmente ganhou força a proteção dos consumidores, quanto às mercadorias adquiridas ou quantos aos serviços contratados. Inaugurou-se um novo direito e uma nova política pública, sem precedentes no Brasil, que até então se baseava no princípio da autonomia da vontade e no princípio de que o contrato era lei entre as partes, de caráter conservador, que favoreceriam os fornecedores.

O direito do consumidor passou a proteger, através de vários princípios e garantias, aquele que consumia bens ou serviços adquiridos no mercado. Em favor deste, o fornecedor ficou obrigado a várias exigências, que invertiam a ordem jurídica tradicional. Por exemplo, houve o reconhecimento da hipossuficiência com o favorecimento processual do consumidor, como a inversão do ônus da prova, ao passar para o fornecedor a responsabilidade de apresentar os meios probantes. No mesmo sentido, foi prevista a anulação das cláusulas abusivas e das cláusulas de surpresa, bem como vetada a propaganda enganosa.

Como dito acima, não existia antes de 1988 política pública que tratasse especificamente do consumo, nem disposições que a garantisse de forma tão expressiva, salvo a ação civil pública, que também nasceu no bojo das lutas pelo direito do consumidor. A proteção do consumidor abrangeu não só o fornecimento de bens, como também a prestação de serviços, inclusive de natureza financeira ou securitária. Em vez do tradicional direito civil, de influência romana, ou do direito comercial, de criação pré-capitalista, surgiu um direito que favorecia o mais fraco, não só nas disposições materiais, como também nas proteções processuais. Este ramo logo começou a ser aplicado, por meio dos Juizados Especiais, dos Procons e da Defensoria Pública, dentre outras instituições jurídicas.

A proteção do consumidor tem aplicação cotidiana, seja na consciência daquele que consome no mercado, pelo menos no aspecto jurídico, seja através de diversos órgãos de realização da Justiça, como nos aparelhos do Judiciário e do Ministério Público ou nas instituições de defesa dos mais pobres. Houve a mudança na mentalidade do consumidor e também do fornecedor, com novas limitações quanto à liberdade de contratar, para evitar a exploração dos juridicamente necessitados. Além desse aspecto pedagógico, também ocorreu o acesso a novos meios de resolução dos conflitos de interesses, de origem mais popular e com ritos processuais mais simples, adequados às demandas cotidianas das relações contratuais de consumo, no dia a dia, feitas com o uso de pequenos valores.

A transformação foi perceptível na atuação na Defensoria Pública, pois ela passou a tratar de questões que inicialmente não lhes eram demandadas. De modo geral, ficava a instituição pública limitada ao direito penal dos acusados e ao direito de família das mulheres abandonadas. Não obstante, tal quadro logo mudou, com os trabalhadores passando a procurar a instituição para lhes proteger nas relações jurídicas em que eram prejudicados pelos fornecedores, seguidos pela baixa classe média. O sucesso que se começou a obter na proteção dos consumidores logo fez com que as demandas por tais serviços públicos aumentassem e, em consequência, a própria Defensoria Pública crescesse como órgão público e ampliasse seu poder de atuação.

A defesa do consumidor passou a fazer parte do cotidiano das pessoas, ao balizar suas relações de consumo, inclusive influenciando a própria conduta do fornecedor, que começou a se interessar por respeitar e por conquistar o consumidor nas transações comerciais. Ainda que o mercado na sociedade capitalista exerça forte influência naquele que consome, a partir da aparência dos bens ou dos serviços, existe a possibilidade de o consumidor também efetuar suas escolhas e determinar sua moda ou seu gosto do ponto de vista individual. Apesar do condicionamento pela propaganda e pelas estratégias de *marketing*, surge uma consciência crítica em potencial no consumidor, mentalidade que se pode desenvolver, conforme ele esteja mobilizado por associações civis ou pelo movimento social em sua defesa.

O Código de Defesa do Consumidor de 1990, com base nas disposições constitucionais, passou a indicar um consumo influenciado não só pelo mercado, mas também pelas necessidades reais do trabalhador. Para tanto, além dos órgãos judiciais de apoio, principiou-se a tratar da educação do mercado, para que o ato de consumir implicasse a preservação dos recursos naturais e o respeito à dignidade, à saúde e à garantia do bem-estar do consumidor. É possível se deduzir na Política Nacional das Relações do Consumo, instituída pela codificação acima, que há a indicação legal para que se adote o consumo consciente no Brasil, inclusive o consumo sustentável.

A participação do movimento social, no processo de elaboração da Constituição de 1988 e do Código de Defesa do Consumidor resultou em que a defesa do consumidor tivesse efetividade na consciência social e nos órgãos da Justiça. Essa mudança faz com que, através do seu estudo e de sua pesquisa, possa se compreender o processo de produção de normas jurídicas de natureza crítica e democrática. Ao mesmo tempo, indica a necessidade da realização de um consumo que esteja relacionado com a proteção do meio ambiente e com a real necessidade social e pessoal dos que consomem.

Não foi fácil garantir as ideias acima, pois houve muita reação durante a elaboração da Constituição de 1988 e do Código de Defesa do Consumidor de 1990, querendo se evitar a implantação do direito do consumidor no Brasil. Ocorreu uma movimentação por parte dos intelectuais das classes hegemônicas objetivando manter o liberalismo e a situação jurídica desfavorável aos consumidores, como a tese do processo dialético. Por outro lado, no próprio Congresso Nacional e na Assembleia Nacional Constituinte surgiram reações à criação de tais disposições, mas foi garantida a formação de uma política pública para a defesa do consumidor pelo movimento social, que se tratava da antítese do processo.

Para fazer a pesquisa desejada acima, foi preciso encontrar um método científico adequado ao estudo, sendo escolhido o materialismo dialético. Eva Maria Lakatos e Marina de Andrade Marconi, na obra **Metodologia Científica**, tratando da interpretação dos contrários do entendimento, afirmaram que:

> a) *A contradição é interna* – toda realidade é movimento e não há movimento que não seja consequência de uma luta de contrários, de sua contradição interna, isto é, essência do movimento considerado e não exterior a ele. [...] As contradições internas é que geram o movimento e o desenvolvimento das coisas;
>
> b) *A contradição é inovadora* – não basta constatar o caráter interno da contradição. É necessário, ainda, frisar que essa contradição é a *luta entre o velho e o novo*, entre o que morre e o que nasce, entre o que perece e o que se desenvolve. [...] Não há vitórias sem luta. [...];
>
> c) *unidade dos contrários* – a contradição encerra dois termos que se opõem: para isso, é preciso que seja uma *unidade*, a unidade dos contrários. [...]

> Portanto, existe unidade entre os contrários, apresentando-os em sua unidade indissolúvel (LAKATOS, 1982: 77).

Com base na reflexão acima, a pesquisa procurou entender se houve uma síntese entre as contradições da defesa dos consumidores e a reação contra tais direitos, de modo que a legislação não só assegurasse os direitos a estes, mas que também trouxesse normas em favor do consumo consciente. Essa perspectiva do consumo, relacionado com o desenvolvimento econômico e social e com a preservação do meio ambiente, representa a síntese dos conflitos de interesses entre os fornecedores e os consumidores que são os próprios trabalhadores, bem como a classe média e os camponeses.

A metodologia foi aplicada por meio de pesquisa bibliográfica, com obras de política pública, de economia, de ciência política, de sociologia, de direito e de história, com destaque para a bibliografia sobre a cultura e a historiografia brasileira. Examinou-se a tramitação das disposições sobre o direito do consumidor, na Assembleia Nacional Constituinte em 1987 e 1988, bem como a tramitação da Lei Federal nº 8.078, de 11.09.1990. De posse de tais elementos, pode-se fazer a análise da participação do movimento social na elaboração dos direitos dos consumidores como política pública no Brasil.

A pesquisa foi para verificar se o movimento social contribuiu para a implantação de políticas públicas das relações de consumo, na Constituição de 1988 e no Código de Defesa do Consumidor inclusive quanto ao consumo consciente. O estudo baseou-se em pesquisa bibliográfica de obras referentes ao capitalismo, à formação da sociedade brasileira e ao direito do consumidor. Além disso, como comentado acima, recorreu-se aos anais dos órgãos legislativos brasileiros, realizado por meio da internet, para comprovar se houve ou não a participação do movimento social na defesa do consumidor, no Brasil, no final do século XX, por meio da dialética materialista.

A dialética de que tratava Karl Marx não era o método argumentativo dos gregos, mas o princípio da mudança formulado por Friedrich Hegel (COSTA, 2012*a*: 277). A dialética desenvolvida por Platão, na Antiguidade Clássica, consistia em uma técnica para se chegar à verdade, através da conciliação de duas afirmativas opostas. Não obstante, a dialética hegeliana era uma forma de compreender a verdade que envolvia a contradição e a conciliação, atuando não apenas no domínio da lógica, mas também na natureza e na história. O mundo estava sempre mudando, contudo, tais mudanças sempre ocorriam com uma transformação uniforme, em que apareciam três fases perfeitamente delineadas.

Friedrich Hegel denominava de tese a primeira dessas fases, a qual compreendia um processo de afirmação e de unificação do conceito formulado. A segunda fase era um processo de dissociação da tese, denominado de antítese, o qual entrava em conflito com a tese pela contradição evidente entre elas. A terceira fase, que se apresentava como nova afirmação e unificação que conciliava a tese e sua antítese, consistiam no que chamava o autor de síntese. Tais ciclos não eram um simples encadeamento, que deixava o mundo como era antes; ao contrário, a síntese representava um avanço em relação à primeira fase, ao combinar uma unificação mais elevada, superior aos dois momentos dos quais se originou.

Para Karl Marx, todas as ideias eram produtos do homem e elas estavam interligadas a uma situação social e econômica específica, por conta das condições materiais envolvidas. Para compreender a situação, era necessária uma saída científica para os impasses teóricos, com o trabalho de um estudo não deduzindo uma representação abstrata; ao contrário, extraindo uma realidade concreta e objetiva, capaz de ser apreendida e descrita. Nas **Teses contra Feuerbach**, o autor acima começou a formular o materialismo dialético:

> A questão se cabe ao pensamento humano uma verdade objetiva não é teórica, mas prática. É na práxis que o homem deve demonstrar a verdade, a saber, a efetividade e o poder, a criteriosidade de seu pensamento. A disputa sobre a efetividade ou não-efetividade do pensamento-isolado da práxis – é uma questão puramente escolástica (MARX, 1978*b*: 51).

Karl Marx adotou o princípio filosófico acima e passou a utilizá-lo para fazer uma projeção do futuro no processo de compreensão da história e de seu movimento. Para esse autor, a tese era a de que a sociedade burguesa fora a responsável por uma unificação anterior em relação à desintegração do regime feudal, gerando uma nova fase, que por sua vez passara a ser a nova tese. A esta se contrapunha a nova antítese, que consistia no proletariado que fora gerando pelo modo de produção capitalista em razão do desenvolvimento da indústria moderna, que se opunha à burguesia e sua dominação.

O movimento dos trabalhadores para enfrentar a sociedade burguesa consistia na síntese do novo momento histórico pelo qual passava a Europa, no século XIX, que devia desintegrar a sociedade burguesa e constituir uma nova fase – o socialismo e depois o comunismo. Ao analisar a metodologia acima, Hannah Arendt reconhecia a base hegeliana do pensamento, mas também a mudança marxista, especialmente quanto ao processo tríplice em que a tese levava, por meio da antítese, à síntese num processo contínuo, que por sua vez se convertia em outra tese sujeita a nova antítese e sua consequência. Para Hannah Arendt:

> O importante aqui é que esse pensamento pode partir, digamos, de um único ponto, que um processo que no essencial não pode mais ser detido começa com a primeira proposição, a primeira tese. Esse pensamento, no qual toda a realidade é reduzida a estágios de um único e gigantesco processo de desenvolvimento – algo totalmente desconhecido para Hegel –, abre caminho para o pensamento verdadeiramente ideológico, que, por sua vez, era também algo desconhecido para Marx. Esse passo da dialética como método para a dialética como ideologia se completa quando a primeira proposição do processo dialético se torna uma pre-

> missa lógica da qual tudo mais pode ser deduzido por uma consequencialidade totalmente independente de qualquer experiência (ARENDT, 2010: 123).

Segundo essa linha, a dialética da defesa do consumidor compreende as relações capitalistas do ponto de vista da sociedade atual, com base na contradição entre a tese que se constitui no modo de produção atual, frente à antítese que resulta das lutas dos trabalhadores e, hoje, também, de diversas outras frações de classe. Até agora o capitalismo não acabou e, apesar de suas crises cíclicas, ao continuar cada vez mais forte, mudando quase todas as relações pré-capitalistas, de forma a criar um grande mercado global. As empresas continuam umas absolvendo as outras em um processo de bola de neve, poucas sobrevivendo à concentração de capital. Cada vez mais, o mercado encontra-se dominados pelos *trustes*, cartéis e oligopólios, que fazem com que a lei da oferta e da procura seja excluída em favor da concentração de fornecedor.

Frente ao dilema entre concluir se o capitalismo ia acabar ou não, Joseph A. Schumpeter nos indicou um caminho para estudar o fenômeno sem perder a capacidade de análise crítica, nos seguintes termos:

> Poderá sobreviver o capitalismo? Não, não o creio. Essa opinião, todavia, tem tanto valor como a de qualquer outro economista que se tenha pronunciado sobre a questão. Individualmente, carece de importância. O que importa em qualquer tentativa de prognóstico social não é a aceitação dos fatos ou argumentos, que contêm tudo que há de científico no resultado final. O mais não será ciência, mas simples profecia. A análise, seja econômica seja de outro tipo qualquer, jamais produzirá outra coisa senão uma revelação das tendências de um sistema qualquer que foi objeto de observação. E essas jamais nos dizem o que *sucederá* ao sistema, mas apenas o que *sucederia* se tais tendências perdurassem no intervalo de tempo abrangido pela nossa observação e se não intervierem novos fatores. *Inevitabilidade* e *necessidade* nada mais podem significar senão isso (SCHUMPETER, 1961: 79).

Tendo o cuidado com a preocupação acima, pode-se considerar que a tese das relações de consumo é a liberdade contratual e a autonomia da vontade, como exteriorização da cidadania quanto ao princípio da liberdade e da propriedade. O Estado não deve tutelar o mercado, porque nele só operam as leis econômicas, que funcionam apenas com o mínimo de intervenção possível. O preço, então, acaba sendo determinado pela competitividade do mercado, em que algumas empresas vendem mais barato do que as outras por cortarem custos e por terem melhor tecnologia ou mais eficiente setor de vendas. Mas isso não acaba ocorrendo de fato, exatamente porque as grandes empresas transnacionais dominam o mercado e excluem a entrada das pequenas empresas locais, que poderiam tornar mais competitivo esse mercado.

Interessa ao consumidor ter três ou quatro produtos no balcão, ou até mais, competindo pelo mesmo nicho de mercado, pois só assim ele pode escolher um produto ou serviço com base em critérios, como qualidade, fidelidade e preço justo. Ora, para certas mercadorias ou serviços não existe concorrência, pois eles podem ser objeto de monopólio público ou controlados por uma empresa transnacional, de modo que o consumidor não tenha uma opção real entre este ou aquele bem, por exemplo.

A atuação do movimento de defesa do consumidor consiste na antítese à tese do mercado ser controlado e oligopolizado pelas empresas transnacionais. Com os direitos obtidos, como esfera da própria cidadania civil, na Constituição de 1988, o consumidor pode não só se organizar em associações, mas também ele mesmo pode reagir por meio de demandas judiciais, bem como por protestos ou por outros meios contestatórios. Ao consumidor e suas entidades foram atribuídas a responsabilidade de assegurar a liberdade de escolha real de um produto ou serviço, sem domínio monopolista, nem cartelização da economia, pelo menos, em princípio. Cabe ao consumidor e a seu movimento social, exatamente, a capacidade de lutar para impedir a concentração do mercado e o domínio dele por poucas empresas.

Há o embate entre o mercado de consumo atual, com base na ideologia da livre concorrência e no princípio da liberdade contratual - a tese - e o movimento de defesa do consumidor, procurando novas políticas regulatórias - a antítese. A síntese do processo resultou, no Brasil, no final do século XX, na defesa do consumidor feita pela Constituição de 1988 e pela codificação dessa defesa dois anos depois. Não só isso, pois também a legislação criou condições para se estabelecerem políticas públicas de consumo consciente.

O consumo consciente não se consegue apenas como resultado do processo dialético entre o mercado e a ideologia da liberdade de concorrência e da livre iniciativa em conflito com o movimento de defesa do consumidor. É fundamental a mudança também na consciência do consumidor, para que ele possa se libertar da ideologia capitalista e do fetichismo da mercadoria. Não é fácil a libertação do consumidor frente às armadilhas e às tentações que o mercado cria para seduzir aquele que consome.

Ao tratar da libertação da consciência, na obra **O Cotidiano e a História**, Agnes Heller esclareceu que:

> A consciência do direito a uma vida verdadeiramente humana está presente nos homens, potencialmente, da mesma maneira como a consciência do direito à satisfação das necessidades mais primárias se achava presente nos homens na época das revoluções da fome. [...] No século XX, os operários já superaram isso, o problema que se coloca é o das exigências relativas à humanização da vida em geral. É a luz dessas novas exigências que a consciência de classe deve propor as iniciativas capazes de transformá-la numa força apta para mudar o mundo (e, para tal fim, cabe à consciência de classe *estimular* essas exigências e *corresponder* a elas). Desenvolver e formular a nova reivindicação é mais difícil do que foi, no passado, desenvolver e formular a luta do movimento operário. Por isso mesmo, a ética – se conseguir efetivamente assumi-lo – deverá

> desempenhar um papel decisivo. O elemento ético, de fato, não existe apenas de maneira implícita: a consciência da nova exigência significa ao mesmo tempo a consciência dos valores e da orientação ética em que se há de basear a criação da nova realidade. Marx disse que, transformando o mundo, os homens se transformam a si mesmo (HELLER, 2008:152).

Por conseguinte, a dialética do consumo é o processo social, político, econômico e cultural pelo qual o consumidor procura se libertar do consumismo e da ideologia das classes hegemônicas. Isso se dá não só por um processo de reeducação de nova consciência, mas também por um processo de organização por meio de entidades do movimento de defesa do consumidor, além de determinados órgãos do aparelho do Judiciário, para funcionar como antítese à tese da ampla liberdade contratual e do domínio de mercado por empresas transnacionais. Ao mesmo tempo em que o movimento social é capaz de fazer com que o Estado possa ter políticas públicas do consumo, também permite libertar o consumidor de sua alienação. Ao ter consciência de que precisa consumir apenas o necessário para uma vida confortável e de que não necessita adquirir de forma ensandecida tudo o que a propaganda indica, nem ficar obcecado pelas marcas ou pelos modismos, o consumidor liberta-se da ideologia capitalista e ajuda a sociedade a também se libertar de seus grilhões.

Assim, o capitalismo consolidado permitiu a formação de uma sociedade baseada na extração da mais valia[4] dos trabalhadores pelos produtores, que reinvestiam seus recursos, aumentando a produção e ampliando o mercado. Para consolidar tal situação, foi preciso convencer os trabalhadores de que era melhor trabalhar para ter acesso ao consumo de bens mínimos para sustentar a si e a sua família do que se revoltar, fazendo com que fossem seduzidos pelo consumo. Ainda que não tives-

---

4 Mais Valia é o valor produzido pelo trabalhador que é apropriado pelo capitalista sem que um equivalente seja lhe dado em troca (BOTTOMORE, 1988: 227).

sem acesso aos melhores bens, nem em quantidade satisfatória, existia a expectativa de que se trabalhassem muito ou fossem muito competentes talvez pudessem ascender socialmente e obter para si todos os produtos que desejassem ter. O consumo passou a ser a base ideológica que permitia a unificação de uma sociedade naturalmente dividida pelo conflito de classe.

A ampliação do acesso a novos bens permitiu que se originasse o movimento de defesa do consumidor, a partir do movimento sindical, especialmente nos Estados Unidos, reivindicando boa qualidade e quantidade certa dos produtos adquiridos. A luta pelo direito do consumidor e, agora, também a luta pelo consumo consciente, implica a elaboração de políticas públicas que possam restringir o consumismo em excesso e também salvaguardar o meio ambiente da exploração desenfreada, que não permite sua regeneração. O consumo consciente trata-se de reação dialética à ideologia capitalista de amplo acesso ao consumo enlouquecido, principalmente nos países desenvolvidos, com o Welfare State[5]. Isto acabou chegando também aos países em desenvolvimento, como o Brasil, com os trabalhadores locais tendo maior acesso aos bens de consumo e também à luta pelos direitos dos consumidores do final do século XX em diante.

A abordagem da pesquisa, como explicado acima, é relativa aos movimentos de defesa do consumidor que fixaram as disposições legais sobre política de consumo no Brasil, no final do século XX. Procura-se discutir tanto o direito do consumidor, como o consumo consciente que dele resultou. Nesse sentido, talvez a pesquisa seja única, ainda que não exclusiva, pois en-

---

[5] *Welfare State* é a forma de Estado, no século XX, em que o Estado passou a intervir na economia, por meio das políticas, como o *New Deal*, e por novas garantias e benefícios sociais, especialmente na educação, na saúde e na previdência social. Para Glória Regonin: na realidade, o que distingue o Estado assistencialista de outro tipo de Estado não é a intervenção direta nas estruturas públicas de melhoria do nível de vida da população, quanto ao fato de que tal ação é reivindicada pelos cidadãos com direitos (REGONIN, 2007: 416).

volve o direito do consumidor, a teoria social sobre o capitalismo e a teoria política sobre os movimentos sociais. No entanto, existem várias discussões próximas, como sobre o consumo e a economia de mercado, assim como sobre os movimentos sociais que levaram ao direito do consumidor na Constituição de 1988. A originalidade de um livro não quer dizer que o assunto seja monopólio dele, mas que a perspectiva da discussão seja sim original e específica. É isto que se busca com o tema - **Política de Consumo: movimento social de defesa do consumidor no Brasil** -, uma discussão atual, que possa ser útil no futuro sobre as possibilidades da conscientização do consumidor nas sociedades capitalistas atuais, inclusive na sociedade brasileira. Procura-se, ainda, saber qual é a participação dos movimentos sociais na reivindicação por políticas públicas em favor da defesa do consumidor e de política de consumo.

O problema é saber se as disposições sobre política de consumo resultaram do movimento social de defesa do consumidor, no Brasil, no final do século XX. Na verdade, a luta pelos direitos dos consumidores reflete a mobilização de setores da sociedade que entendem que deve haver a necessidade de se assegurar garantias mínimas quanto à qualidade, à segurança e aos preços dos bens e dos serviços oferecidos. Nasceu do movimento sindical e, aos poucos, foi assumindo características próprias e específicas, distintas das reivindicações trabalhistas. Desse modo, o presente estudo visa entender se realmente o movimento social foi responsável pelas lutas em favor de política das relações de consumo.

A alienação do trabalhador, que o transformou em um consumidor manipulado, decorreu da própria alienação no capitalismo, por meio do fascínio por bens e por serviços que passou a desejar, ainda que quase nunca os pudesse obter. O trabalhador começou a acreditar que sua inserção no processo produtivo podia-lhe levar a conseguir aquilo que desejasse, crendo que sua exploração fosse natural e não resultado do modo de produção capitalista. No entanto, era através da educação e da participação política que o trabalhador/consumidor conseguia romper com sua alienação, também para perceber a importância da defesa do consumidor.

A ideologia do consumo é o cimento que mantém a sociedade unificada, de modo geral, sem secessão, sem sectarismo ou sem revolução, ao oferecer a possibilidade de algum dia se poder comprar uma *Ferrari* ou um iate, caso se seja competente e trabalhador. Naturalmente, o capitalismo permite a ascensão social vertiginosa, como Bill Gates da *Microsoft* ou como Steve Job da *Apple*, mas são casos raros. Apesar de, ainda assim, existir essa possibilidade - a ascensão social e o acesso a bens de consumo caros ou de luxo tornaram-se a obsessão da sociedade de consumo.

As observações de Karl Marx e Friedrich Engels, em **Ideologia Alemã**, ao discutir as ideias transmitidas pelas classes dominantes para as classes dominadas, indicaram que:

> As ideias da classe dominante são, em cada época, as ideias dominantes, isto é, a classe que é a força *material* dominante da sociedade é, ao mesmo tempo, sua força *espiritual* dominante. A classe que tem à sua disposição os meios da produção material dispõe também dos meios da produção espiritual, de modo que a ela estão submetidos aproximadamente ao mesmo tempo os pensamentos daqueles aos quais faltamos meios de produção espiritual. As ideais dominantes não são nada mais do que a expressão ideal* das relações materiais dominantes, são as relações materiais dominantes apreendidas como ideais; portanto, são a expressão das relações que fazem de uma classe a classe dominante, são as ideias de sua dominação. Os indivíduos que compõem a classe dominante possuem, entre outras coisas, também consciência e, por isso, pensam; na medida em que dominam como classe e determinam todo o âmbito de uma época histórica, é evidente que eles o fazem em toda a sua extensão, portanto, entre outras coisas, que eles dominam também como pensadores, como produtores de ideais, que regulam a produção e a distribuição das ideais de seu tempo; e, por conseguinte, que suas ideais são as ideias dominantes da época (MARX, 2007: 41).

A relação da sociedade com o capitalismo, no final do século XX, no Brasil e no mundo, mudou bastante, pois não só as relações de trabalho se alteraram, mas também se tornaram mais complexas. A exploração dos trabalhadores nos países dependentes[6] permitiu que os trabalhadores dos Estados Unidos, da Europa Ocidental e do Japão pudessem ter alto padrão de vida; na verdade passaram a ter renda de classe média. No entanto, na medida em que também os trabalhadores dos países dependentes começaram a lutar por melhores condições de vida, o *Welfare State* enfrentou problemas para manter a situação tal como perdurou ao longo do século XX. No final desse século, inclusive, começou a haver a preocupação com a causa ambiental, expressa na atenção ao aquecimento global e ao esgotamento da capacidade de regeneração do meio ambiente, não só nos países desenvolvidos, mas também nos em desenvolvimento.

Pode-se dizer que o capitalismo, nos países ocidentais, passou a manifestar-se por meios dos cartéis e dos *trustres*, com o consumo sendo criado e transformado conforme os interesses das finanças internacionais. Ao mesmo tempo, as grandes potências de então passaram a dividir o mundo entre si, no caso a África, a Ásia e a Oceania, através do imperialismo. Isto também ocorreu na América Latina, por meio de instituições políticas aparentemente independentes, mas que permitiram a exploração de seus trabalhadores e de seu meio ambiente por empresas transnacionais.

O maior acesso ao consumo veio a ser do interesse em geral dos trabalhadores também da América Latina e do Brasil, organizando-se no final do século passado por meio de um movimento sindical combativo e renovado, que acabaria tendo hegemonia política no atual século. Por conta disto, eles começaram a exigir maiores salários e melhores condições sociais,

---

[6] Dependência é o sistema de relações econômicas financeiras, políticas e culturais, que mantém as nações subdesenvolvidas subordinadas aos grandes centros do mundo desenvolvido (SANDRONI, 2005: 235).

tanto no setor privado como no público. Os trabalhadores que recebiam mais e que tinham mais condições de consumir bens não essenciais passaram a ampliar e a consolidar o mercado de consumo local, que deixou de depender da exportação de matérias primas e da exploração excessiva dos operários.

A formação da sociedade de consumo, no Brasil, deu-se em razão da dependência, através do fornecimento de matérias -primas, como dos produtos da pecuária, dos produtos agrícolas, dos metais e das pedras preciosas. A produção foi centrada no trabalho escravo e as fazendas tornaram-se praticamente autossuficientes, de modo que não havia o consumo capitalista clássico, como na Inglaterra, por exemplo. Apenas na primeira metade do século XX principiou a se ter uma produção industrial e a haver a urbanização de modo a formar uma sociedade de consumo, mas o país continuava com a economia de dependência. No final desse século, passaram a existir novas relações de trabalho, com a formação do *Welfare State*, no Brasil, ainda que não nas mesmas condições em que ocorreram nos países desenvolvidos.

Em contraposição à ideologia dominante, existia a formação de ideias diferentes e opostas à visão hegemônica[7]. Desenvolveu-se o movimento social de defesa de política de consumo, no primeiro momento, voltado para a compra de bens com o peso correto e com a qualidade sanitária mínima. No Brasil, no final do século XX, começou por meio de iniciativas isoladas, mas que pouco a pouco mobilizaram várias instituições para a

---

[7] Hegemonia (sociedade civil) e *divisão de poderes*. A divisão dos poderes, toda a discussão havida para a sua efetivação e o dogmatismo jurídico derivado do seu advento, constituem o resultado da luta entre a sociedade civil e sociedade política de um determinado período histórico, com certo equilíbrio instável entre as classes, determinado pelo fato de que algumas categorias de intelectuais (a serviço direto do Estado, especialmente burocracia civil e militar) ainda estão muito ligadas às velhas classes dominantes. Verifica-se, assim, no interior da sociedade, aquilo que Croce define como o 'conflito perpétuo' (GRAMSCI, 1980: 95).

defesa do consumidor, como o Ministério Público, os Procons e as associações de consumidores, dentre outros. As discussões na Assembleia Nacional Constituinte, em 1987 e em 1988, foram a oportunidade para que essas instituições fizessem campanha pelas disposições sobre o direito do consumidor. Depois houve mais dificuldades, mas a Comissão Mista do Congresso Nacional que discutiu o Código de Defesa do Consumidor, de 1990, acabou aprovando o texto legal com muita influência do direito europeu e do direito norte-americano em suas disposições.

O movimento de defesa do consumidor teve, no Brasil, diversas filiações, desde os órgãos especiais dos Ministérios Públicos Estaduais e Distrital na defesa do direito do consumo até as associações de defesa e os órgãos acadêmicos de estudo sobre o consumo. Foram várias iniciativas, que principiaram a acontecer na década de setenta do século XX, até se fortalecer cada vez mais, com as disposições e as normas escritas sacramentando as garantias do hipossuficiente nas relações de consumo.

Ocorreu, também, a reação ao movimento de defesa consumidor, principalmente quando da discussão do Código de Defesa do Consumidor, pois o processo legislativo teve audiência ampla, bem como também ocorreram conflitos sobre a implantação da codificação acima. Houve editoriais nos jornais de maior circulação e também nos fóruns acadêmicos e ainda pressões políticas sobre os próprios parlamentares, ainda que de difícil verificação. Foi promovida uma campanha para se afirmar que o desenvolvimento dependia da implantação de empresas transnacionais que só viriam ao Brasil se não as descontentassem, pois passariam a ser as maiores produtoras para o mercado de consumo brasileiro e assim a colaborar para desenvolver o país.

Ao analisar a solução para o subdesenvolvimento pela modernização, como o discurso efetuado pelo capitalismo global, István Mészaro, na obra **O Poder da Ideologia**, disse sobre o consumo que:

> Naturalmente, a estratégia adotada para se lidar com as questões candentes da maioria de despossuídos foi colocar diante deles a miragem de uma possível aproximação do modelo ideal do alto consumo de massa norte-americana. Desse modo, a tarefa de superar o subdesenvolvimento no Terceiro Mundo foi definida como simples modernização e convergência de valores do Norte democrático; até que a era do alto consumo de massa se torne universal. Ao mesmo tempo, a alternativa socialista foi descrita, como objetividade científica, como uma espécie de doença que pode acometer uma sociedade em transição se ela não conseguir organizar efetivamente aqueles elementos em seu interior que estão preparados para levar a cabo a tarefa da modernização (MÉSZAROS, 2004: 137).

Desse modo, o movimento de defesa do consumidor, no Congresso Nacional, atuou junto à Comissão Mista do Código de Defesa do Consumidor, integrado por diversas associações e por órgãos públicos. O movimento teve que se esforçar muito para vencer a reação conservadora e realmente elaborar uma codificação que servisse para o Brasil e para o modelo de maior acesso ao consumo. Foi possível, com isso, estabelecer-se uma política pública para as relações de consumo, com a melhoria do meio de acesso aos órgãos jurisdicionais, como os Juizados Especiais e os órgãos de mediação do Ministério Público e da Defensoria Pública. As políticas públicas regulatórias concessivas de direito e de meios para exercer a busca pela defesa do consumidor, pela primeira vez democratizaram de fato a Justiça no Brasil. Aumentaram o acesso aos diversos órgãos e tiveram um razoável índice de efetividade, entendida esta como satisfação jurídica por meio de pleito judicial ou de acordo mediado.

A luta pela cidadania econômica e social em favor do consumo consciente implica a discussão sobre a própria ética e sobre os valores que movem a vida de cada um, como as garantias de menos sofrimento aos animais e da preservação das florestas e dos mananciais aquíferos. Ao se propor um consumo com base na necessidade cotidiana e não no uso de bens desnecessários e supérfluos, estimulados pela propaganda, está fazendo-se uma modificação na própria lógica da produção corporativa. Ao se realizar a discussão sobre o ato de consumir, conciliando este com a preservação da natureza e com a educação do consumidor, encontra-se discutindo a própria sociedade capitalista e o meio de produção dominante.

José Paulo Carvalho Netto, na obra **Para a Crítica da Vida Cotidiana**, ao analisar o problema do discurso ideológico e as sujeições das pessoas no capitalismo, indicou a despersonalização do trabalhador e consumidor, nos seguintes termos:

> Enquanto a produção mercantil transitava pela manufatura e pela industrialização incipiente, o trabalhador tinha a impressão de que o seu trabalho e o produto dele lhe eram estranhos porque **outro** (o capitalista, que ele identificava como uma pessoa ou um grupo de pessoas) os expropriava; na sociedade burguesa madura, além desta realidade, a esmagadora maioria dos homens, proletários e não-proletários, tem a impressão de que a sua **existência** (mais que o seu trabalho e os frutos dele) é direcionada por uma instância alheia, incógnita, **impessoal** – uma instância **fatual**, que se manifesta pelo conta-gotas do institucionalizado: **coisas** organizadas como **a** família, **a** empresa, **o** colégio, **o** banco, **a** universidade, **a** companhia, **o** exército, etc. (mil **etc.**) E, obviamente, esta outra **coisa** contra a qual ninguém pode nada, **o** Estado (CARVALHO NETTO, 2000:9).

Diante da realidade acima, a presente obra tem por objetivo principal entender o consumo e sua influência por meio do movimento social de defesa do consumidor, para se criar condições de se definir as reais necessidades dos bens e dos serviços consumidos e suas garantias. O conflito entre as ideias em favor do amplo consumo nos moldes norte-americano e daquelas que pretendem restringir o excesso e o desperdício resulta do próprio embate que na sociedade passa a ocorrer - se vale a pena explorar os trabalhadores e a natureza, além de comprometer a própria vida das próximas gerações, ou se compensa melhores salários e mais emprego com a exploração sustentável do meio ambiente por meio de maiores restrições ao seu uso? Tratou-se de uma luta ideológica e de uma luta sobre o próprio capitalismo, no final do século XX.

A participação do movimento social na formação do direito do consumidor foi fundamental para sua consolidação, no Brasil. Apesar de diversas normas de proteção ao consumidor terem surgido nesse período, tão somente com a Constituição de 1988 houve efetivamente a formação de política de defesa do consumidor. Essas mudanças decorreram das articulações do movimento social, com diversos juristas respeitáveis e com a atuação de alguns setores de órgãos públicos. Tal mobilização continuou em seguida, para a aprovação do Código de Defesa do Consumidor de 1990, que inclusive surgiu com os princípios do consumo consciente.

As características da Política Nacional das Relações de Consumo foram dispostas no art. 4º, do Código de Defesa do Consumidor de 1990, especificamente o reconhecimento da hipossuficiência do consumidor e de sua proteção especial. Estabeleceu-se, ainda, como princípios a boa-fé objetiva, a vedação da cláusula abusiva e da cláusula de surpresa, a proteção da saúde e da segurança do consumidor, a responsabilidade do fornecedor, a vinculação da oferta à propaganda com o oferecimento de produtos, as ações coletivas, a mobilização das associações de consumidores, a educação para o consumo e a inclusão de disposições em prol do consumo sustentável.

O consumo consciente é aquele que transcende à relação capitalista clássica, para que o consumidor liberte-se de sua alienação e passe a consumir o que realmente precisa. Isto implica uma mudança quanto ao consumo excessivo e desnecessário, para que o meio ambiente possa suportar sua exploração e que tenha capacidade de regeneração e de prover a natureza sem sua exaustão. O consumo consciente, que se almeja com a política de consumo, vem a ser a nova perspectiva para as relações econômicas e sociais, implicando não só um novo conceito de produção, mas também de valores éticos em prol de garantias sociais em favor do consumidor e trabalhador, por meio do movimento social.

Capítulo I

Capitalismo e Alienação pelo Consumo

Ementa: 1.1. Mercadoria e Consumo em Marx; 1.2. Capitalismo Financeiro e Imperialismo; 1.3. Alienação do Consumidor no Capitalismo; 1.4. Modernidade e Relação de Consumo; 1.5. Capitalismo e Produção em Massa; 1.6. Consumo ao Longo do Século XX; 1.7. Crítica a Sociedade de Consumo; 1.8. Modernidade e Pós-Modernidade; 1.9. Reprodução Social pelo Consumo.

1.1. MERCADORIA E CONSUMO EM MARX

A economia política clássica descrevia o sistema capitalista, em seu conjunto, a partir do proprietário utilizando matérias-primas e construindo as fábricas onde funcionavam as máquinas. Para o trabalhador, o justo preço de seu trabalho era o conjunto de operações graças às quais ele colocava no mercado bens proveitosos a todos, inclusive aos próprios trabalhadores. Era retirado da venda dos bens um determinado lucro que significava a recompensa pelo ato empresarial do capitalista e pelos riscos que este se expunha. O trabalho social tinha como finalidade a produção de bens, que se caracterizava pelo fato de possuir valor de uso, que decorria de suas propriedades empíricas. Desde o momento em que se realizaram trocas em uma sociedade, surgiu um conceito abstrato comum às duas realidades trocadas, de modo que uma quantidade de tecido equivalesse a certo número de sacos de trigo. Tratou-se do valor de troca, propriedade que fez com que a moeda fosse logo aceita por ser mais prática e de uso mais amplo, de modo que passou a ser o equivalente nas trocas comerciais.

No século XIX, com a Revolução Industrial[8], ocorreu a substituição da manufatura pela máquina, com as pessoas parando de trabalhar em casa e indo para as fábricas. Ao redor delas, surgiram os centros urbanos. As indústrias, devido à automação do maquinário, não empregavam a maior parte da população, deixando um percentual de desempregados. A liberdade contratual, instituída pela Revolução Francesa, no final do século XVIII, aliada à grande oferta de trabalho, resultou em que os trabalhadores, para continuarem empregados, submetiamse à exploração capitalista. Ao mesmo tempo, a livre iniciativa e a livre concorrência, defendida pelos liberais, não se realizavam plenamente em razão do monopólio de alguns produtos ou serviços por determinadas empresas. A concorrência não existia em condições iguais e as regras do jogo não eram respeitadas, de modo que alguns fornecedores enriqueceram em demasia, gerando concentração de renda em favor de uns poucos.

Karl Marx e Friedrich Engels, desde 1846, entraram em contato com os movimentos revolucionários parisienses, mas fi-

[8] Revolução Industrial é o conjunto de transformações tecnológicas, econômicas e sociais ocorridas na Europa e particularmente na Inglaterra nos séculos XVIII e XIX, e que resultaram na instalação do sistema favorável e na difusão do modo de produção capitalista (SANDRONI, 2005: 732).

caram decepcionados com os intelectuais, interessados apenas pelas formações operárias nascentes (PISIER, 2004: 196). Fundaram, em Bruxelas, o Centro de Correspondência Comunista, organismo cuja função era a de por em contato os diversos europeus que trabalhavam pela emancipação dos trabalhadores e de transmitir aos operários as informações sobre os movimentos revolucionários de outros países. Desse modo, adquiriram a convicção de que a classe trabalhadora vinha a ser a ponta de lança da revolução, que se tornava indispensável por causa da incapacidade do poder burguês de se contrapor às forças tecnológicas e sociais que puseram em movimento (COSTA, 2012*a*: 272).

Eles tiveram a ideia de forjar uma teoria geral da revolução, fundada na análise da situação econômico-política. Aderiram à Liga dos Justos, associação que agrupava os exilados políticos e os operários alemães da Europa Ocidental, cujo centro era em Londres. A Liga dos Justos decidiu, em 1847, radicalizar sua ação e organizar dois congressos sucessivos, tendo como objetivo a fundação de uma Liga Comunista. Esta foi criada para reunir todas as forças da Europa que decidissem por fim à exploração burguesa e que agissem no sentido de uma revolução democrática para abolir a propriedade privada.

Em 1848, os autores acima publicaram o **Manifesto Comunista**, em que afirmaram que a história de toda sociedade até então fora a história da luta de classes sociais. No **Manifesto Comunista**, Karl Marx e Friendrich Engels disseram que:

> [...] Homem livre e escravo, patrício e plebeu, barão e servo, mestre de corporação e companheiro, numa palavra, opressores e oprimidos, em constante oposição, têm vivido numa guerra ininterrupta, ora aberta, ora disfarçada: uma guerra que sempre terminou ou por uma transformação revolucionária de toda a sociedade, ou pela destruição das duas classes de luta. [...] A sociedade burguesa moderna, que brotou das ruínas da sociedade feudal, não aboliu os antagonismos de classe. Não fez mais do que estabelecer novas classes, novas condições de opressão, novas formas de luta em lugar das velhas. No entanto, a nossa época,

> a burguesia, possui uma característica: simplificou os antagonismos de classe. A sociedade divide-se cada vez mais em dois campos opostos, em duas classes diametralmente opostas: a burguesia e o proletariado. [...] Os comunistas não se rebaixam e dissimulam suas opiniões e seus fins. Declaram abertamente que seus objetivos só podem ser alcançados pela derrubada violenta de toda a ordem social existente. Que as classes dominantes tremam diante da ideia da revolução comunista! Os proletários nada têm a perder com ela, a não ser suas cadeias. E têm um mundo a ganhar. *Proletários de todos os países, uni-vos!* (MARX, 1988: 76-109)

O fracasso das revoluções populares, em 1848 (MARX, 1967: 133-5), provocou a dissolução da Liga dos Comunistas. Para Chasin, ao analisar a questão:

> O ano de 1848 é extremamente importante para Marx, para o marxismo e para todo o processo mundial da revolução operária. [...] Sob o influxo da Revolução de Fevereiro em Paris, dar-se-á a Revolução de Março, na Confederação Germânica; revolução alemã que se viu precipitada que teve sua natureza modificada pelos acontecimentos franceses, segundo o diagnóstico de Marx e Engels (CHASIN, 1982: 57-8).

Em 1852, Karl Marx e Friendrich Engels procuraram agrupar as forças sociais decididas a realizar o programa revolucionário de emancipação dos trabalhadores, através da instauração do comunismo. Em textos do primeiro autor, como **As Lutas de Classes na França**, de 1848 a 1850, e como **O Dezoito Brumário de Louis Bonaparte**, em 1852, a sociedade burguesa foi dividida em duas classes: a) proprietários, que dispunham dos meios de produção; b) trabalhadores livres, que vendiam sua força de trabalho. Karl Marx fez a seguinte análise sobre as classes sociais e suas frações, em **O Dezoito Brumário de Luiz Bonaparte**:

> A indústria e o comércio, e, portanto, os negócios da classe média, deverão prosperar em estilo de estufa sob o governo forte. São feitas inúmeras concessões ferroviárias. Mas o *lumpen-proletariado* bonapartista tem que enriquecer. Os iniciados fazem *tripotage* (trapaça) na Bolsa com as concessões ferroviárias. Obriga-se o Banco a conceder adiantamento

> contra ações ferroviárias. Mas o Banco tem, ao mesmo, tempo que ser explorado para fins pessoais e tem, portanto, que ser bajulado. Dispensa-se o Banco da obrigação de publicar relatórios semanais. Acordo leonino do Banco com o governo. É preciso dar trabalho ao povo. Obras públicas são iniciadas. Mas as obras públicas aumentam os encargos do povo no que diz respeito a impostos. Reduzem-se, portanto, as taxas mediante um massacre sobre os *reutiers* (rendeiros), mediante a conversão de títulos de cinco por cento em títulos de quatro e meio por cento. Mas a classe média tem mais uma vez que receber um *douceur* (propina). Duplica-se, portanto, o imposto do vinho para o povo, que o adquire *endéail* (a varejo), e reduz-se à metade o imposto do vinho para a classe média, que o bebe *engros* (por atacado). As uniões operárias existentes são dissolvidas, mas prometem-se milagres de união para o futuro. Os camponeses têm que ser auxiliados. Bancos hipotecários que facilitam o seu endividamento e aceleram a concentração da propriedade. Mas esses bancos devem ser utilizados para tirar dinheiro das propriedades confiscadas à Casa de Orléans. Nenhum capitalista quer concordar com essa condição, que não consta do decreto, e o banco hipotecário fica reduzido a um mero decreto etc., etc. Bonaparte gostaria de aparecer como benfeitor patriarcal de todas as classes. Mas não pode dar a uma classe sem tirar de outra (MARX, 1978: 402-3).

Para resolver o problema do lucro e para compreender o que resultou dessa situação, voltou sua análise para a economia política clássica de um ponto de vista histórico. Foi nisso que Karl Marx empenhou-se a partir de 1857, com afinco e estudo. Dez anos depois, apareceu o Livro Primeiro de **O Capital**, cujo subtítulo era **Crítica da Economia Política**. Expressou que a luta operária só podia ter como objetivo a supressão da extorsão econômica do proletariado. Visou à instituição de uma sociedade na qual os produtores eram senhores de sua produção e organizavam seu trabalho de tal modo que o fim da atividade de trabalho não era a troca, mas seu uso.

Os modos de produção asiáticos, clássico e feudal foram agrupados, em conjunto, como pré-capitalistas, na medida em que tinham como particular e importante característica comum à oposição ao modo capitalista. Este era o fato de o trabalho ser visto como formalmente livre no modo capitalista e não ser livre em todos os modos de produção pré-capitalista (KRADER, 1983: 29). O trabalho social, no modo de produção asiático, ficou sujeito a um duplo vínculo, ou seja, o trabalho da aldeia não foi livre por causa dos vínculos comunitários do hábito e do sentimento. Ao mesmo tempo, estava vinculado pela extração forçada da mais-valia pelo aparelho de Estado; mais-valia com a qual as comunidades orientais sustentaram a elite que lhes dominava.

Na formação econômica da antiguidade clássica, a principal forma de trabalho social foi a escravidão, ou sua forma conexa, a clientela, ou, ainda, o cultivo precário da terra detido por um proprietário fundiário privado, apenas outra forma de clientela. Nessa situação, o trabalho não esteve vinculado aos meios de produção, sobretudo a terra, nem foi vinculado pelo costume, como no modo de produção asiático. O escravo estava em relação de vínculo pessoal com o dono, mas ao mesmo tempo existia uma cota de trabalho assalariado livre. Na realidade, o trabalho dos escravos na *polis* ateniense, na época de Aristóteles, no século IV a.C., superou o trabalho livre numa proporção de dois ou três para um. O trabalho na Europa medieval não foi livre, sendo vinculado ao solo, na forma de servidão da gleba. Desse modo, mostrava-se foi livre do vínculo da pessoa do patrão. Contudo, estava relacionado de modo impessoal aos meios de produção e não podia ser vendido distintamente deles. O trabalho das cidades foi, depois, liberado dessa forma de coação, mas ficou vinculado de outro modo, por normas e contratos de aprendizagem das corporações fechadas, das guildas e das companhias (COSTA, 2012*a*: 283).

O modo de produção capitalista era, para Karl Marx, um fenômeno histórico mundial, diferente por isso do modo de produção clássico ou do feudal, bem como do asiático. Representou um movimento que se desenvolvera em determinadas partes da Europa, na Itália do Norte, na Inglaterra, nos Países Baixos, na Catalunha e nas zonas próximas, a partir das quais fora imposto com a conquista do resto do mundo. A forma principal de trabalho, em tal caso, foi o trabalho assalariado, em que se teve o direito de dispor livremente da própria capacidade laboral. O trabalho, porém, não foi uma invenção do modo de produção capitalista, marcando o grande desenvolvimento em que se encontrava. Embora em medida modesta, tal ocorreu nas formações econômicas pré-capitalistas, como na última fase do modo de produção asiática e na antiguidade clássica. No modo de produção capitalista, porém, a liberdade do trabalho social de dispor da própria capacidade de trabalho em troca de um salário cobriu toda a classe trabalhadora. Isso não anulou o fato de que, mesmo nessa condição, o trabalho, embora livre formalmente, ainda não adquirira a substância de sua liberdade, que se mostrara o mais terrível dos seus carecimentos.

Para Meghnad Mesai, o capitalismo era:

> Denominação de modo de produção em que o capital, sob suas diferentes formas, é o principal meio de produção. O capital pode tomar a forma de dinheiro ou de crédito para a compra da força de trabalho e dos materiais necessários à produção, a forma de maquinaria física (capital em sentido estrito), ou, finalmente, a forma de estoque de bens acabados ou de trabalho em processo. Qualquer que seja a sua forma, é a propriedade privada do capital nas mãos de uma classe, a classe dos capitalistas, com a exclusão do restante da população, que constitui a característica básica do capitalismo como modo de produção (MESAI, 1988: 51).

O trabalho social teve como finalidade a produção de bens caracterizando-se pelo fato de possuírem um valor de uso, que decorreu de suas propriedades empíricas. Desde o momento em que numa sociedade realizavam-se trocas de bens, apareceu um termo abstrato, comum às duas realidades trocadas, em função do qual tal quantidade de tecido correspondia tal quantidade de trigo. Esse termo media o valor de troca - a moeda. Esta, quando foi introduzida nesse circuito, passou logo a ser o equivalente geral graças as quais as trocas entre as mercadorias se generalizaram (MARX, 2011: 135). A civilização mercantil podia ser definida, então, como a civilização na qual se tornou o principal termo da troca, não o ciclo mercadorias-dinheiro-mercadorias, mas, sim, dinheiro-mercadoria-dinheiro, no qual a segunda quantidade de dinheiro era superior à primeira.

Ao analisar a circulação, no Livro Primeiro de **O Capital**, Karl Marx disse que:

> A circulação de mercadoria é o ponto de partida do capital. Produção de mercadorias e circulação desenvolvida de mercadorias, comércio, são os pressupostos históricos sob os quais ela surge. Comércio mundial e mercado mundial inauguram no século XVI a moderna história da vida do capital. Abstraindo o conteúdo material da circulação de mercadoria, o intercâmbio dos diferentes valores de uso, e consideremos apenas as formas econômicas engendradas por esse processo, então encontraremos como seu produto último o dinheiro. Esse produto último de circulação de mercadorias é a primeira forma de aparição do capital. [...] Cada novo capital pisa em primeira instância o palco, isto é, o mercado, mercado de mercadorias, mercado de trabalho ou mercado de dinheiro, sempre ainda como dinheiro, dinheiro que deve transformar-se em capital por meio de determinados processos (MARX, 1983: 125).

O dinheiro, acumulado em capital, permitiu a extração de matérias-primas, a construção de instrumentos de produção cada vez mais aperfeiçoados, a mobilização mais ampla de massas trabalhadoras arregimentadas na produção e a mundialização do campo de ação do capital (COSTA, 2012*a*: 286). Tudo se reduzia a dinheiro, lucro industrial e comercial, renda fundiária e salários. Havia um enigma, porém, porque a segunda quantidade de dinheiro era superior à primeira. No século XVIII, afirmava-se que o trabalho era um produto que se comprava. O salário de um dia de trabalho equivalia às mercadorias que permitiam ao trabalhador reconstruir sua força de trabalho e manter sua família. Não se via, no entanto, que na jornada de trabalho efetuada somente uma parte do trabalho despendida era paga pelo salário assim calculado. Karl Marx chamava de trabalho excedente a parte não paga, e de lucro, o benefício que os proprietários dos meios de produção retiravam dessa exploração. Obteve-se dessa teoria o ensinamento decisivo de que a luta da classe trabalhadora só pode ter como objetivo a supressão dessa extorsão e a instituição de uma sociedade na qual os produtores fossem senhores de sua produção e organizassem seu trabalho de tal modo que o fim da atividade de trabalho não resultasse na troca, mas no seu uso. Para Maurice Dobb, sobre a matéria:

> Para Marx, a análise dos economistas clássicos desvendava apenas metade do problema. Como disse Engels em uma passagem muito importante do *Anti-Düring*, eles só haviam mostrado o lado positivo do capitalismo, em contraste com os sistemas anteriores. Demonstraram que as leis do *laissez-faire* haviam feito uma crítica das ordens sociais anteriores, mas não uma crítica histórica do capitalismo em si mesmo. Isso ficou por se fazer, a menos que se devesse considerar o capitalismo como uma ordem estável e permanente da natureza ou como o ponto final e imutável do desenvolvimento social. Tal tarefa era necessária, a fim de dar ao capitalismo seu devido lugar na evolução histórica, e também fornecer uma solução para a previsão do futuro (DOBB, 1978: 47).

Karl Marx colocava a relação entre o salário e o lucro no quadro da teoria do valor-trabalho, uma teoria que já havia sido defendida pelos economistas clássicos, pelo menos por David Ricardo. Desse modo, a taxa de exploração ou a taxa de mais-valia foi expressa como uma relação entre duas quantidades de trabalho. A mais-valia, ou seja, a quantidade de trabalho obtida a mais em relação ao trabalho incorporado nos bens-salários e esse segundo trabalho, foi o meio para a produção em massa. Paolo Giussani disse que:

> Marx considerava David Ricardo como o maior dos economistas clássicos e a teoria de Ricardo como o ponto de partida do seu próprio trabalho teórico, mas sempre se empenhou em distinguir claramente a sua teoria da de Ricardo. Embora Ricardo postule como princípio geral que os preços relativos são regulados pelo tempo de trabalho incorporado no produto (o que é a sua principal contribuição científica), ele

não estabelece a fundamental distinção entre o trabalho *abstrato* (que produz valor) e o trabalho *concreto* (que produz valores de uso), ou entre o trabalho *socialmente necessário* (que determina a quantidade precisa de tempo de trabalho incorporado a uma determinada mercadoria) e trabalho *particular*. Em consequência disso, como a necessidade e as funções do dinheiro só podem ser explicadas por meio de categorias de valor de uma mercadoria (quantidade socialmente necessária de tempo de trabalho abstrato), Ricardo não compreende o que o dinheiro é realmente (GIUSSANI, 1988: 327).

Em outras palavras, de uma relação puramente monetária, ela foi transformada numa relação entre duas quantidades de trabalho na esfera de produção. Converteu-se na relação entre o tempo de trabalho excedente despendido por um trabalhador, ou por um grupo em um dia, uma semana ou um ano e o tempo de trabalho necessário para substituir a capacidade de trabalho ou sua força desgastada no curso do processo laborativo. Ela se tornou, desse modo, uma grandeza dependente das condições e das relações de produção, por elas determinada e, não, algo dependente da esfera da circulação e da troca. Karl Marx, na obra **Teses contra Feuerbach**, afirmou que:

Se do valor de uma mercadoria descontarmos a parte que se limita a repor o das matérias-primas e outros meios de produção empregados, isto é, se descontarmos o valor que representa o trabalho *pretérito* nele encerrado, o valor restante reduzir-se-á à quantidade de trabalho acrescentada pelo operário que por *último* se ocupa nela. Se este operário trabalha 12 horas diárias e 12 horas de trabalho médio, cristalizam-se numa soma de ouro igual a 6 xelins; esse valor adicional de 6 xelins será o *único* valor criado por seu trabalho. Esse valor dado, determinado por seu tempo de trabalho, é o único fundo do qual tanto ele como o capitalista tem de retirar a respectiva participação ou dividendo, é o único valor a ser dividido entre salários e lucros. É evidente que esse valor não será em si mesmo alterado pelas proporções variáveis em que possa dividir-se entre ambas as partes. E tampouco haverá alteração se, em vez de um operário isolado, pomos toda a população trabalhadora, 12 milhões de jornadas de trabalho, por exemplo, em vez de um. Como o capitalista e o operário só podem dividir esse valor ilimitado, isto é, medido pelo trabalho total do operário, quanto mais perceba um deles, menos obterá o outro, e reciprocamente. Partindo de uma dada quantidade, uma das partes aumentará sempre na mesma proporção em que a outra diminui. Se os salários se modificam, modificar-se-ão em sentido oposto aos lucros. Se os salários baixam, subirão os lucros; e, se os operários sobem, baixarão os lucros. Se o operário, na nossa suposição anterior, ganha 3 xelins, equivalentes à metade do valor criado por ele, ou se a metade da sua jornada de trabalho total é trabalho pago e a outra metade trabalho não remunerado, a *taxa de lucro* será de 100 por cento, visto que o capitalista obterá também 3 xelins (MARX, 1979: 88).

No mesmo sentido, no Livro Primeiro de **O Capital**, Karl Marx disse que:

Vimos que o trabalhador, durante parte do processo de trabalho, apenas produz o valor de sua força de trabalho, isto é, o valor dos meios de subsistência de que necessita. Produzindo num contexto que se baseia na divisão social de trabalho, ele não produz seus meios de subsistência diretamente, mas sob a forma de uma mercadoria particular, ou ao dinheiro com o qual os compra. A parte de sua jornada de trabalho que ele precisa para isso é maior ou menor conforme o valor de seus meios de subsistência diários médios, conforme, portanto, o tempo de trabalho diário médio exigido para a sua produção. Se o valor de seus meios diários de subsistência representa em média 6 horas de trabalho objetivado, o trabalhador necessita trabalhar em média 6 horas por dia para produzi-lo. Se ele não trabalhasse para o capitalista, mas para si mesmo, independentemente, teria, permanecendo iguais as demais circunstâncias, de trabalho, depois como antes, em média a mesma parte alíquota da jornada para produzir o valor de sua força de trabalho e assim obter os meios de subsistência de trabalhar, depois como antes, em média a mesma parte alíquota da jornada para produzir o valor de sua força de trabalho e assim obter os meios de subsistência necessários à sua manutenção ou reprodução contínua. Mas, como na parte da jornada de trabalho em que produz o valor diário da força de trabalho, digamos 3 xelins, ele produz apenas um equivalente ao valor dela já pago pelo capitalista e, portanto, repõe apenas o valor adiantado do capital variável pelo novo valor criado, aparece essa produção de valor como mera reprodução. A parte da jornada de trabalho, portanto, em que sucede essa reprodução, eu chamo de tempo de trabalho necessário, e de trabalho necessário o trabalho despendido durante esse tempo. Necessário ao trabalhador, por ser independente da forma social de seu trabalho. Necessário ao capital e seu mundo, por ser a existência contínua do trabalho a sua base (MARX, 1983: 176).

O processo de acumulação do capital resultou na concentração de renda, ligando-se às modificações e aos melhoramentos tecnológicos, promovidos pelo desejo dos capitalistas de obterem mais lucro, em razão do acirramento da concorrência (DOBB, 1981: 189). Uma técnica mais avançada tendeu a crescer a importância do chamado capital constante com relação ao capital variável e a conferir vantagens em concorrências às empresas capitalistas. Por outro lado, a fusão de várias entidades econômicas num universo complexo, favoreceu a força e a vitalidade das grandes empresas e levou a uma centralização cada vez maior dos poderes de controle e de decisão no terreno econômico, no final do século XIX.

Karl Marx, na discussão sobre a composição técnica do capital, em virtude da qual a parte constituída variável se tornou cada vez menor em comparação com a parte constante, prosseguiu afirmando que a acumulação se apresentou como concentração crescente dos meios de produção e do comando sobre o trabalho (MOHUN, 1988: 46). Ao mesmo tempo, cresceu o volume mínimo do capital individual necessário para fazer trabalhar uma empresa em suas condições normais. Quanto à concentração do controle do capital, ela foi fortemente estimulada pelo desenvolvimento do sistema de crédito, constituindo-se uma arma nova e terrível na luta da concorrência. Atraiu mediante fios invisíveis os meios pecuniários, disseminando-o pela superfície da sociedade em massas maiores, na centralização do capital.

A lei da queda tendencial da taxa de lucro foi discutida por Karl Marx, que a considerou como uma tendência ao curto prazo do capitalismo industrial e, desse modo, ela devia ser entendida como uma lei absoluta. Operou realmente no tempo, ou como algo que só atuou na ausência de tendências contrárias, que foram apresentadas como diferentes graus de probabilidade. A queda tendencial da taxa de lucro dependia da influência das inovações tecnológicas sobre a relação entre duas partes constitutivas do capital: a) capital constante; b) capital variável.

A taxa da mais-valia, por conseguinte, traduzia-se numa taxa de lucro mais baixa em relação ao capital global empregado, capital constante mais capital variável. Karl Marx teve o cuidado de precisar a existência de alguma contratendência, como o aumento da taxa de mais-valia em consequência da diminuição do valor dos bens-salários, com o que seria possível obter um determinado nível de salários reais com uma quantidade inferior de trabalho. A tendência à desvalorização dos elementos do capital constante, ou seja, uma diminuição do custo das máquinas e dos outros insumos, os quais, se bastante consideráveis, podiam fazer com que o capital constante tendesse a diminuir, ao invés de aumentar em termos de valor (COSTA, 2012*a*: 289).

Tinha-se, então, a impressão de que, segundo Karl Marx, essas contratendências podiam atenuar ou enfraquecer a tendência fundamental, mas não eram suficientes para invertê-la. Em longo prazo, a lei da queda tendencial da taxa de lucro foi efetivamente operante, mesmo que num ritmo mais moderado. As tendências contrárias, se bastante fortes, podiam não simplesmente atenuar, mais até mesmo inverter os efeitos provocados pelo aumento, em termos físicos, da composição orgânica do capital. Tal não ocorreu, não houve a crise final do capitalismo, pois passou o século XIX, chegando ao final do século XX, em meio a crises decenais, mas ainda cheio de vigor, principalmente depois da queda da União Soviética e do mundo do socialismo.

1.2. CAPITALISMO FINANCEIRO E IMPERIALISMO

O capitalismo foi o primeiro modo de produção a ter provocado uma simplificação na luta de classe, pois os burgueses e os proletariados passaram a se enfrentar diretamente. A burguesia capitalista, que tinha sido sujeito histórico e classe revolucionária, ao simplificar o modo de produção, criou a classe que deveria lhe tirar do pedestal. A sociedade capitalista compreendia o conjunto das relações materiais entre os indivíduos no interior de um determinado grau do desenvolvimento das forças produtivas, englobando a vida comercial e industrial.

A sociedade era formada por uma base, ou infraestrutura, cujo elemento motor era a dinâmica das forças produtivas, que determinavam a relação de produção, estabelecida entre os homens. Assim se definia um determinado modo de produção, em cada época. Erguia-se, sobre essa base, um edifício jurídico e político que correspondia às formas determinadas na consciência social. No entanto, todo o sistema fundava-se na alienação do trabalho e do consumo, de modo que o trabalhador não visse a si próprio e não tomasse consciência de sua exploração. As contradições entre as forças produtivas e as relações de produção entraram em tal grau de crise, que criaram as condições para a mudança dessas relações sociais, como ocorreu na Rússia, em 1917.

Diferenciava-se o colapso do capitalismo previsto na teoria, porém, das crises dos regimes anteriores, pelo fato de o movimento revolucionário burguês se deparar com uma classe social que não explorava nenhuma outra, salvo sua própria força de trabalho (ALTHUSSER, 1986: 35). A consciência de sua própria dimensão estava em entender que eles eram a força de trabalho e também os consumidores dos bens produzidos no sistema, o que implicava no desligamento com o conceito de alienação. A partir do autoconhecimento, os trabalhadores podiam romper com a burguesia ao quebrar suas amarras através da sua consciência de classe.

A análise sobre o capitalismo feita por Lênin acentuou a perspectiva da crise e continuou o estudo do movimento econômico como um produto do regime capitalista. Os *trustes* modernos foram um fator de agravamento das dificuldades econômicas e não um fator de regulamentação da anarquia resultante do capitalismo, pois ampliaram o antagonismo de classe, podendo conduzir o capitalismo ao colapso total. O imperialismo foi o estágio superior do capitalismo, em que o desenvolvimento resultou na dominação dos monopólios e do capitalismo financeiro, para qual foi fundamental a exportação de capital, para se obter maiores vantagens financeiras (GRUPPI, 1979: 125-6).

A concentração de capitais levou à formação de monopólios e ao imperialismo, com a anexação de territórios para a produção agrária e para o fornecimento de minerais e de madeira. Houve o aproveitamento de todas as novas áreas colonizadas, ou aplicando o capitalismo de dependência nas regiões que deixaram de ser colônias no século XIX, como a América Latina. O Brasil estava incluído entre os outros países, com a economia agrária-exportadora, com base no trabalho escravo e no Governo imperial conservador. Esta foi a tendência dominante no cenário mundial e que influenciou diretamente na economia e na política brasileira no primeiro quarto do século XX. As contradições do capitalismo superior não foram suficientes para barrar o crescimento econômico, sem previsão de autodestruição do regime político e econômico, salvo pela luta de classes colocando ao fim a sociedade capitalista (HARRIS, 1988: 56).

Apesar de o imperialismo significar uma lógica do processo de acumulação do capitalismo monopolista, não invalidou a ideia de que suas contradições de classes levassem a uma crise sem precedente que resultasse no fim a sociedade capitalista. O imperialismo estava tão arraigado na sociedade, por conta da alienação dos trabalhadores nos países desenvolvidos, que conseguia sobreviver aos seus conflitos. Para Vladimir Lênin, o imperialismo é, pela sua essência econômica, o capitalismo monopolista. Isso determina já o lugar histórico do imperialismo, pois o monopólio nasce única e precisamente da livre concorrência, é a transição do capitalismo para uma estrutura econômica e social mais elevada (LÊNIN, 1986: 667-8). O capitalismo financeiro, no século XX, suplantou o capitalismo industrial e se firmou como a classe hegemônica na sociedade de consumo.

1.3. ALIENAÇÃO DO CONSUMIDOR NO CAPITALISMO

As classes sociais dominadas, especialmente os trabalhadores, participavam de uma concepção do mundo que lhes era imposta pelas classes dominantes. Entende-se a ideologia como expressão consciente dos interesses reais de classe e de sua operacionalização em formas de ação concreta para atingir os objetivos dos proprietários. A ideologia chegou às classes trabalhadoras - operários e camponeses - por vários canais, através dos quais as classes hegemônicas construíram a própria influência ideal, a capacidade de dominar a consciência de toda a coletividade, inclusive dos consumidores. Isso se deu através de canais como a Igreja Católica, o serviço militar, os jornais, as manifestações de folclore, o cinema, o rádio e as novelas, aquilo que passou a ser chamado de sociedade civil (COSTA, 2012*a*: 334).

Discutindo a alienação, em **Manuscritos Econômicos-Filosóficos**, Karl Marx disse que:

> A alienação aparece tanto no fato de que *meu* meio de vida é de *outro*, que *meu* desejo é a posse inacessível de *outro*, como no fato de que cada coisa é *outra* que ela mesma, que minha atividade é *outra coisa*, e que, finalmente (isto é válido também para o capitalista), domina em geral o poder desumano. A destinação da riqueza esbanjadora, inativa e entregue ao gozo, cujo beneficiário atua, de um lado, como um indivíduo somente *instável*, que desperdiça suas energias, que considera o trabalho escravo alheio – o *suor sangrento* dos homens – como presa de seus apetites e que, por isso, considera o próprio homem (e com isso a si próprio) como um ser sacrificado e nulo (o desprezo do homem aparece, assim, em parte como arrogância, como esbanjamento daquilo que poderia prolongar centenas de vidas humanas, e parte como infame ilusão de que seu desperdício desenfreado e incessante, seu consumo improdutivo condicionam o *trabalho* e, por isso, a *subsistência* dos demais), esta destinação encara

> a efetivação das *forças* humanas *essenciais* apenas como efetivação de sua não-essência (*Unwesen*), de seus humores, de seus caprichos arbitrários e bizarros (MARX, 1978: 22).

Existem outros meios de contribuição para a difusão das ideologias, tendo por base especificamente o consumo e o acesso a ele. A escola também foi outro poderoso canal de difusão da ideologia, como entendia Antonio Gramsci, para quem o processo de hegemonia constituía-se em um processo pedagógico. Se o Estado formulava as leis, estas eram obedecidas porque na sociedade civil havia seu convencimento, a partir de um discurso ideológico que legitimava esta ou aquela conduta. Existia uma concepção de mundo, absorvida na legislação, que se refletia no processo educacional, nos currículos, na seriação e nos níveis escolares, com os rituais de aprendizados administrados pelo corpo discente (FRETAG, 1986: 9).

Além do sistema educacional, a ideologia que dominou os trabalhadores derivou de vários canais utilizados pelas classes hegemônicas. A noção de ideologia acabava por se consolidar nas pessoas, que se sujeitavam a seguir as informações e os valores com os quais foram educados. No entanto, as contradições da ideologia dominante estavam sujeitas às mesmas contradições de classe, de modo que de uma forma ou de outra a verdade sempre vinha à tona. Para tanto, necessitava-se realizar uma crítica da concepção dominante e oferecer uma teoria que a suplantasse e fosse aceitável para os trabalhadores.

Os intelectuais tinham a função de serem os convencedores em favor das classes dominantes, com os quais a hegemonia de classe podia ser reproduzida e constantemente consolidada. Eles não formavam um grupo social autônomo, pois não tinham inserção na produção econômica, mas a responsabilidade pela concepção técnica da produção. Ao mesmo tempo em que os intelectuais foram capazes de conhecer a classes hegemônicas e fazer com que elas tivessem consciência de si, também os intelectuais de esquerda poderiam fazer o mesmo em favor da classe trabalhadora.

Os intelectuais agiam sobre o conjunto da sociedade, fazendo com que um discurso unificador e sem contradição fosse apresentado pelas classes hegemônicas às classes trabalhadoras. Os intelectuais destinavam-se a cimentar as fraturas sociais, pelo modo de produção contraditório que era o capitalismo, através de um discurso que pudesse ser entendido e que mantivesse os trabalhadores urbanos e os camponeses trabalhando e consumindo em prol dos capitalistas. Os intelectuais também deviam ser as lideranças partidárias que tivessem a competência para construir uma hegemonia determinada.

Antonio Grasmci, discutindo o papel do partido político, que ele via como o moderno príncipe, baseado no conceito de Nicolau Maquiavel, enfatizou que:

> O moderno príncipe, o mito-príncipe, não pode ser uma pessoa real, um indivíduo concreto; só pode ser um organismo; um elemento complexo de sociedade no qual já tenha se iniciado a concretização de uma vontade coletiva reconhecida e fundamentada parcialmente na ação. Este organismo já é determinado pelo desenvolvimento histórico, é o partido político: a primeira célula na qual se aglomeravam germes de vontade coletiva que tendem a se tornar universais e totais (GRAMSCI, 1980: 6).

A função crítica do intelectual, por outro lado, não estava em contradição com a função de direção que ele tinha, ao conduzir a autocrítica das classes dominantes. À classe dos trabalhadores, porém, era necessária uma ideologia que fosse coerente com a realidade, mas que podia induzir seus integrantes a sonharem que conseguiriam sair de sua situação econômica e evoluir socialmente. Existe um mercado de trabalho que, apesar de não ser aberto para todos, nele realmente aparecem os *self-made-men*, que pelo sucesso pessoal acabam induzindo à reprodução da composição de classes.

A hegemonia expressa um convencimento através da sociedade civil, a partir de uma visão ideológica mais coerente e mais sedutora sobre as massas. No entanto, os aparelhos e as instituições da sociedade não são uniformes e padronizados, mas representam inúmeras classes e subclasses sociais, com dizeres e interesses diversos e, às vezes, contraditórios. A hegemonia significa um discurso na qual a classe hegemônica constrói uma aliança de classes, com uma visão do mundo próxima ou aproximável, que tende a representar todos os interesses sociais (GRUPPI, 1980: 5). Por outro lado, em reação a ela, existe uma contra-hegemonia que, por sua vez, tenta oferecer um discurso sobre a sociedade, discurso que seja mais adequado às outras classes, de forma a erguer um novo bloco histórico, em cuja liderança possa exercer sua hegemonia política e cultural.

A hegemonia das classes ligadas ao capital estendeu-se a outras classes, como as médias, os trabalhadores de elite, os arrendatários rurais e também os operários e os camponeses. A ligação entre as diversas classes estava na promessa de que o consumo era acessível a todos, que podiam ascender socialmente, até transformar um operário em um grande industrial, promovendo o consumo para o maior número de pessoas. A ideologia dos capitalistas consistia em dizer que todos podiam ter, pela sua inteligência e pelo seu trabalho, acesso ao amplo consumo, bem como progredirem na vida. O capitalismo teve ao longo do tempo como principal discurso hegemônico o consumo e os meios de se chegar a ele.

1.4. MODERNIDADE E RELAÇÃO DE CONSUMO

A modernidade pode ser descrita como um estilo, um costume de vida ou modo de produção, que ocorreu na Europa e que, devido a sua influência, veio a se tornar um fenômeno mundial. Trata-se do conjunto de transformações que se iniciaram a partir do século XVI e que se estenderam inicialmente até o século XVIII, envolvendo aspectos culturais, como o Renascimento; políticos, como o surgimento do Estado; sociais, como a Reforma, e econômicos, como o capitalismo mercantil. Essas experiências vividas pela humanidade, em seu conjunto, representaram uma nova forma de pensar no mundo, favorecendo as coisas novas em detrimento das experiências passadas.

A modernidade, por conseguinte, em razão dos fenômenos históricos indicados, encontrou-se associada a um tempo determinado e, assim, não foi fácil de ser estudada, pois se tratou do passado e do presente que surgiam ao mesmo tempo. Ocorreram importantes transformações culturais, sociais, econômicas e políticas, com maior vigor no início do século XIX até o século XX, marcadas pelos conflitos étnicos, religiosos e militares, além das duas Guerras Mundiais, inclusive com o uso de armas nucleares pela primeira vez na história humana. A modernidade está ligada ao capitalismo financeiro e à simplificação das relações de classe, com base na ideologia do consumo.

A modernidade possuia sérias contradições e ambiguidades, pois ao mesmo tempo oferecia estabilidade e incerteza, em meio a um ritmo enloquecido de mudanças técnicas e de multiplicação dos meios de comunicação. Houve, também, o desenvolvimento das forças produtivas, com a modificação na qualidade de vida dos homens pelo acesso a bens de consumo como nunca antes tinha ocorrido. Não obstante, também existiu violência, pobreza, analfabetismo e endemias na saúde. Alguns puderam acumular uma riqueza sem precedentes, permitindo todo o hedonismo possível, ao passo que outros não possuiam nada para comer ou beber, em grotões espalhados pelo mundo.

Como dito antes, o capitalismo foi descrito por Karl Marx como o sistema em que a base da organização socioeconômico da sociedade constituía-se pela estrutura, em que ocorria a produção econômica e em que se organizavam as classes sociais. A base vinha a ser o momento determinante, pois era nela em que ocorria a vida material e em que se passava a realidade histórica. No capitalismo, o modo de produção dava-se com a venda da força de trabalho pelos empregados em troca de salário, com o qual consumiam os bens que os faziam manterem-se vivos e as suas famílias, pois a maior parte era expropriada pelos produtores através da mais-valia.

Para manter o modelo econômico, as classes hegemônicas organizam o poder político mantendo as classes dominadas sob sua tutela, daí as instituições criadas para manter e conservar as regras sociais como elas se encontravam. No entanto, não bastou o uso da força para afastar os trabalhadores do poder, foi preciso que eles fossem convencidos de que a dominação à qual estavam sujeitos apresentava-se como benéfica para todos. Para tanto, formulou-se uma ideologia, que se consistia em uma determinada visão do mundo, que procurava reproduzir o modo de produção existente, convencendo a classe dominada de que a dominação apresentava-se como favorável a eles. Só foi possível isto, porém, na medida em que mais bens de consumo foram permitidos aos produtores de tais bens - os trabalhadores (ADAMS, 2006: 107).

O trabalho sofreu uma transformação profunda, não mais um dever que respondia às demandas religiosas, morais ou mesmo econômicas, passando a ser a fonte de toda a riqueza. Para ter utilidade social, ele precisou ser pensado e organizado de uma forma diferente, com base nos princípios da nova economia política. O trabalho necessitou ser racionalizado e estruturado de uma maneira que se obtivesse o máximo de produtividade possível. Apesar dos baixos salários pagos aos trabalhadores, a capacidade de eles se organizarem e de combaterem à miséria em que viviam, acabou fazendo com que houvesse um significativo desenvolvimento social na Europa Ocidental. Ocorreu o aumento na produtividade da terra, ampliaram-se as indústrias, o comércio diversificou-se e os bancos cresceram, favorecendo o consumo dos trabalhadores e melhorando seus salários.

Ao analisar a situação dos trabalhadores quanto ao desenvolvimento do capitalismo industrial, Robert Castel afirmou que:

> Mas já o fato de que a riqueza seja produzida pelo trabalho e maximizada pela liberdade do trabalho é suscetível de acarretar uma profunda mudança de atitude em relação à massa, geralmente miserável e desprezada, que constitui a força de trabalho de uma nação. É que a riqueza da nação depende, de agora em diante, do uso racional dessa força de trabalho. Mesmo sendo pobre, o trabalhador é rico de sua força de trabalho que basta fazer frutificar. Como havia antecipado o mercantilismo, a verdadeira política de um Estado deveria consistir em desenvolver ao máximo a capacidade de trabalho de sua população. Porém, à constatação da utilidade social geral do trabalho, é possível agora acrescentar uma necessidade essencial que incide sobre o tratamento dos trabalhadores. [...] As categorias laboriosas representam uma massa a ser mantida com cuidado, a ser cultivada no sentido próprio do termo, isto é, a ser trabalhada para fazê-la trabalhar, a fim de fazer crescer e colher aquilo de que o trabalho é portador: a riqueza social (CASTEL, 2009: 236-7).

A modernidade implicou a existência de uma sociedade de consumidores, pois o trabalho e o consumo foram dois estágios do mesmo processo imposto ao homem pela necessidade da vida. Não resultou tal situação da emancipação da classe trabalhadora, mas na emancipação da própria atividade do trabalho, bem anterior ao outro processo social de libertação. No entanto, cada vez mais o trabalhador foi tendo consciência de sua importância e começou a exigir melhores salários para poder consumir mais e obter mais produtos. Decorreu tudo da marca da modernidade, que foi a incapacidade dos trabalhadores passarem a ter acesso a todos os bens de consumo em condições razoavelmente próximas a dos empresários. Hannah Arendt, em sua clássica obra **A Condição Humana**, constatou que:

> O resultado é aquilo que eufemisticamente é chamado de cultura de massas; e o seu arraigado problema é uma infelicidade universal, devido, de um lado, ao problemático equilíbrio entre o trabalho e o consumo e, de outro, à persistente demanda do *animal laborans* de obtenção de

> uma felicidade que só pode ser alcançada quando os processos vitais de exaustão e de regeneração, de dor e de alijamento da dor, atingem um perfeito equilíbrio (ARENDT, 2010: 166).

A cultura do consumo esteve ligada à modernidade, pois as instituições, a infraestrutura e as práticas essenciais da cultura do consumo começaram no período moderno. A sociedade de consumo encontrou-se ligada à experiência moderna e aos sujeitos sociais modernos, com suas contradições e conflitos. O moderno estabeleceu-se na medida em que os trabalhadores e a classe média passaram a ter uma vida livre e racional. Era um mundo não mais conduzido pela tradição, mas pela razoável abundância de bens (SLATER, 2002: 18). Tratou-se de um mundo produzido pela organização racional e pelo saber científico, que valorizou o consumo e fez dele o alicerce que pretendeu permitir a superação da luta de classes no mundo novo que estava sendo construído.

1.5. CAPITALISMO E PRODUÇÃO EM MASSA

O capitalismo, no começo do século XX, passou a ter como determinação a maior produtividade do trabalhador, quanto às exigências de racionalidade da economia e da produção. Dentre os primeiros pensadores a discutirem a matéria, destaca-se Frederick Winlow Taylor, que tinha como preocupação especial a eficiência da operação na administração industrial. Foi operário, gerente e, depois de se formar por correspondência, engenheiro-chefe de várias empresas, além de consultor de gestão. O autor era preocupado com a adaptação do mecanismo humano às exigências das tarefas, de modo que precisava descobrir como organizar o trabalho e a forma de extrair o máximo de esforço de objetivos, com as características físicas e mentais dos seres humanos.

Para o pensador acima, os seres humanos eram mecanismos bastante ineficazes, com certas limitações físicas de durabilidade, de velocidade e de concentração. No entanto, eles tinham também capacidade racional, de modo que se mostravam sujeitos para reconhecer os seus interesses e estavam dispostos a fazer um esforço para conseguir seus objetivos. Na busca por seus interesses, os seres humanos manifestavam qualidades como parcimônia, dinamismo e zelo. Desse modo, podia-se transformá-los de mecanismos com objetivos gerais para mecanismos com objetivos especiais, se seus interesses estiverem em jogo, pois só se motivavam por suas próprias necessidades (SCHNEIDER, 1976; 106).

Para melhorar o sistema de produção, o trabalho devia ser organizado de modo a levar em consideração todas as características humanas. Em primeiro lugar, quanto à ineficácia e à dispersão do ser humano, precisavam que tais defeitos fossem eliminados por meio do estudo das operações envolvidas e do tempo necessária para as realizações daquele esforço. Um dos meios para tanto consistia em vincular o salário à realização de tarefas, com o pagamento por parte ou por hora, relacionado à natureza do trabalho, com a racionalidade e com a individualidade do ser humano garantindo o sucesso dessa programação.

As condições necessárias exigidas para se atingir uma alta produtividade eram determinadas pelas tarefas da gerência e da estrutura da organização, de modo que a administração orientava-se para as exigências da alta produtividade. Para que o modelo pudesse funcionar, faziam-se necessárias condições ambientais, como máquinas, ferramentas e procedimentos da tarefa. Por outro lado, a gerência e a organização tinham a função de supervisionar e de disciplinar o tempo de serviço, para evitar que o ritmo do trabalho tradicional prevalecesse sobre o novo, o que inviabilizava a exigência de máximo esforço pessoal. Com isto, também se fazia necessária uma equipe técnica com conhecimento especializado não somente dos processos produtivos, mas também do tempo e das operações envolvidas nas tarefas.

A gerência tinha uma função especial, pois conseguia dizer quais eram os métodos tecnológicos mais eficientes e de que forma poderiam ser postos em prática. Para o modelo funcionar, levava-se em conta que não havia choque de interesses fundamentais na fábrica e, em consequência, entre a gerência e os trabalhadores. Como se tratavam de seres racionais, que ambicionavam uma renda maior, havia uma comunhão de interesses entre capitalistas e trabalhadores, de modo a conduzir o processo produtivo na indústria, em que cada um dependia do outro. Para essa teoria, os sindicatos lutavam apenas para que os trabalhadores tivessem salário igual e não para que cada um pudesse desenvolver sua capacidade individual ao máximo. Desse modo, na medida em que a gerência e os trabalhadores aumentassem sua renda, também a sociedade seria beneficiada com o aumento da produção e com a redução dos custos industriais. Para funcionar a noção acima, baseava-se na teoria de que existia uma harmonia natural dos interesses entre os membros de uma sociedade industrial e não o conflito de classes sociais com demandas opostas.

O modelo de Taylor de criar uma nova camada de trabalhadores - as gerências -, cuja única função era colocar em ordem os comportamentos dos demais, comprovavam uma das previsões de Karl Marx de fragmentação do sistema produtivo. Evelyne Pisier, ao discutir a organização do trabalho, disse que:

> Graças a essa racionalização do trabalho industrial, os operários foram desapossados de seu *savoir-faire*. Os conhecimentos tradicionais, outrora concentrados em suas cabeças, incorporam-se ao capital. Taylor põe em funcionamento o que Marx anunciara: a fragmentação sistemática dos gestos de trabalho, a militarização científica das empresas, na qual o operário torna-se [...] a mola automática de uma operação exclusiva, de modo que se encontra realizada a fábula absurda de Menenius Agrippa, representando um homem como fragmento de seu próprio corpo [...]; a grande indústria [...] faz da ciência uma força produtiva independente, recrutando-a a serviço do capital (K. Marx, *Le capital* [O capital], t. I, p. 903). A favor da produtividade, a ciência penetra na fábrica e essa ciên-

> cia pode assumir o aspecto de manipulação psicossociológica que visa fazer interiorizar no trabalhador as exigências funcionais da empresa (PISIER, 2004: 485-6).

As ideias acima foram ampliadas pelo sistema de produção em massa, por meio de linhas de produção, através da gestão imaginada pelo empresário Henry Ford, que fundou a Ford Motor Company. Consistia seu pensamento em um modo de racionalizar a produção capitalista por meio de inovações técnicas e organizacionais que se relacionavam para o fim de produzir em massa para um consumo em massa. As mudanças nos processos de trabalho, como a semi-automatização, encontravam-se relacionada com as novas formas de consumo na sociedade, que ele aplicou na primeira linha de montagem automática, em 1914. Henry Ford foi claramente influenciado por Taylor, seguindo suas ideias sobre os princípios de padronização e de simplificação, além de desenvolver outras técnicas modernas para a época, como a produção vertical, incluindo metalúrgicas, fábricas de vidros e até seringueiras para os pneus do modelo T.

Henry Ford queria baratear o custo do automóvel para aumentar o número de consumidores de seus produtos, de modo que ao mesmo tempo melhorava a linha de montagem. Comentava-se que ele dizia que seus consumidores podiam escolher a cor que quisessem para seus carros, desde que fosse preta, pois era a que secava mais rápido. Os veículos que produzia eram fabricados em esteiras rolantes, que movimentavam os mesmos, enquanto o trabalhador ficava parado fazendo sua parte específica na produção, como colocar uma porta na carroceria. Com isto, procurava-se diminuir o tempo perdido, eliminando o desperdício, de modo que o operário concentrava-se apenas em uma atividade repetitiva, o que exigia pouco conhecimento. Aliás, isso foi ironizado pelo personagem *Carlito*, no filme **Tempos Modernos**, de Charles Chaplin. O sucesso da venda dos veículos Ford levou à criação de um ciclo de prosperidade na economia norte-americana, que influenciou outras indústrias, como a siderurgia, a química, a têxtil, os transportes e a produção de energia, além de haver um aumento na renda do trabalhador, que passou a consumir mais produtos, cada vez mais baratos, no que foi chamado de fordismo, ou americanismo.

Para Antônio Grasmci, nos Cadernos do Cárcere, especialmente no texto **Americanismo e Fordismo**, nos Estados Unidos a racionalização determinou a necessidade de elaborar um novo ser humano, de acordo com o novo tipo de trabalho e de produção, incluindo o estímulo por meio de altos salários. No entanto, apesar de maiores vantagens para os trabalhadores, não ocorrera uma mudança na superestrutura, nem se mudara a hegemonia, com os donos do capital sempre em melhor situação do que os trabalhadores. Existia uma concepção clara de que a corporação representava um bloco industrial-produtivo autônomo, destinado a resolver em sentido moderno e acentuadamente capitalista o problema do desenvolvimento do aparelho econômico.

Ao analisar o americanismo, Antônio Gramsci disse que a forma jurídica era determinante para criar a condição exterior em que a transformação técnico-econômica podia realizar-se em larga escala, sem que os operários pudessem opor-se a ela ou lutar para serem seus portadores:

> A americanização exige um determinado ambiente, uma determinada estrutura social (ou a vontade decidida de criá-la) e um determinado tipo de Estado. O Estado é o Estado liberal, não no sentido do liberalismo alfandegário ou da efetiva liberdade política, mas no sentido mais fundamental da livre iniciativa e do individualismo econômico que alcança através de meios próprios, como sociedade civil, através do desenvolvimento histórico, o regime da concentração industrial e do monopólio. [...] Permanece sempre uma saída: a orientação corporativa, nascida sob a dependência de uma situação tão delicada, da qual precisa manter o equilíbrio essencial a qualquer custo, para evitar a catástrofe, que modifiquem a estrutura social sem comoções repentinas: inclusive a criança melhor e mais solidariamente enfaixada se desenvolve e cresce.

> [...] De qualquer modo, o processo seria tão longo e encontraria tantas dificuldades, que, simultaneamente, novos interesses poderiam criar-se e fazer nova e tenaz oposição ao seu desenvolvimento até interrompê-lo (GRAMSCI, 1980: 388-9).

No modelo corporativo, para o trabalhador que cumprisse suas funções com eficiência e com zelo e que também estudasse para melhorar de nível estava reservada à política de altos salários. Por meio de escalonamento, os trabalhadores poderiam ascender nas empresas e assim almejarem melhores remunerações e mais benefícios, desde que trabalhassem com afinco e com esforço para aumentar a produtividade industrial. Para tanto, não tinha limites sua exploração, como a racionalização do trabalho e o proibicionismo estando ligados, como os inquéritos das indústrias sobre a vida íntima dos operários e os serviços de inspeção criados para moralizar os trabalhadores e suas relações conjugais. A dominação do operário estava ligada à exploração permanente da mão de obra até o limite da eficiência física, com os trabalhadores devendo ser mantidos sãos, pois podia não haver renovação permanente das peças da produção industrial, que eram os seres humanos.

A análise de Antônio Gramsci, em **Americanismo e Fordismo**, para Marcos Francisco Martins, foi atual e acertada:

> Tendo em vista que os contornos dessas formações sociais se desenvolveram muito ao longo do século XX, dando cada vez mais relevância aos aparelhos da sociedade civil na disputa pela hegemonia, torna-se inegável a atualidade de Gramsci. Ele enfrentou problemas que ainda permanecem presentes e fez isso com instrumentos teórico-práticos ainda bastante frutíferos em sua capacidade heurística. Por isso, as análises grasmcianas podem ajudar aqueles que pretendem compreender o processo que se passa à nova vista hodiernamente, visto que as considerações de Gramsci, sobretudo em seu *Americanismo e fordismo*, reconstituem as bases sobre as quais se pode entender o processo produtivo atual e suas repercussões em todas as demais esferas da sociabilidade, as bases sobre as quais se processam as alterações objetivas e subjetivas no mundo do trabalho e suas consequências (MARTINS, 2008: 187).

As alterações do processo produtivo implicaram em uma adaptação para um novo modo de vida, por meio da difusão dos elementos estruturados da produção material para todo o meio social. Isto começou a se articular a partir deles, transformando profundamente a totalidade social, inclusive criando um novo tipo de homem, com sua reforma moral, pedagógica e intelectual. O autor italiano avançou na crítica ao modelo de produção baseado na maximização do esforço humano padronizado, pois isso não mudava a hegemonia na sociedade, nem criava condições para uma guerra de posição. Em última análise, quanto mais o processo de acumulação capitalista avançava, mais as sociedades tornavam-se homogeneizadas do ponto de vista econômico, ético-político, social e cultural, caracterizando aquele fenômeno que hoje se chama de mundialização do mercado de consumo.

1.6. CONSUMO AO LONGO DO SÉCULO XX

O consumo dos produtos do trabalho do homem, com valor de uso, consistiu-se no modo pelo qual o ser humano manteve-se e reproduziu-se como indivíduo, no sentido da existência física, e membro da sociedade, na sua existência mental e na sua personalidade. No modo de produção geral de mercadoria, ao longo do século XX, que formou a economia de mercado, o consumo compreendeu a maneira pela qual os trabalhadores adquiriam mercadoria com seus salários e alimentavam a produção, salvo o trabalho doméstico, o trabalho na agricultura de subsistência e as ocupações do *lumpem* proletariado. O consumo foi classificado em duas espécies: a) o consumo produtivo, efetuado pelos trabalhadores enquanto consumidores; b) o consumo improdutivo, que incluiu bens e serviços que não entraram na produção e desse modo não contribuíram para o processo reprodutivo do capitalismo. Nesse processo, incluíram-se o consumo pelas classes não produtoras, o trabalho improdutivo e o consumo de bens e de meios de produção pelo

Estado em setores não produtivos, como a máquina burocrática ou o complexo militar-industrial.

O consumo esteve ligado ao sistema das necessidades humanas, tanto no aspecto fisiológico, como na dimensão histórica (BOTTOMORE, 1988: 79). As necessidades fisiológicas básicas, que implicaram a própria sobrevivência da espécie humana, acabaram sendo distintas das necessidades históricas, resultante dos sucessivos avanços no desenvolvimento das forças produtivas e nas relações das classes sociais. No século XX, porém, houve a popularização do consumo de bens e de serviços antes reservados às classes hegemônicas. O crescimento da indústria de grande escala, a mecanização generalizada do trabalho, a distinção constante das mercadorias e o avanço tecnológico mudaram a forma do consumo. Os trabalhadores passaram cada vez mais a ter acesso a novos produtos e serviços e, assim, a consumirem mais, incrementando a produção capitalista.

O desenvolvimento do capitalismo no século passado ampliou os núcleos urbanos, que passaram a ser o centro da produção e do consumo. Formou-se uma sociedade urbana, com características típicas, baseada em sua especificidade histórica e relacionada com uma lógica própria de organização e de transformação. A cidade, como espaço ecológico, foi o local em que passou a existir um sistema específico de relações sociais, que formou a chamada cultura urbana e até uma ideologia urbana. A cultura urbana resultou dos modos e das formas de organização social, como característica da fase da evolução da sociedade, ligada às condições técnicas e naturais da existência humana.

A dimensão da cidade implicou em que, quanto maior fosse ela, maior seria a gama de variação individual e também maior a distinção social, relativizando os elos comunitários tradicionais, substituídos pelas formas de controle ideológico, baseado no espírito de competição e na racionalidade. A multiplicidade do espaço urbano, bem como suas contradições físicas e culturais, levou à multiplicação da segmentação das relações sociais e, de certa forma, a uma personalidade social doentia. A diversificação das atividades e dos meios urbanos levou à desorganização do indivíduo, no que contribuiu para a progressão do crime, do suicídio, da corrupção, da loucura e da angústia nas grandes metrópoles.

O consumo também se fracionou com a formação de consumidores segmentados e especializados, com o crescimento da produção como um todo, o que acabou barateando o custo dos bens e dos serviços. Houve também a justaposição sem interação de meios sociais diferentes, levando ao relativismo e à secularização da cultura urbana, que resultou na indiferença para com os problemas que não fossem ligados aos seus próprios objetivos pessoais como indivíduos. Por outro lado, a heterogeneidade social coincidiu com a diferenciação da economia de mercado, aliada a uma vida política baseada nos movimentos sociais e nas políticas de alianças, formando um calendoscópio social.

O consumidor urbano passou a se distinguir do camponês, do qual descendia ou que ele próprio fora há pouco tempo. Esse camponês tinha uma dimensão cultural limitada, de natureza isolada, quase sem informações, homogêneo em relação aos seus vizinhos e dotado de forte sentimento de solidariedade. Opondo-se a este, o consumidor urbano foi definido de forma distinta daquele, pois possuía como parâmetros a desorganização social, a individualidade e a secularidade. Apesar dessa materialidade, para Manuel Castells, a cultura urbana tratou-se de um mito, pois narrou ideologicamente à história da espécie humana (CASTELLS, 2000: 136). Para ele, esse mito esteve relacionado com a ideologia da modernidade, que era assimilada às formas sociais do capitalismo liberal e depois social-democrata.

A cultura urbana de consumo resultou dos valores em curso na sociedade, sendo específica de um local e de um determinado período histórico. A sociedade urbana passou a ser reagrupada em uma coletividade significativa em número e em densidade habitacional, resultando ao mesmo tempo em uma divisão esquemática da atividade produtiva, que reforçou contraditoriamente a fragmentação social. Cada homem era sua própria cidade, julgou o próprio homem, mas a cidade não era sequer os homens que a habitavam. O indivíduo teve seu consumo elaborado pela cultura urbana e pela segmentação social e cultural.

Por outro lado, dentro do capitalismo, houve a mudança da hegemonia da atividade industrial pela atividade de serviços e, em consequência, também a mudança do perfil do trabalhador, não mais o operário clássico sujo de graxa, mas um arrumado trabalhador de escritório. Ao analisar as expectativas da época, Claus Offe descreveu como ele viu o trabalho no final do século XX:

> 1. Que, uma vez que os trabalhadores que prestam serviços não utilizam mais ferramentas e objetos materiais diretamente e sim manejam símbolos e lidam com pessoas, o esforço do trabalhador individual será atenuado; 2. que a capacidade humana de trabalho será desenvolvida através do novo e intensificado treinamento das habilidades e faculdades tipicamente associadas às atividades em serviços, que facultam tipicamente associadas às atividades em serviços, que as maiores reivindicações de bem-estar serão atendidas e que as funções econômicas e administrativas serão relacionadas; 3. que, apesar dos enormes aumentos da produtividade na esfera da produção material, o setor de serviços será capaz de absorver a força de trabalho excedente daquela esfera, evitando assim crises de desempregos; 4. que o conflito industrial gerado na esfera da produção material será diminuído e até eliminado (OFFE, 1989: 132).

Apesar das expectativas positivas, não foi o que ocorreu. No processo de incorporar mais e mais populações aos sistemas de produção capitalista, que teve como credo maior o consumo, houve a transferência da produção industrial para os países não desenvolvidos, também caracterizados como economias dependentes. Ocorreu a transferência da racionalidade produtiva para sociedades não capitalistas, através da implantação da política de *plantations* na agricultura e de algumas indústrias avançadas em bolsões de pujança em meio à miséria geral. Para sustentar a melhoria da condição de vida dos trabalhadores norte-americanos, europeus e japoneses, ocorreu a exploração dos trabalhadores dos demais países.

O modelo de emprego resultou em um novo capitalismo que começou a abandonar sua forma moderna e passou a basear a produção nos serviços e não mais nas atividades industriais. Foi o caminho que as economias desenvolvidas começaram a percorrer frente à pressão por estagflação, que vem a ser a inflação sem crescimento econômico, resultado da política de intervenção estatal contra as crises do capitalismo e de redistribuição social do *Welfare State*. Tratou-se da política neoliberal. Essa situação alterou danosamente o curso normal da acumulação de capital e do livre funcionamento do mercado, vinculado a uma possível estabilidade monetária, resultado da desfiscalização, da limitação dos encargos sociais e da desregulamentação (ANDERSON, 2002: 16).

Ao analisar o capitalismo do final do século XX, Valéria Ferreira Santos de Almada Lima disse que:

> A partir dos três últimos decênios do século XX, o mundo do trabalhador vem experimentando um conjunto de transformações que afetam o nível e a qualidade do emprego, os requisitos de qualificação, bem como o padrão de gestão estatal da força de trabalho. Tais transformações são manifestações de um processo de reestruturação capitalista em resposta a mais uma crise estrutural do capital, provocada pela queda da taxa de lucro, em um ambiente marcado pela intensificação da concorrência intercapitalista em âmbito mundial (LIMA, 2013: 180).

O mercado, entendido como um espaço em que os produtores vendem suas forças de trabalho e consumem bens, teve como base ideológica liberal a noção de que os preços seriam regulados automaticamente por mecanismos próprios da economia capitalista. Se alguém oferecesse um bem ou um serviço mais caro, haveria outro alguém em condições de ofertá-lo mais barato, no que se caracterizava por competitividade. Nos dias atuais, a competição mudou, sendo distinta da anterior à modernidade, pois tem como lema a ideia de que se está vivendo uma guerra na sociedade de consumo, pelo qual se deve esmagar o concorrente (SANTOS, 2010: 46). Ao longo do século XX, começaram a haver fusões, grandes concentrações produtivas e domínio das finanças e da informação no sistema produtivo que mudaram o capitalismo e sua ideologia.

A dominação política não se traduzia mais em uma forma simplificada, na segunda metade do século XX, procurando criar uma base sólida que a legitimasse perante todas as classes sociais. Com isso, passou o Estado a ser o ator principal, por se afirmar como neutro, capaz de racionalizar o processo político, econômico e social. No entanto, não perdeu seu caráter de classe. Cabia ao *Welfare State* também o poder de mediar os conflitos sociais e de colaborar com o processo de concessões de benefícios aos trabalhadores, muitas vezes com a colaboração pública, através do chamado salário indireto, no caso da educação e da saúde gratuita, entre outros benefícios concedidos.

A legitimação do domínio passou a ser construída com base em um discurso racional e técnico, demonstrando que o interesse de todos podia ser consolidado em uma vertente que valorizasse o mérito e não mais o nascimento. Não existiam mais nos países desenvolvidos conflitos econômicos claros entre as classes sociais, pois os trabalhadores passaram a desfrutar de uma vida de classe média, todos com bens de consumo duráveis conforme os anúncios da televisão e dos meios de comunicação. A legitimação pública estava associada ao conhecimento tecnocrata e ao comportamento burocrático e neutro do Estado, com benefícios para todos os cidadãos, ainda que tal fosse impossível numa sociedade de classes.

Jürgen Habermas, ao apreciar o século XX, discutiu a nova racionalidade e o saber científico como base da ideologia dominante, analisando o problema, nos seguintes termos:

> Antes de mais nada, destaca-se nesse pano de fundo, com toda clareza, a necessidade de distinguir *dois conceitos de racionalização*. No nível dos subsistemas do agir racional-com-respeito-a-fins, o progresso técnico-

> científico que já forçou a reorganização de instituições e setores parciais da sociedade, exige-se ainda em maior medida. Mas esse processo de desenvolvimento de forças produtivas pode tornar-se um potencial de liberação quando e só quando não substitui a racionalidade num outro plano. A *racionalidade no plano do quadro institucional* só se pode perfazer num meio de interação verbalmente mediatizada, a saber, por uma *descompressão no domínio comunicativo* (HABERMAS, 1983: 341).

As sociedades desenvolvidas construíram o sistema do *Welfare State*, como forma de domesticar o capitalismo, através de meios e procedimentos burocráticos, sustentado por um Estado intervencionista na economia e na sociedade. As relações sociais mudaram, inclusive com o fim do benefício social com base na família, cabendo à Administração Pública cuidar das crianças aos idosos, de todas as pessoas com necessidades. Além da monetarização do trabalho humano, com a força de trabalho caracterizada como um ativo financeiro, houve a burocratização do serviço público, que se tornou cada dia maior, muito mais nas atividades meio do que nas atividades fins. Esse Estado organizou a economia e ele próprio se tornou produtor, na medida em que realizou atividades econômicas ou investimentos, com vasta experiência na oferta de serviços públicos aos trabalhadores, caracterizados aí como usuários. Para legitimar tudo, foi construída a ideologia que unia a sociedade de classe com base na racionalização técnica-científica e no acesso a bens de consumo.

1.7. CRÍTICA À SOCIEDADE DE CONSUMO

A discussão sobre o capitalismo e o consumo teve outra posição em relação ao capitalismo desenvolvido, com as pesquisas do Instituto de Pesquisas Sociais (*Institut für Sozialforschung*), na Alemanha, que ficou mais conhecido como Escola de Frankfurt. Este foi o centro de uma corrente do pensamento filosófico e político, integrado, entre outros renomados autores, por Walter Benjamin, Max Horkheimer, Herbert Marcuse,

Theodoro Adorno, Jürgen Habermas e Wilhelm Reich. Estes pensadores formularam uma teoria crítica oposta à teoria crítica racional, que se afirmava como neutra quanto às relações sociais. Entendiam eles que a sociedade era o objeto do estudo e refutavam a tese de produção cultural distinta da organização social vigente, com base no consumo e na racionalização técnica.

Não existiu propriamente uma escola, pois não houve um corpo doutrinário coeso e uniforme, inclusive sua teoria crítica era tratada de diferentes formas, com base em noções próprias dos diversos autores que a integravam. Influenciados ainda por Karl Marx, não distinguiram a pesquisa filosófica da realidade política, inclusive modificando-as em razão do desenvolvimento histórico. Como observou François Châtelet, o tratamento em conjunto de autores tão diversos decorreu de uma tríplice vontade:

> • De não separar a teoria da prática e da história e, por conseguinte, de tomar como tema essencial de reflexão o totalitarismo das sociedades atuais, sob qualquer forma que se exerça;
>
> • De investigar constantemente as relações existentes entre o domínio cada vez maior da Razão (e dos filósofos, mas também a das ciências da natureza e das ciências sociais) sobre o pensamento, a ideologia e as técnicas governamentais, por um lado, e, por outro, as restrições cada vez maiores impostas hoje às liberdades individuais e coletivas e ao recuo sofrido pela esperança de uma emancipação geral da humanidade; esperança que alimentara o racionalismo clássico;
>
> • De recusar firmemente as tentações sempre recorrentes do irracionalismo, mantendo a exigência de verdade como algo indissociável da existência de liberdade e de reativar a negatividade dialética com o objetivo de emprestar novamente à Razão sua força libertadora (CHÂTELET, 1985: 35).

O Instituto de Pesquisas Sociais foi fundando, em 1924, na Universidade de Frankfurt, sob a liderança do professor marxista Carl Grüberg, concebido para assumir uma posição contrária à tradição acadêmica, com vocação para a pesquisa científica. Depois de intensa polêmica entre os dois lados em que se dividiu a instituição, por conta da saída do diretor anterior, assumiu a direção Max Horkheimer, em 1930. Deu-lhe sua orientação pessoal, mesmo sem fazer parte do grupo próximo ao fundador da entidade. Para Max Horkheimer,

> Ao contrário da atividade científica nas disciplinas modernas, a teoria crítica da sociedade, mesmo enquanto crítica da economia, permanece filosófica. Seu conteúdo transforma os conceitos dominantes da economia em seu oposto, isto é, ela mostra a intensificação da injustiça social no conceito de troca justa, o domínio do monopólio no de economia livre, a consolidação de situações atravancadoras da produção no de trabalho produtivo, a pauperização dos povos no de sobrevivência da sociedade. Não se trata aqui tanto do que permanece igual, mas sim do movimento histórico da época que caminha em direção ao seu término. *O Capital* em sua análise não é menos exato que a economia política criticada, mas mesmo nos cálculos mais sutis de processos isolados, que se repete periodicamente, o conhecimento do desenrolar histórico da totalidade continua sendo o motivo propulsor. Não é um objeto filosófico particular que caracteriza a diferença entre teoria crítica e observações especializadas, mas é a consideração das tendências da sociedade global que é decisiva, mesmo nas suas ponderações mais abstratas, lógicas e econômicas (HORKHEIMER, 1983: 157).

Theodor Adorno ingressou também no instituto e tornou-se colaborador por muitos anos de Max Horkheimer, inclusive seu substituto na direção do Instituto de Pesquisas Sociais. Essa colaboração nasceu antes da ascensão do nazismo e depois foi retomada com o fim da II Guerra Mundial. Para Theodor Adorno, o uso do conceito de um domínio completo sobre a natureza balançava entre a definição marxista ortodoxa de uma libertação das forças produtivas e a noção de um domínio controlado sobre a natureza. A definição mais precisa da relação entre a filosofia e a ciência fez refletir sobre o que a filosofia tratou dos resultados das ciências especializadas com uma imaginação exata, que permaneceu ligada ao material que elas ofereceram. Ele entendeu que sua teoria era dialética, porque a interpretação filosófica não se restringia às características de um conjunto fechado, mas se voltava para uma dialética intermitente (WIGGERSHAUS, 2002: 125).

Na verdade, a Escola de Franfurt pode ser ligada ao momento do radicalismo antibolchevique e de um marxismo aberto ou crítico. Contrapôs-se ao capitalismo como ao socialismo soviético, tentando indicar a possibilidade de uma solução alternativa para o desenvolvimento da sociedade. Nos períodos de contestação, das décadas de sessenta e setenta do século XX, os autores ligados à instituição acima formularam um trabalho teórico diferente e novo na interpretação da teoria marxista, especialmente quanto à valorização de questões e problemas não tratados pela ortodoxia marxiana, como o autoritarismo e o burocratismo (HELD, 1988: 128).

A **Dialética do Esclarecimento**, obra escrita por Theodor Adorno e Max Horkheimer durante a II Guerra Mundial, publicada em 1947, consistiu na crítica à razão instrumental da civilização técnica e da lógica cultural da sociedade capitalista, em uma crítica à sociedade de mercado que procurava apenas o progresso técnico e prático. O domínio da racionalidade não significava o domínio racional sobre a natureza, pois implicou o domínio irracional sobre o próprio homem, resultando na barbárie moderna que significou o fascismo e o nazismo.

O esclarecimento consistiu no objetivo de tirar os homens do medo e torná-los senhores do conhecimento, com o desencantamento do mundo, para dissolver os mitos e substituir a imaginação pelo saber. A mentalidade das ciências, para Francis Bacon, consistia na união entre o entendimento humano e a natureza das coisas, de modo que o entendimento pudesse vencer a superstição[9]. O saber não tinha limites, nem restrições

---

[9] Empirismo ou baconismo é a metodologia desenvolvida por Francis Bacon, do qual a experiência consistia da única forma de se obter uma verdade científica. Compreende os seguintes passos: a) experimentação; b) formulação das hipóteses; c) repetição; d) testagem; e) formulação de generalização e leis (LAKATOS, 1982: 43-4).

no seu desenvolvimento, que possuía técnica como a essência, que não procurava conceito e imagens, nem a alegria do discernimento, mas o método e sua aplicação, na sociedade de consumo.

Para Theodor Adorno e Max Horkheimer, o poder e o conhecimento eram sinônimos, de modo que se procurou criar verdades universais em nome do fim da superstição:

> O que os homens querem aprender da natureza é como empregá-la para dominar completamente a ela e aos homens. Nada mais importa. Sem a menor consideração consigo mesmo, o esclarecimento eliminou com seu cautério o último resto de sua autoconsciência. Só pensamento que se faz violência a si mesmo é suficientemente duro para destruir os mitos. [...] De antemão, o esclarecimento só reconhece como ser e acontecer o que se deixa captar pela unidade. Seu ideal é o sistema do qual se pode deduzir toda e cada coisa. Não é nisso que sua versão racionalista se distingue da versão empirista. Embora as diferentes escolas interpretassem de maneira diferente os axiomas, a estrutura da ciência unitária era sempre a mesma. [...] A lógica formal era a grande escola da unificação. [...] A sociedade burguesa está dominada pelo equivalente. Ela torna o heterogêneo comparável, reduzindo-o a grandeza abstrata. Para o esclarecimento, aquilo que não se reduz a números e, por fim, ao uno, passa a ser ilusão: o positivismo moderno remete-o para a literatura (ADORNO, 1985: 19-23).

Ao analisar o esclarecimento, Jürgen Habermas buscou entender o porquê de Theodor Adorno e Max Horkheimer pretenderem compreender radicalmente o esclarecimento sobre si mesmo. Para aquele autor,

> [...] Horkheimer e Adorno entraram por um caminho realmente problemático; entregaram-se, como o historicismo, a um desenfreado ceticismo perante a razão em vez de ponderar os motivos que permitiam duvidar do próprio ceticismo. Por esta via, teria sido possível, talvez, estabelecer com profundidade os fundamentos normativos da teoria crítica da sociedade, de tal modo que não fossem afetados pela decomposição da cultura burguesa, efetivada a olhos vistos na Alemanha de então. De fato, a crítica da ideologia também prosseguiu em um aspecto o esclarecimento não dialético do pensamento ontológico. Permaneceu prisioneiro da ideia purista de que nas relações internas entre gênese

> e validade esconde-se o demônio, que deve ser exorcizado, para que a teoria, purificada de todas as aderências empíricas, pudesse mover-se em seu elemento próprio. A crítica que se tornou total não se desembaraçou dessa herança. [...] Na argumentação, crítica e teoria, esclarecimento e fundamentação *se entrelaçam* continuamente, mesmo quando os participantes do discurso *têm de assumir* que, sob os inevitáveis pressupostos de comunicação do discurso argumentativo, somente tem vez a coação não coercitiva do melhor argumento. Mas sabem, ou poderiam saber, que também essa idealização só é necessária uma vez que as convicções se formam e se mantêm em um *medium* que não é puro, não da maneira como as ideias platônicas prescindem do mundo dos fenômenos. Somente um discurso que admita isso poderá desfazer o feitiço do pensamento mítico, sem por a perder a luz dos potenciais semânticos conservados no mito (HABERMAS, 2002: 185-6).

A noção marxista que Theodor Adorno carregou dentro de si implicava que ele era contrário a uma sociologia do tipo humanístico ou às formas dogmáticas, sem saber em que prateleira catalogava um fenômeno, sem nada conhecer dele. Ele criticou profundamente a sociologia positivista, ou empirista, que foi incapaz de compreender a particularidade dos fatos humanos e sociais em relação aos fatos naturais. Esse ataque violento, e às vezes considerado injusto, contra a cultura contemporânea correspondeu a um confronto contra as imagens que ele considerou como desviadas da realidade, para servirem ao poder, ao invés de questionar a realidade desordenada da sociedade capitalista (REALE, 1991: 844). Trata-se essa questão da discussão principal de **Dialética do Iluminismo**, surgida em 1949, obra em que o autor procurou analisar a sociedade tecnológica contemporânea com base no consumo.

Theodor Adorno, no livro **Dialética Negativa**, indicou o caminho para a reforma da razão, para o objetivo de libertá-la do domínio autoritário sobre as coisas e os homens e que derivava da razão iluminista. Ao analisar a expressão-chave, Jürgen Habermas disse que:

> Adorno atribui a essa expressão quatro acepções. Em primeiro lugar, a objetividade designa o caráter coercitivo de um complexo histórico,

> sujeito à causalidade do destino. Esse complexo pode ser rompido pela auto-reflexão e é, no conjunto, contingente. Em segundo lugar, o predomínio do objetivo significa o sofrimento que pesa sobre o sujeito. O conhecimento do contexto objetivo resulta, portanto, do interesse em afastar o sofrimento. Em terceiro lugar, a palavra significa a prioridade da natureza diante de toda a subjetividade que ela expulsa de si. O *eu* puro, na linguagem de Kant, é mediatizado pelo *eu* empírico. Enfim, esse predomínio materialista do objeto é inconciliável com uma aspiração cognitiva (*Erkenntnisanspruch*) absolutista. A auto-reflexão é uma força finita, porque pertence ao contexto objetivo que ela penetra (HABERMAS, 1980: 146).

A dialética de Theodor Adorno buscou chegar à compreensão da totalidade em filosofia e em política, como uma proteção das diferenças, do individual e do qualitativo. Ele questionou o que chamou de cultura culpada e miserável, porque depois de Auschwitz, toda a cultura e a sua crítica não teve valor. Nesse sentido, a dialética consistiu no embate contra o domínio do idêntico, revolta do particular contra a universalização da vida. Para ele, a razão tornou-se impotente para captar o real, não por sua própria impotência, mas porque o real não era a razão.

Walter Benjamin, que acabou morrendo durante a II Guerra Mundial, quando procurou fugir dos nazistas por sua origem judia, no seu clássico opúsculo **A Obra de Arte na Época de suas Técnicas de Reprodução**, afirmou que tais técnicas aplicadas à obra de arte modificaram a atitude da massa com relação à arte (BENJAMIM, 1983: 5). Caso se mostrasse retrógrada frente a um quadro de Picasso, manifestava-se progressista com o cinema de Charles Chaplin, especialmente com o personagem *Carlito,* já mencionado nesse capítulo. O caráter de um comportamento progressista decorreu do prazer do espectador e a correspondente experiência vivida, ligando-se essa atitude de maneira direta e íntima, por ser um aficionado. Essa ligação teve certa importância social, na medida em que diminuiu a significação social de uma arte, por conta de o público perder o espírito crítico em razão do sentimento de fruição pelo consumo da reprodução de obras de arte.

As diversas técnicas de reprodução reforçaram proporcionalmente o fenômeno análogo de produzir nas origens, com o deslocamento quantitativo entre as duas formas de valor, típicas da obra de arte, transformando numa modificação quantitativa, que afetou sua própria natureza. Para Walter Benjamin,

> Com o advento do século XX, as técnicas de reprodução atingiram tal nível que, em decorrência, ficaram em condições não apenas de se dedicar a todas as obras de arte do passado e de modificar de modo bem profundo os seus meios de influência, mas de elas próprias se imporem, como formas originais de arte. Com respeito a isso, nada é mais esclarecedor do que o critério pelo qual duas de suas manifestações diferentes – a reprodução da obra de arte e a arte cinematográfica – reagiram sobre as formas tradicionais de arte (BENJAMIN, 1983: 6).

A noção de indústria cultural veio das ideias de Theodor Adorno, para denominar a exploração sistemática e programada dos bens culturais com o fim de obter lucro. A obra de arte era produzida e, em seguida, consumida de acordo com os parâmetros da sociedade capitalista, ao considerá-la como mercadoria e afastando-a da crítica e dos estudos. Os detentores de poder na sociedade impuseram, através da mídia, ou dos meios de comunicação social, seus valores e seus modelos de comportamento, que tiveram natureza uniformizadora e limitadora da criatividade (MARTINS FILHO, 1997: 234). Isso decorreu da massificação e da passividade do indivíduo, ao aceitar os fins estabelecidos pela sociedade capitalista, contrária aos seus interesses.

Por outro lado, na obra **Teoria Estética**, Theodor Adorno defendeu uma ideia autônoma de arte, sem referência a valores objetivos de beleza, bondade e verdade, mas ligada ideologicamente às circunstâncias sociológicas mutantes. Para o autor acima,

> A unidade da cultura musical contemporânea, como parte da indústria cultural, é a autoalienação completa. Tolera somente o que traga a sua chancela, a tal ponto que os consumidores nem o percebem mais. Alcançou-se a falsa conciliação. O que estaria perto, a consciência das necessidades, torna-se insuportavelmente estranho. E o mais alheio, entretanto, que não contém mais nada dos homens, é metido neles a força da repetição pela maquinaria, achegando-se ao seu corpo e ao seu espírito: é o que está indiscutivelmente mais próximo (ADORNO, 1983: 268).

Na **Teoria Estética**, Theodor Adorno procurou explicar seus pensamentos sobre a salvação do homem, com base no pressuposto de que não adiantava combater o mal com o próprio mal, como no caso do nazismo e das Guerras Mundiais. Contra a selvageria da sociedade, apenas podia ser oferecido como antítese a arte, pois ela libertava o homem das prisões do sistema e o transformavam em um ser autônomo e, desse modo, em um ser humano (SILVA, 2002: 2). Como já tinha dito sobre a indústria cultural, o homem era mero objeto de trabalho e do consumo, mas na arte ele podia ser livre para pensar, sentir e agir, como se a arte fosse algo perfeito diante da realidade imperfeita. No entanto, Theodor Adorno fez uma advertência de que a arte tinha uma origem histórica e, por conseguinte, podia desaparecer.

Para Theodor Adorno, a indústria cultural limitou a consciência das massas e implantou o poder da mecanização sobre o homem, estabelecendo condições para a dominação de um comércio com base na fraude e no engano, com a promessa de bens e serviços que foram prometidos, mas não entregues. Inclusive nos apelos eróticos, em que a indústria cultural não sublimou o instituto sexual das pessoas, como obras de arte que deveriam ser, mas o reprimiram e o sufocaram, pois a excitação preliminar não sublimada, pelo hábito da privação, acabou sendo uma conduta masoquista. Por outra palavra, prometer e não cumprir, ou oferecer e privar, representou o mesmo ato dessa indústria de massa quanto ao consumo.

A indústria cultural administrou o mundo social, ao estabelecer necessidades ao consumidor, que precisou se contentar com o que se lhe oferecia. Procurou colocar na cabeça do trabalhador que ele se tratava de um mero consumidor e, como tal, mostrava-se apenas como objeto dessa indústria, sem nenhum direito a mais nada. A dominação ideológica pelo consumo foi baseada na renovação constante do progresso técnico e científico, controlado e mistificado pela indústria cultural. Apesar das dificuldades de se sair de tal armadilha, de um universo de coisas fechado e esquemático, pode existir uma possível salvação, com o esclarecimento.

A dialética do esclarecimento permitiu a compreensão do novo consumo que predominou na segunda metade do século XX, pois estava ligada a uma nova racionalidade, baseada na lógica do interesse do mercado e na nova alienação do trabalhador seduzido pelo consumo irrestrito. Ao mesmo tempo em que popularizou a arte através das reproduções e das releituras pela moda e pelo designe, provocou um afastamento do trabalhador da própria produção da arte, cada vez mais difícil e imprescindível. Ao capitalismo interessava a produção e o consumo dos bens e dos serviços produzidos, mesmo que isto não representasse os interesses dos trabalhadores e consumidores.

1.8. MODERNIDADE E PÓS-MODERNIDADE

A pós-modernidade passou a representar o momento social, cultural e estético que resultou do capitalismo contemporâneo, no final do século XX, especialmente depois da queda do Muro de Berlim, apesar do controvertido uso da palavra. Alegou-se que houve o esgotamento do movimento modernista e do capitalismo, apesar de alguns argumentarem que não passava do desenvolvimento da própria modernidade, por conta da perda da aura do objeto artístico pela multiplicidade de sua reprodução. A situação estava relacionada também com uma nova forma de fazer a arte, que foi chamada de arte pós-moderna, significando a resposta à nova sociedade também dita pós-moderna. No entanto, acabou influenciando o mercado de consumo, pela reprodução de obras de artes e pela criação de novos modismos.

A modernidade pode ser definida como um período relacionado com a era do progresso, dominado pela Revolução Industrial e pelo Iluminismo, como dito antes. O marco desse período consistiu na incorporação dos princípios da racionalidade e da hierarquia dentro do espaço público e da vida artística, com a procura constante pelo progresso, pela acumulação de bens e pelo acesso a novos produtos e serviços. Por outro lado, no aspecto filosófico, a pós-modernidade relaciona-se com a condição da sociedade existente após a modernidade, uma condição histórica que marcou o momento do fim da modernidade. Esse momento resultou do exacerbamento do próprio instante cultural anterior, bem como do seu esgotamento e de sua incapacidade de se reproduzir.

O capitalismo financeiro que dominou o século XX, ao chegar ao final desse século, assumiu o controle completo dos Estados, que eram submetidos a crises sistemáticas por conta do endividamento constante deles e do fim da paridade entre o produto físico e o produto financeiro. Para David Harvey, na obra **Condição Pós-Moderna**, houve a compressão do tempo e do espaço, coincidindo seu momento com a falência do sistema financeiro baseado no Tratado de Bretton Woods, que reorganizou a economia e o sistema financeiro global depois da II Guerra Mundial (HARVEY, 2010: 257).

A aceleração do processo produtivo implicou a aceleração das trocas e do consumo. Houve o aperfeiçoamento das comunicações e do fluxo de informações, relacionadas com a racionalização nas técnicas de distribuição, como empacotamento, controle de estoque, conteinerização e retorno do mercado, permitindo a circulação de mercadorias no mercado a uma velocidade maior. Por outro lado, os bancos múltiplos, o *home bank* e o dinheiro de plástico dos cartões de crédito e de débito foram inovações que aumentaram a rapidez do fluxo de dinheiro. Os serviços e os mercados financeiros foram auxiliados pelo comércio computadorizados, também acelerando o tempo e dinamizando os mercados globais de ações e de papéis representativos de mercadorias.

No desenvolvimento da arena do consumo, houve dois fenômenos que merecem ser destacados: a) a moda; b) o consumo de serviços. A mobilização da moda em mercado de massa, em oposição ao consumo da elite, resultou no fornecimento acelerado da produção de roupas, de ornamentos e de decoração, além de mudança no estilo de vida e nas atividades de recreação, como os hábitos de lazer e de esporte, o estilo pop e os jogos eletrônicos. Por outro lado, houve a mudança do consumo de bens para o consumo de serviços, não somente os serviços pessoais, comerciais, educacionais e de saúde, mas também os serviços de diversão, de espetáculos, de esportes, de eventos e de distrações. O tempo de duração de tais serviços era bem mais efêmero do que o tempo de bens de consumo duráveis, como um veículo automotor, mas passou a ter mais consumidores.

Observando as inúmeras consequências da aceleração do tempo de giro de capital por conta do consumo exacerbado, David Harvey destacou as maneiras pós-modernas de pensar, de sentir e de agir:

> A primeira consequência importante foi acentuar a volatilidade e efemeridade de modas, produtos, técnicas de produção, processos de trabalho, ideias e ideologias, valores e práticas estabelecidas. A sensação de que tudo o que é sólido se desmancha no ar raramente foi mais pervasiva (o que provavelmente explica o volume de textos sobre esse tema nos últimos anos). [...] No domínio da produção de mercadorias, o efeito primário foi a ênfase nos valores e nas virtudes da instantaneidade (alimentos e refeições instantâneos e rápidos e outras comodidades) e da descartabilidade (xícaras, pratos, talheres, embalagens, guardanapos, roupas etc.). [...] Ela significa mais do que jogar fora bens produzidos (criando um

> monumental problema sobre o que fazer com o lixo); significa também ser capaz de atirar fora valores, estilo de vida, relacionamentos estáveis, apegos a coisas, edifícios, lugares, pessoas e modos adquiridos de agir e ser (HARVEY, 2010: 258).

A relação entre a pós-modernidade e a filosofia foi combatida e contestada, inclusive os termos pós-modernidade e pós-modernismo. Resultou em várias manifestações políticas e ideias anti-ideológicas, associadas ao movimento feminista, à luta pela igualdade racial, aos movimentos em favor dos direitos dos homoafetivos e às manifestações anarquistas e niilistas, no final do século XX, incluindo os movimentos pela paz e as outras formas de contestar a globalização. Não se podia dizer que tais movimentos sociais fossem a própria pós-modernidade, mas sem dúvida eles encarnaram uma visão contestadora da racionalidade do capitalismo e da modernidade.

As falhas morais da humanidade na modernidade, como os desastres que representaram a guerra, como Auschwitz e Hiroshima, na II Guerra Mundial, e os desastres ecológicos, como Chernobyl, na Rússia, em 1986, e Fukushima, no Japão, em 2011, encontraram o discurso da pós-modernidade como uma forma de destacar a possibilidade de a humanidade dar certo. Em nome do capitalismo financeiro e da dominação ideológica da racionalidade, os movimentos diferentes que não enquadravam as pessoas no *status* anterior implicavam uma nova concepção de vida, sem uma ruptura radical, mais exemplificativa do que real.

A produção desenvolvida no complexo militar-industrial fez com que o capital agora não fosse mais vinculado a determinado consumo dos trabalhadores, pois se podia vender para quem consumia sem precisar necessariamente consumir. Por conta de rivalidades étnicas, culturais ou religiosas, existem guerras em todos os lugares, a toda hora, guerras que consumem os bens militares de forma crescente, alimentando a sociedade capitalista com novos recursos, sem necessidade de consumidores diretos. Além disso, havia a produção do desperdício, apenas para facilitar o sistema produtivo e realocar o excedente produzido sem qualquer racionalidade.

Na sua obra **O Poder da Ideologia**, analisando a importância do complexo militar-industrial na economia, István Mészários afirmou que:

> Naturalmente, esta nova modalidade de produção pede ajustes a categorias adequadas para ser capaz de entender – quanto à dimensão vital da racionalização e legitimação ideológicas – as práticas dominantes da ordem reestruturada do capital. Por isso, se uma porção importante dos recursos disponíveis é abertamente destinada à *produção de desperdício*, igualando a produção dos meios de destruição à *produção* como tal, tudo isso ocorre, é claro, com o inatacável propósito de proporcionar empregos muito necessários. Também não se precisa mais levar em contas as dificuldades causadas pelas restrições dos apetites humanos e da renda pessoal. O assim chamado *consumidor* já não é apenas o agregado disponível de indivíduos limitados. Na verdade, graças à importante transformação das estruturas produtivas dominantes da sociedade do pós-guerra, associada com o correspondente realinhamento de sua relação com o Estado capitalista (tanto para propósito econômico quanto para assegurar a legitimação ideológico-político necessária), a partir de agora, o *produtor-comprador-consumidor* miticamente fundido é nada menos do que a própria nação. Esta é outra inovação fundamental do complexo militar-industrial. Pois, enquanto a anterior identificação do *comprador* com o *consumidor* se limitava a colocar de lado a questão embaraçosa dos apetites humanos e da exigência tradicional de se produzir bens com um uso real correspondente a tais apetites, não era adequado oferecer às restrições financeiras ligadas à soberania do consumidor individual soluções que frustrassem as necessidades expansionistas alienadas do próprio processo de realização capitalista (MÉSZÁRIOS, 2004: 289-9).

Passou-se a entender o fim da modernidade e o início da pós-modernidade, se ele existiu, no final do século XX. Pode-se considerar a pós-modernidade em dois momentos, um, no seu começo, do período que vai da Guerra Fria, na década de cinquenta do século passado, até a queda do Muro de Berlim, em 1989. A produção econômica ampliou a oferta de bens e ao mesmo tempo cada vez mais consumidores passaram a ter melhores salários para adquirir tais produtos. O Estado garantiu a estabilidade social através do *Welfare State*, em que assegurou inúmeros serviços públicos, tanto sociais, como aposentadoria, educação pública e saúde gratuita, como econômicos, como transporte e comunicações cada vez mais eficientes, como já comentados.

A queda do Muro de Berlim foi seguida pelo fim da União Soviética e da liberalização econômica da China, em 1991, colocando por fim a experiência do chamado socialismo real, que foi o segundo movimento da pós-modernidade. Por este aspecto, não haveria alternativa à democracia representativa e ao capitalismo tardio, devendo as pessoas, os Estados se adaptarem aos novos tempos e deles tirarem proveito. O exercício do poder político na economia tornou-se também prerrogativa das corporações transnacionais, que controlaram o mercado, não mais uma atribuição do Estado. Por outro lado, as crises econômicas do final do século XX implicaram a noção de que os países só podiam crescer se os Governos fixassem a estabilidade econômica, de modo que se deveria reduzir os gastos e limitar-se a expansão da moeda, conforme as recomendações neoliberais.

Para Joseph Stiglitz, analisando a situação acima e seus problemas contextuais, afirmou sobre o consenso de Washington que:

> Muitos governos começaram a seguir o que se tornou conhecido como o consenso de Washington: eles liberalizaram o comércio, alcançaram a estabilidade macroeconômica e acertaram os preços – e todavia o crescimento não se seguiu tão rápido ou tão intensamente como se previa. Em contraste, os governos do leste asiático adotaram uma abordagem menos dogmática: embora houvesse conquistado estabilidade macroeconômica, eles intervieram extensivamente no mercado. Ajudaram a criar e a regular mercados, e usaram-nos para atingir seus objetivos de desenvolvimento. Também experimentaram o mais rápido dos crescimentos. Desde 1997 muitos países do leste asiático sofreram sérias turbulências financeiras. [...] Também podem resultar em parte da falta de

> uma adaptação suficientemente rápida a circunstância cambiantes, especialmente no sistema financeiro internacional (STIGLITZ, 2007: 480).

Considera-se que a segunda fase da pós-modernidade pode ser entendida pela digitalidade, com a ampliação do poder pessoal com o uso digital dos meios de comunicação, incluindo máquinas de fax, *modens*, celulares, cabo, facebook e internet de alta velocidade, que alteraram a condição da pós-modernidade de forma radical. A produção digital de informação garantiu aos consumidores a possibilidade de alterar virtualmente toda mídia. Resultou daí novos conflitos com os consumidores sobre o capital intelectual, por conta da falsificação e do *download*, e possibilitou a implantação de uma nova economia em que a queda dos custos de informação modificara a sociedade e sua cultura.

O consumidor de hoje pode ser considerado um ser digital, como uma especificidade da pós-modernidade. A *World Wide Web* (*www*) resultou no uso de engenharias de busca de informações e de facilidade para aquisição de novos produtos e serviços, fazendo com que parte da vida das pessoas fosse em frente a máquinas como computadores, *iphones* e *ipods*. Democratizou-se a informação com o *Google*, de modo antes nunca visto. Criou-se um novo mundo, de caráter digital, considerado apenas uma abstração que está vinculada ao mundo material. Por fim, a cultura das redes sociais, surgidas nos últimos anos, fez com que o relacionamento das pessoas com as outras e com o próprio mundo mudasse, resultando no triunfo aparente da pós-modernidade. A Primavera Árabe, os indignados europeus, o *Ocupe Wall Street* e o levante estudantil no Chile, em 2011, são exemplos dos conflitos da pós-modernidade. Constituem-se também exemplos as manifestações brasileiras, em junho de 2013, com quase dois milhões de participantes em diversos eventos, questionando aos gastos públicos e a qualidades dos serviços públicos, como cidadãos e como consumidores destes serviços.

O consumo na pós-modernidade está relacionado com a globalização e com as formas de interação econômica por conta da revolução da tecnologia de informações. Houve uma mudança na estética e na cultura, que fez com que a arte moderna fosse considerada obsoleta, apesar da revolução que a reprodução realizou, tornando-se mais conhecida e popular. Tanto que, pelo padrão estético médio, a nova arte vanguardista não chega a ser arte, sendo algo incompreensível e inacessível ao grande público. A busca pelo original continua e tudo que se produziu ontem é apenas passado, mesmo que o grande público não consiga entender o que se está produzindo e por que o faz de tal forma. A pós-modernidade consiste no momento cultural de ruptura com a racionalidade e com os padrões estabelecidos, mas sem mudar os padrões de trabalho e de consumo da sociedade moderna. Na verdade, nada mais houve do que o desenvolvimento da modernidade e da cultura do consumo, de modo que não foi superado o capitalismo, nem a modernidade, pois a dita pós-modernidade nada mais é do que o último desenvolvimento da modernidade.

1.9. REPRODUÇÃO SOCIAL DO CONSUMO

A exploração do mercado pela burguesia em constante busca por novos investimentos fez com que o próprio mercado estivesse presente em todos os locais. A exploração do mercado mundial pela burguesia assegurou um caráter cosmopolita à produção e ao consumo em todos os países, com a padronização da moda e dos costumes. Foram desprezados os discursos nacionalistas dos industriais, por conta da ansiedade dos consumidores por novos produtos e serviços. Os capitalistas produziam novas mercadorias cuja matéria-prima vinha, às vezes, de outros países, desvinculada da produção local. Foi superado o isolamento e a auto-suficiência nacionais, por conta da interdependência entre as diversas economias. No mesmo sentido caminhou a produção intelectual, com as criações artísticas e científicas de diversos países, tornando-se propriedade comum mundial, inclusive com a formação de uma literatura mundial desvinculada das literaturas nacionais.

Ao analisar a sociedade de consumo, na conhecida obra **O Mundo é Plano**, Thomas L. Friedman disse que:

> A burguesia, mediante o rápido aprimoramento de todos os instrumentos de produção, mediante meios de comunicação imensamente facilitados, arrasta todas as nações, mesmo as mais bárbaras, para a civilização. Os baixos preços dos bens compõem a artilharia pesada com que ela derruba todas as Muralhas da China, com que força o obstinadíssimo ódio dos bárbaros aos estrangeiros a capitular. Ela compele todas as nações, sob pena de extinção, a adotar o modo de produção burguês; compele-as a introduzir em seu meio o que ela denomina de civilização, isto é, a se tornarem, elas mesmas, burguesas. Numa palavra, a burguesia cria um mundo à sua própria imagem e semelhança (FRIEDMAN, 2005: 234-5).

Atualmente, os objetos de consumo são integrantes da parte visível da cultura, ajudando a dar às ideias a esta, que por sua própria existência apresenta-se como intangível, mostrando-se como uma realidade concreta. Quando a cultura é materializada sob a forma de objetos de consumo, começa-se a ter maior estabilidade e consistência, de modo que do fluxo de opiniões, de atitudes e de ideologias, passa-se a ter maior substância e autoridade. Desse modo, os bens representam as âncoras que dão segurança contra o redemoinho cultural do novo século, de modo que as mercadorias possuem a condição de estabilizar a vida humana.

Os bens de consumo realizam a mágica pela cultura, porque capturam as categorias e os princípios culturais de uma maneira que as tornam presentes e convincentes de uma nova forma. Ao existir nos bens e nos serviços, a cultura passa a ser vivida em toda a parte do mundo material, pois tudo que o homem produz hoje está relacionado com a cultura predominante. A cultura, por sua vez, usa os objetos para convencer os consumidores, como observou Grant McCracken:

> Materiais culturais produzem cultura material. Eles a tornam palpável, presente e ubíqua. Para emprestar a paráfrase do poeta Hass, quando a cultura se insinua na nossa paisagem física, na nossa moradia, as premissas de nossa existência são também as premissas da existência. Ideologia e mundo material são uma coisa só (McCRACKEN, 2003: 166-7).

A nova economia, que surgiu no final do século XX e consolidou-se no início do século seguinte, vem a ser caracterizada por Manuel Castells de informacional, global e em rede. Para ele, é informacional porque a produtividade e a competitividade de unidade ou agentes - empresas, regiões ou nações - dependem apenas de sua capacidade de gerar, de processar e de aplicar de forma eficiente a informação baseada em conhecimento. É global porque as principais atividades produtivas, o consumo e a circulação, bem como seus componentes, como capital, trabalho, matéria-prima, administração, informação, tecnologia e mercado, então organizados em escala global, diretamente ou através de uma rede de conexão entre os agentes econômicos. Por fim, ele esclarece que é em rede porque, nas novas condições históricas, a produtividade encontra-se gerada e a concorrência realiza-se por meio de uma rede global de interação entre as redes empresariais.

A conexão histórica entre a base de informação e os conhecimentos disponíveis, para Manuel Castells, era a seguinte:

> Sem dúvida, informação e conhecimento sempre foram elementos crucias no crescimento da economia, e a evolução da tecnologia determinou em grande parte a capacidade produtiva da sociedade e os padrões de vida, bem como formas sociais de organização econômica. Porém, [...] estamos testemunhando um ponto de descontinuidade histórica. A emergência de um novo paradigma tecnológico organizado em torno de novas tecnologias da informação, mais flexíveis e poderosos, possibilita que a própria informação se torne o produto do processo produtivo. Sendo mais preciso: os produtos das novas indústrias de tecnologia da

> informação são dispositivos de processamento de informações ou o próprio processamento das informações. Ao transformarem os processos de processamento da informação, as novas tecnologias da informação agem sobre todos os domínios da atividade humana e possibilitam o estabelecimento de conexões infinitas entre diferentes domínios, assim como entre os elementos e os agentes de tais atividades. Surge uma economia em rede profundamente interdependente que se torna cada vez mais capaz de aplicar seu processo em tecnologia, conhecimentos e administração na própria tecnologia, conhecimentos e administração. Um círculo tão virtuoso deve conduzir à maior produtividade e eficiência, considerando as condições corretas de transformações organizacionais e institucionais igualmente drásticas (CASTELLS, 2010: 119-20).

Em meio às incertezas políticas, econômicas e sociais, os consumidores passam a cultuar os bens de consumo, realizando-se uma nova forma de fetiche, que faz com que se consuma cada vez mais sem se ter necessidade para tanto. Não se compra um bem porque se tem a necessidade real dele, mas porque a aquisição está relacionada com exigência modista passageira. Existe o fetichismo pelo consumo, relacionado à alienação do trabalho por conta da simbiose entre o trabalhador e o consumidor. A dispersão cultural da modernidade faz com que a produção ao mesmo tempo seja ampla para baratear seu custo, mas também apresenta aspectos particulares e específicos para os diferentes tipos de consumidores.

O consumo foi mudando com o próprio capitalismo, de sua fase mercantil, do século XVI ao XVIII, para a fase industrial, no século XIX, e dessa para o capitalismo financeiro, ao longo do século XX. No final desse século, quando já começou a se falar do capitalismo pós-financeiro, também o consumo mudou radicalmente, com a chamada pós-modernidade, mesmo que esta seja só o desenvolvimento da modernidade e do modo de produção capitalista.

Existe um consumo pelo Estado, quanto ao complexo militar, bem como uma cultura do desperdício e o consumo de produtos de luxo, que desafiou a própria natureza do consumo como centrado no homem duplo - trabalhador e consumidor. Ao mesmo tempo, a ameaça crescente da depredação do meio ambiente e da incerteza quanto à sobrevivência da espécie humana passa a ser uma exigência a restrição ao consumo por conta da sustentabilidade da natureza. Tudo leva a várias incertezas, talvez, apenas para uma certeza, a exigência de medidas em favor do consumo consciente que leve ao desenvolvimento sustentável.

Existem diferentes caracterizações do capitalismo, ou dos capitalismos, realizadas desde o século XIX, podendo-se descrevê-lo pela exigência de acumulação ilimitada do capital por meios formalmente pacíficos. É colocado de forma contínua o jogo do capital no circuito econômico, com o objetivo de extrair lucro para aumentar o capital que, em seguida, deve ser reinvestido. Essa transformação fascina os estudiosos porque daí deriva a força e a marca do capitalismo, pela dinâmica e pela força transformadora, que faz com que mude sempre sem perder sua essência como modo de produção a exploração do homem pelo homem.

O acúmulo de capital não consiste apenas em um amontoado de riquezas, por objetos de consumo desejados por seu valor de uso, por sua função de ostentação ou como signo de poder e prestígio. As formas efetivas de riquezas, como ativos imobiliários urbanos ou rurais, bens de capital, mercadorias, direitos, patentes, registros, metais, ações, moedas, títulos de crédito, títulos públicos e objetos de arte, dentre outros, não têm interesse em si, por sua falta de liquidez, podendo até constituir em obstáculo ao objetivo principal do processo econômico. Esse é a transformação permanente do capital, de equipamento e de aquisições de matérias primas, componentes, serviços em produção, de produção em moeda e de moeda em novos investimentos.

Analisando o novo espírito do capitalismo, que estava se movendo no final do século XX, Luc Boltanski e Ève Chiapello entenderam que:

> Essa dissociação entre capital e formas materiais de riqueza lhe confere um caráter realmente abstrato que vai contribuir para perpetuar a acumulação. Uma vez que o enriquecimento é avaliado em termos contábeis, sendo o lucro acumulado num período calculado como a diferença entre dois balanços de duas épocas diferentes, não existe nenhum limite, nenhuma saciedade possível como ocorre, ao contrário, quando a riqueza é orientada para necessidades de consumo, inclusive o luxo. [...] Como o capital é constantemente reinvestido e só pode crescer circulando, a capacidade que o capitalista tem de recuperar sua aplicação aumentada pelo lucro está perpetuamente ameaçada, em especial pelos atos dos outros capitalistas com os quais ele discuta o poder de compra dos consumidores. Essa dinâmica cria uma inquietação permanente e dá ao capitalista um poderoso motivo de autoconservação para continuar infindavelmente o processo de acumulação (BOLTANSKI, 2009: 35).

O alto padrão de vida que se tem no capitalismo desenvolvido, bem como em algumas elites no capitalismo dependente, faz com que se exijam cada vez mais bens de consumo e novas produções para satisfazer o novo padrão de consumo. Como consequência disso, por exemplo, o uso excessivo de hidrocarbonetos está provocando a degradação do meio ambiente como um todo, bem como se vivência pouca consideração com as espécies. Além disso, nos locais das explorações, as madeireiras e as empresas de mineração fazem com que se preveja a dificuldade da natureza de se recuperar continuamente da exploração desenfreada, para satisfazer o consumo dos capitalistas e das novas classes médias.

Discutindo o novo capitalismo desenvolvido, Thomas Friedman entendeu que, apesar de se permitir a liberdade no mercado produtor para recompensar o trabalho, a inovação e a tomada de risco, não podia haver liberdade excessiva para recompensar imprudências que possam desestabilizar a natureza e a economia global, nos seguintes termos:

> Vivemos em um mundo onde a globalização é um fato: mais pessoas estão se conectando e competindo com outras pessoas em um grau muito maior do que no passado. Mas os efeitos de tanta gente no planeta se

> conectando e competindo em mercados livres podem ser assustadores. A elevação do consumo pode devorar a vida existente nas florestas, nos rios e nos oceanos de um modo capaz de modificar o clima e a paisagem a uma velocidade sem precedentes. E quando se tem um mundo tão interconectado, onde contaminações financeiras podem se alastrar tão depressa, derrubando inúmeras economias de uma só vez, é óbvio que nosso objetivo maior tem de ser uma globalização sustentada (FRIEDMAN, 2010: 75).

É a tendência do modo de produção atual a expansão contínua e a redefinição constante das relações entre o capital e o trabalho. A este sempre coube um papel de mobilização por meio de organizações primárias e depois os sindicatos e também as internacionais socialistas, no final do século XIX. Em seguida, os partidos políticos, tanto os comunistas como os socialdemocratas, passaram a expressar ideias sociais com perspectivas diferentes. Hoje isto foi estabelecido com a possibilidade de uma sociedade mais igualitária que conviva com um sistema político representativo e democrático, o que foi perseguido ao longo do século XX, sem sucesso.

Ariosvaldo de Oliveira Santos comentou a situação acima, que acabou resultando na crise do sindicalismo no mundo, pela dificuldade de representação da atual classe trabalhadora:

> Mas a dinâmica da acumulação capitalista encontra-se na origem, também, de refluxos sofridos pela classe trabalhadora no plano internacional, sendo expressa dessa processualidade o que se convencionou chamar de *crise do sindicalismo*. Assim, compreender a crise do sindicalismo, que afeta a capacidade de organização dos mais diversos segmentos de trabalhadores em todo o mundo, implica, necessariamente, assinalar as transformações operadas no interior do modo de produção capitalista, sobretudo nas últimas décadas, e as consequências que elas produziram sobre a capacidade organizativa das diversas categorias profissionais (SANTOS, 2006: 447).

As teorias políticas e sociais que defendem a integração social e o paternalismo governamental estão consolidadas nos textos de leis, que materializam juridicamente uma concepção ideológica do que se cogita como problema social. O conflito social, como parte do conflito de classes, não é admitido no discurso oficial, sempre unificador, desenvolvimentista e triunfalista. O inconsciente não se conforma à vedação de ser consciente, pois as relações entre o consciente e o inconsciente só podem inscrever-se no contexto da lei, na lei real do dia a dia, em contradição com o princípio do prazer pelo consumo (CERQUEIRA FILHO, 1982: 195).

O consumo tem sido o ponto fraco do trabalhador, que se vê iludido por uma representação do mundo baseada no consumismo e na aquisição de bens e de serviços a qualquer custo. Melhorar de vida significa adquirir mais bens de consumo, de acordo com o padrão divulgado pela mídia e pelos intelectuais ligados ao sistema político vigente. Por seu próprio esforço, é possível que o trabalhador ascenda socialmente ou, na pior das hipóteses, vai lhe ser garantido seguridade na vida para que não morra, nem sofra sem o cuidado público necessário, nem lhe deixe de lhe dar alguma providência para seu sustento. Sobre a matéria, para o pensador István Mészáros:

> Naturalmente, em tal perspectiva, não se pode saber o que aconteceria quando se atingissem os limites do sistema capitalista e suas contradições não puderem ser removidas pela propagação do gosto pelo luxo de cima a baixo na sociedade. Na verdade, não se pode, de forma alguma, admitir a existência de verdadeiros antagonismos e contradições inconciliáveis, pois o sistema deve funcionar em benefício de todos, como demonstrado também pela propagação do gosto pelo luxo. Mesmo quando são reconhecidos, os conflitos devem ser conceituados como dificuldades temporárias que podem ser superadas pela aplicação dos métodos científicos-tecnológicos e gerenciais-organizacionais adequados (MÉSZÁROS, 2002: 637).

O consumo tem se alastrado como símbolo da realização pessoal e da oportunidade que um sistema de liberdade econômica razoável é capaz de aferir. Se o futuro se apresenta melhor, se realmente existe a possibilidade de um avanço no padrão de consumo, então, o sistema tem mais adesão e menos disponibilidade para mudar a vida atual. De um lado, a concessão de benefícios sociais, via iniciativa privada por meio de salários elevados e direitos sociais; de outro, pelo Estado, assegurando diversos serviços públicos gratuitos e outros que têm o preço controlado e sofrem fiscalização. Com isso, o consumo se tornou a nova Bíblia, ao qual o trabalhador se agarra para demonstrar sua ascensão social.

Ao observar o problema do consumo e sua importância para o homem, Hannah Arendt disse que:

> O consumo isento de dor e de esforço não mudaria o caráter devorador da vida biológica, apenas o aumentaria até que uma humanidade completamente liberada dos grilhões da dor e do esforço estivesse livre para consumir o mundo inteiro e reproduzir diariamente todas as coisas que desejasse consumir (ARENDT, 2010: 163).

O consumo, no século XX, estava relacionado com a alienação do trabalhador, seduzido pelo consumo e por melhores condições de vida, que sustentava o modo de produção capitalista. No entanto, os consumidores também passaram a se organizar como cidadãos, invocando que eram hipossuficientes nas relações de consumo. O consumidor pode cometer uma ação, ou omissão, econômica, quando escolhe a saída do consumo de um bem, ou política, quando se expressa pelo movimento social. O problema do consumo e a relação dialética manifesta-se nas relações de consumo. A formação de associações e a realização de manifestações e de boicotes em favor dos direitos dos consumidores passaram a ser uma realidade no mundo e no Brasil neste especialmente, no final do século passado.

Capítulo II

Formação da Sociedade do Consumo no Brasil

Ementa: 2.1. Sociedade Colonial Brasileira; 2.2. Economia e Estado no Império; 2.3. Sociedade de Consumo Pré-Moderna; 2.4. Capitalismo Dependente no Brasil; 2.5. Modernização Conservadora do Consumo; 2.6. Constituição e Reforma Neoliberal; 2.7. Sociedade e Estado no Século XXI; 2.8. Reforma para o Consumo Consciente.

2.1. SOCIEDADE COLONIAL BRASILEIRA

A economia colonial brasileira foi baseada no modelo agrário-exportador[10], em que a colônia exportava todos os bens

---

10 Economia agro-exportadora, ou modelo primário-exportador, é caracterizada por fazer parte da forma como a economia dos países dependentes relacionou-se com o mercado capitalista moderno, sendo colocado na posição de fornecedor de produtos agrícolas e pecuários, além de metais e de minerais, consumindo produtos industrializados dos cer-

com valor de mercado internacional para Portugal, que se apropriava do excedente produzido. Os empreendimentos econômicos eram voltados para a exportação de bens agrícolas, como açúcar, fumo e depois café, de produtos da pecuária, como charque e couro, e de minerais, como pedras e metais preciosos. A produção principal da fazenda alimentava suas necessidades de exportação, mas existia uma produção agrícola doméstica e mesmo a produção de marcenaria e de metalurgia de pequeno porte. Essas se constituíram em verdadeiras ilhas de consumo, sem a formação de uma sociedade de consumo brasileira. Por outro lado, o trabalho escravo alimentava os sonhos de aristocracia dos fazendeiros e dos latifundiários, desenvolvendo estes uma natural prepotência e desprezo das elites pelos mais pobres.

Caio Prado Júnior procurou explicar a evolução das sociedades com base em um sentido. Este devia ser percebido não nos pormenores de sua história, mas no conjunto dos fatos e dos acontecimentos essenciais que a constituíam em um largo período de tempo. Ao se observar aquele conjunto, tirando o secundário que o acompanhava sempre, percebia-se uma linha mestra e ininterrupta de acontecimentos que se sucederam em ordem rigorosa, sempre dirigida para uma determinada direção. A análise da história de um país precisava ter esse compromisso, com o historiador devendo procurar o essencial e não o periférico. Ou seja, a pesquisa devia ser compromissada por meio da metodologia aplicada pelo pesquisador. Era preciso definir o tempo e o espaço, bem como a individualização da parcela da humanidade que interessava ao pesquisador, como povo, país, nação, sociedade ou Estado, seja qual fosse a designação apropriada ao caso. Apenas aí, o pesquisador pode-

---

tos países desenvolvidos. Para Luiz Carlos Bresser Pereira, a economia estava para fora. As exportações eram o fator determinante da renda nacional que passava pela economia monetária, já que o latifúndio autossuficiente e a pobreza geral da economia mantinha o mercado interno reduzido (PEREIRA, 1981: 69).

ria encontrar aquela unidade que lhe permitiria destacar uma parcela da humanidade para estudá-la à parte, como afirmou o autor acima.

Como exemplo do seu raciocínio, Caio Prado Júnior analisou a evolução portuguesa, sinteticamente, nos seguintes termos:

> O sentido da evolução de um povo pode variar; acontecimento estranho a ele, transformações interna profundas do seu equilíbrio ou estrutura, ou mesmo ambas essas circunstâncias conjuntamente, poderão intervir desviando-o para outras vias até então ignoradas. Portugal nos traz disso um exemplo frisante que para nós é quase doméstico. Até o fim do século XIV, e desde a constituição da monarquia, a história portuguesa se define pela formação de uma nova nação europeia e articula-se na evolução geral da civilização do Ocidente de que faz parte, no plano da luta que teve de sustentar, para se constituir, contra a invasão árabe que ameaçou num certo momento todo o continente e sua civilização. No alvorecer do século XV, a história portuguesa muda de rumo. Integrado nas fronteiras geográficas naturais que seriam definitivamente as duas, constituído territorialmente o reino, Portugal se vai transformar em um país marítimo; desliga-se, por assim dizer, do continente, e volta-se para o oceano que se abria para o outro lado; não tardará, com suas empresas e conquistas no ultramar, em se tornar uma grande potência colonial (PRADO JÚNIOR, 2011: 15-6).

Para Caio Prado Júnior, no Brasil não houve a simples feitoria comercial, pelo contrário, ocorreu a formação de um tipo de sociedade inteiramente novo, apesar de conservar seu acentuado caráter mercantil na empresa do colono branco. Este usou a natureza com a prodigalidade de recursos aproveitáveis para a produção de gêneros de grande valor comercial. O trabalho foi recrutado entre as raças consideradas inferiores que dominaram, como os indígenas e os negros africanos. Para o autor, houve um ajustamento entre os tradicionais objetivos mercantis que assinalaram o início da expansão ultramarina da Europa, e que foram conservados, e as novas condições em que se realizaria a empresa. Os objetivos que se viram em segundo plano nas colonizações das zonas temperadas, como na América do Norte, mantiveram aqui e marcaram profundamente a feição das colônias como foi o caso do Brasil. Como disse Caio Prado Júnior, no seu conjunto, e vista no plano mundial e internacional, a colonização dos trópicos tomou o aspecto de uma vasta empresa comercial, mais completa que a antiga feitoria, mas sempre com o mesmo caráter que ela, destinada a explorar os recursos naturais de um território virgem em proveito do comércio europeu. Era esse o verdadeiro sentido da colonização tropical, de que o Brasil tratava-se de um das resultantes, explicando os elementos fundamentais tanto econômicos como sociais da formação e evolução histórica dos trópicos americanos (PRADO JÚNIOR, 2011: 18).

Prosseguindo, o autor afirmou que o caráter mais estável, permanente e orgânico de uma sociedade - próprio e definido -, apenas se revelava aos poucos, com o tempo. Para Caio Prado Júnior:

> É com tal objetivo, objetivo exterior, voltado para fora do país e sem atenção a consideração que não fossem o interesse daquele comércio, que se organizarão a sociedade e a economia brasileira. Tudo se disporá naquele sentido: a estrutura, bem como as atividades do país. Virá o branco europeu para especular, realizar um negócio; inverterá seus cabedais e recrutará a mão de obra de que precisa: indígenas ou negros importados. Com tais elementos, articulados numa organização puramente produtora, industrial, se constituirá a colônia brasileira. Esse início, cujo caráter se manterá dominante através dos três séculos que vão até o momento em que ora abordamos a história brasileira, se gravará profunda e totalmente nas feições e na vida do país. Haverá resultantes secundárias que tendem para algo de mais elevado; mas elas ainda mal se fazem notar. O sentido da evolução brasileira, que é o que estamos aqui indagando, ainda se afirma por aquele caráter inicial da colonização. Tê-lo em vista é compreender o essencial deste quadro que se apresenta em princípios do século passado, e que passo agora a analisar (PRADO JÚNIOR, 2011: 29).

A discussão de Caio Prado Júnior implicava dizer que a colonização produziu seus frutos quando reuniu, em um imenso território quase deserto, em trezentos anos de esforço, uma população catada em três continentes, com ela formando um conjunto social - bem ou mal. A exploração da natureza passou a contar com características determinadas e identificou-se com traços próprios e inconfundíveis, quando devassou a terra, explorou o território e nele se instalou. Começou-se a remeter para a Europa caixas de açúcar, rolos de tabaco, fardos de algodão, barras de ouro e pedras preciosas. Não por erros, observou o autor paulista, quanto à possível apreciação moral ou de capacidade, mas por contingências que não poderiam ter evitado, e que só o tempo revelaria os vícios. Em especial, a incorporação apressada de raças e de culturas tão diferentes entre si, o trabalho servil, a dispersão de povoamento e outros elementos caracterizaram a colonização brasileira. Como disse, tudo isto que fora em seu tempo inevitável, necessário e por isso mesmo 'acertado', revelava agora bem claramente, três séculos depois do início da colonização, seu lado negativo (PRADO JÚNIOR, 2011: 378). Isso tudo acabou influenciando o aspecto de decomposição social em que apresentou o sistema colonial brasileiro, em sua obra **Formação do Brasil Contemporâneo**.

Ao estudar a obra de Caio Prado Júnior, especialmente **Formação do Brasil Contemporâneo**, Fernando Novais afirmou que:

> [...], penso que vale a pena situar Caio Prado Júnior, historiador, em três dimensões: no interior da historiografia brasileira, nos parâmetros do pensamento marxista latino-americano e, finalmente, nos quadros de sua geração. Quando esboçamos a caracterização de seu contributo historiográfico e teórico e riqueza expressa nas sugestões e nos desdobramento de sua obra, cremos estar contribuindo para a primeira dimensão. A segunda será apenas referida de passagem, como sugestão para novos estudos. Parece claro que nos últimos anos, na América Latina, vem ocorrendo um florescimento de um mar-

> xismo mais criativo e crítico, em contraposição ao esquematismo e dogmatismo tradicionais. Penso, assim, que uma futura história do marxismo na América Latina vai apontar essa duas fases, bem como a diálogo com a chamada economia cepalina como o ponto de renovação. [...] Sobre a terceira dimensão, talvez caibam algumas sugestões para uma comparação de Caio Prado Jr. com os dois outros membros eminentes da mesma geração. Dos três, Gilberto Freyre manteve-se mais unitariamente (deixando de lado pequenas fugas para a literatura) dentro de um campo específico, a sociologia. A produção de Sérgio Buarque vai sempre assumindo os contornos da obra de historiador; partindo da crítica literária e da crítica cultural mais ampla para o ensaísmo sociológico e, daí, para a história, onde se expande de formal admirável. Caio Prado Jr., por seu lado, foi desde o início o historiador, e sua obra vai se desdobrando na reflexão filosófica, na análise econômica e no ensaísmo político, mas, quanto a nós, mantendo sempre o primeiro referencial. Dá sempre a impressão de que se desvia para retornar, na procura de outras fontes para enriquecer a visão do historiador (NOVAIS, 2002: 1118).

A sociedade colonial brasileira apresentava formação dispersa, incoerente e revolta, em volta do domínio rural, que era o centro de gravitação do mundo local. Na disseminação geral da população, lembrava um pequeno núcleo com as suas leis e a sua autonomia organizada, partindo dele a determinação dos valores sociais, bem como as esferas de influência. Da sociedade colonial, salvo os aparelhos administrativos que se ajustaram com dificuldades, restou apenas o elemento celular com base no domínio rural. Nele estava afigura do senhor de engenho, de caráter altaneiro, prestigioso, dominante e fascinador, com a sedução magnética da ascendência moral. Para Oliveira Vianna, em Populações Meridionais do Brasil:

> Ser senhor de engenho ou de currais é um título de superioridade. Dá aos pergaminhos vindos do Reino um realce maior e aos brasões da nobreza um maior lustre. Os nobres da mais pura gema, aqui aportados, não desdenham de ligar-se às grandes

> famílias territoriais; vão buscar, de preferência, para esposas as ricas herdeiras dos opulentos senhores rurais. Estes, como podem dar em dote às filhas muita terra, índios e pretos - diz um cronista - na escolha dos maridos mais atendem ao nascimento do que ao cabedal. Por isso, só se casam com gente de nobreza reconhecida (OLIVEIRA VIANNA, 1952: 85).

A colonização portuguesa no Brasil fez com que todos quisessem extrair do solo excessivos benefícios sem grandes sacrifícios. Pretendiam servir-se da terra não como seus senhores, mas como seus usufrutuários para desfrutarem do solo e deixá-lo destruído. Em parte isto decorreu da cultura do colono português, que nem era citadino nem um ruralista convicto, na verdade era semiurbanizado e a exploração das quintas da Metrópole não lhe tomavam o tempo que lhe exigia os empreendimentos produtivos nos trópicos. Acabou aproveitando os rudes processos dos indígenas, sem a preocupação de adaptá-los para os grandes investimentos das *plantations*, com a monocultura de determinados produtos agrícolas para a exportação. Desejava, porém, não os frutos da terra, mas a glória e a riqueza da aventura, com audácia, imprevidência, irresponsabilidade, instabilidade e, de certa forma, vagabundagem.

Sérgio Buarque de Holanda, ainda que com enfoque de Max Weber[11], na obra **Raízes do Brasil**, procurou também compreender a lógica da colonização, muito mais calcada na aventura dos gestos e das façanhas audaciosas, do que no trabalho diário, baseado na paciência e no esforço pessoal. Isso resultou numa influência permanente na cultura local, como observou na formação econômica de então, do seguinte modo:

> Numa produção de índole semicapitalista, orientada, sobretudo para o consumo externo, teriam de prevalecer por força critérios grosseiramente quantitativos. Em realidade, só com

[11] Max Weber foi o primeiro a compreender a sociedade moderna e a perceber como ela perdeu a dimensão religiosa de suas origens, para funcionar apenas por sua própria gravidade (PISIER, 2001: 481).

> alguma reserva se pode aplicar a palavra agricultura aos processos de exploração da terra que se introduziram amplamente no país com os engenhos de cana. Nessa exploração, a técnica europeia serviu apenas para fazer ainda mais devastadores os métodos rudimentares de que se valia o indígena em suas plantações. Se tornou possível, em certos casos, a fixação do colono, não cabe atribuir tal fato a esse zelo carinhoso pela terra, tão peculiar ao homem rústico entre povos genuinamente agricultores. A verdade é que a grande lavoura, conforme se praticou e ainda se pratica no Brasil participa, por sua natureza perdulária, quase tanto da mineração quanto da agricultura. Sem braço escravo e terra farta, terra para gastar e arruinar, não para proteger ciosamente, ela seria irrealizável (HOLANDA, 2002: 960).

Sérgio Buarque de Holanda publicou **Raízes do Brasil**, em 1936, pelo qual procurou explicar os dilemas da modernização brasileira. O autor pernambucano fez uma interpretação histórica do país, partindo da análise do legado ibérico, especialmente português, para a definição da cultura brasileira baseada na cordialidade. O homem cordial agia a partir dos sentimentos que brotavam diretamente do coração, sem um filtro de racionalidade. Assim, ele não tratava com isenção os amigos e os inimigos, favorecendo os primeiros sempre em detrimento dos outros. Por isto, ao final concluiu que a cordialidade era inadequada ao funcionamento da democracia e da burocracia, que exigem normas e leis abstratas que sejam aplicadas a todos da mesma forma (WEGNER, 2009: 217). Esses foram os principais problemas da colonização local, na interessante análise do autor acima que procurou compreender a alma do brasileiro. Não havia, ainda, uma sociedade de consumo brasileira, como ele compreendeu, mas uma sociedade peculiar e quase primitiva.

2.2. ECONOMIA E ESTADO NO IMPÉRIO

Durante o período colonial, não houve consumo interno, nem produção local para tal fim, somente a produção agrária para a exportação. Existiu, provavelmente, empréstimo a dinheiro, mas entre pessoas conhecidas, com provável cobrança de juros. Com isso, o consumo em massa era pouco desenvolvido. Assim, o começo das operações de consumo e da atividade bancária, no Brasil, decorreu da vinda da família real portuguesa, para o Rio de Janeiro, no início do século XIX. Pelo Alvará Régio de 12.10.1808, em razão de ideia do Ministro Rodrigo de Souza Coutinho, D. João VI criou o Banco do Brasil, com suas operações iniciando em 1809 (VIANNA, 1972: 234). Não obstante o início promissor, os gastos excessivos da Coroa portuguesa, a luta pela independência, o ônus do acordo com a Metrópole e a guerra pelo Uruguai, fizeram com que a Assembleia Legislativa Brasileira efetuasse sua liquidação, em 23.09.1829.

A importância das elites, no Brasil, foi indicada por Lúcia Maria Bastos Pereira das Neves, na obra **Corcundas e Constitucionais**, desse modo:

> Este uso cabia somente a uma elite, não necessariamente distinguida pelos níveis de riqueza e, sim, por marcas de reconhecimento atribuídas em função do nascimento, sem dúvida, mas, sobretudo dos empregos obtidos e, novidade, dos talentos demonstrados. Formada pelos que dominavam a cultura escrita, essa elite cresceu e afirmou-se a partir da chegada da Corte, alimentada pelas ocupações que ela propiciou, seja no serviço público, na Igreja, ou numa série de atividades paralelas e complementares, dada a ausência de um campo intelectual autônomo. Dotado de certa homogeneidade, decorrente não tanto de origens sociais semelhantes, quanto das habilidades mentais que partilhava, a elite repartia-se, porém, de acordo com experiências comuns, tal passagem ou não por Coimbra e os círculos de sociabilidade maçônica, formando partidos (NEVES, 2003: 417).

Existia, depois do fechamento do Banco do Brasil, a ideia de se implantar um banco, para desenvolvimento da economia e do consumo, com nova tentativa através da Lei nº 59, de 08.10.1833, que recriou o banco público, sem que tivesse êxito a execução do dispositivo. A iniciativa privada teve melhor sorte, em 1842, com a criação do Banco Comercial do Rio de Janeiro. Em seguida, surgiram o Banco Comercial da Bahia, em 1848, o Banco Comercial do Maranhão e a Caixa Comercial do Pará, ambos em 1849. Para Pedro Calmon:

> Liquidado, em 1829, o primeiro Banco do Brasil, a iniciativa particular tratou de suprir-lhe a falta, abrindo, em 1842, o Comercial do Rio de Janeiro (capital de 5 mil contos), a que se seguiram o da Bahia (2 mil contos) em 1848, o do Maranhão em 1849, a Caixa Comercial da Bahia, enfim, com 30 na segunda fase. Mauá instalou o seu banco, o mais importante depois daquele, em 1853. O poder emissor dado a esses estabelecimentos foi abolido em 53, restaurado em 57, extinto em 66. Em 1857 passou o governo a fazer depósitos no Banco do Brasil, cuja carteira hipotecária, de 25 mil contos, data de 1866, acompanhada, em 1888, de outra de crédito agrícola (12 mil), quando o seu capital ia elevar-se a 100 mil contos (9 de outubro de 89) (CALMON, 1959: 1689-90).

O Conselho do Estado fixou a Resolução nº 172, de 31.01.1849, submetendo a criação de bancos à autorização governamental, regulando o funcionamento das instituições financeiras e o controle dos juros (COVELO, 2001: 28). Logo depois, veio novo banco, em 1851, criado pelo Barão de Mauá, grande empreendedor do século XIX. Ele também promoveu a fusão deste com o Banco Comercial do Rio de Janeiro, em 1852, fazendo uma nova instituição, também chamada Banco do Brasil, o terceiro com esse nome. O Barão de Mauá foi o protótipo do novo capitalismo, no Brasil, explorando não só o setor bancário, mas também a prestação de serviços públicos e o exercício de serviços comerciais. Pouco a pouco, foi se formando uma sociedade de consumo local.

O Barão de Mauá acostumou-se a ganhar, e a ganhar sempre, de preferência junto aos interesses públicos, sendo o primeiro a obter as mais importantes concessões da época, como a iluminação pública do Rio de Janeiro e a estrada de ferro Rio

-Petrópolis. Entre os vários negócios, investia tanto nos interesses privados, como também nos interesses do próprio Império Brasileiro. Por exemplo, na descrição de Jorge Caldeira, ele apareceu com a seguinte feição:

> Não bastasse tal ousadia, o barão de Mauá ainda foi mais longe. Pensou logo em transformar seu banco numa grande agência de captação de capitais europeus para serem investidos em empresas brasileiras, agora que os juros internos estavam muito altos, aproveitando a seu favor os efeitos negativos da política brasileira. Enquanto os juros subiam no mercado interno, continuavam baixos no exterior, o que permitia supor o financiamento de empresas no Brasil com dinheiro de fora, num esquema original: captar dinheiro no exterior, montar empresa no Brasil, pagar os juros com seus lucros e ganhar a diferença. (CALDEIRA, 1995: 306).

O Código Comercial de 1850 fez uma revolução jurídica no consumo, mas só dispôs sobre os bancos em dois artigos. Não obstante, ao tratar das operações comerciais relativas aos bancos, fixou o binômio bancário - depósito de um lado, empréstimo do outro. Chamou a atenção que se dedicasse apenas um artigo ao mútuo, ao passo que os juros receberam sete artigos. O mútuo foi tratado, no art. 247, tendo provocado muita polêmica sua natureza tal como se descreveu na codificação mencionada. Com o surgimento dos bancos, várias leis foram sendo editadas no sentido de que o Estado tutelasse o crédito por meio de normas referentes às condições para o funcionamento das instituições nacionais e estrangeiras. Por outro lado, estabeleceu-se os limites mínimos de capital e fundo de reserva para as operações a serem realizadas, para as taxas de juros e para a administração bancária. Os juros também eram possíveis no mútuo civil, mas o tratamento legislativo indicava que esta questão demonstrava ser primordial para o mútuo comercial e para a decorrente operação de empréstimo, bem como para o estimulo à produção e ao consumo.

José Xavier Carvalho de Mendonça, ao comentar o Código Comercial de 1850, indicou a importância da atividade bancária para o desenvolvimento do consumo:

> O citado art. 247 não poderia ser entendido, se o estendêssemos, na generalidade das suas palavras, a todas as coisas móveis, pelo simples fato de todas estas poderem ser consideradas gêneros de comércio e destinadas a uso comercial. Por exemplo, o empréstimo, tendo por objeto dinheiro, coisa por essência comercial, assumiria sempre o cunho mercantil, o que não acontece, visto como há mútuo em dinheiro de caráter civil (Cod. Civil, arts. 1.258 e 1.262). Por outro lado, aparecem casos em que o mútuo é mercantil, ainda que somente o mutuante seja comerciante, o que parece contrariar o art. 247 do Cod. Comercial, nas suas últimas palavras; exemplo: o mútuo em que figure o banco como mutuante e pessoa não comerciante como mutuário, tendo por objeto ato de comércio. Daí se conclui a inexatidão do conceito consubstanciado neste art. 247, desde que se tome ao pé da letra, indo ao extremo de contrariar o sistema de atos de comércio adotado no regul. n. 737, de 1850 (MENDONÇA, 1934: 320).

Em outro dispositivo, foram considerados banqueiros, conforme o art. 119, os comerciantes que tivessem por profissão habitual do seu comércio a operação chamada de banco, sendo aí fixado o âmbito do direito comercial. No artigo seguinte, estava disposto que as operações bancárias seriam tratadas de acordo com as disposições do Código Comercial, que lhes fossem aplicáveis. Essa codificação tratou tanto do direito comercial, excluindo o direito civil, conforme previsão expressa, sendo significativo para a formação do consumo no Brasil. Foi importante para fortalecer o comércio e a atividade industrial local, sem grandes ambições, porém, mas que ajudou a ampliar o consumo no Brasil (FERREIRA, 1948: 201-2).

Nesse período, o trabalho era com base na escravidão, com a apropriação quase total do esforço dos escravos, com isso, reduzindo o comércio, em razão de não ser elevado o número de trabalhadores livres, e assim, consumidores. O trabalho branco livre não era número significativo, de modo que o comércio nas grandes cidades, como Rio de Janeiro, Salvador, Recife e São Paulo, não possuía lojas diversificadas, que trabalhassem com muitos produtos importados. Nas cidades médias e no interior, predominavam as pequenas lojas de consumo, com o comércio basicamente realizado em armazéns ou em pequenas vendas.

José Murilo de Carvalho, na obra **A Construção da Ordem**, propôs-se a explorar a possibilidade de atribuir em parte à diferença na composição das elites políticas a trajetória peculiar da ex-colônia portuguesa na América (CARVALHO, 2003: 230). Ele sugeriu, ainda, que houve a manutenção da unidade nacional, com a consolidação de um Governo civil e com a redução dos conflitos regionais. Ocorreu, também, a limitação da mobilidade social e da mobilidade política no Brasil, em contraste com a fragmentação, o caudilhismo, a instabilidade política e a maior mobilização dos outros países da América Latina. Isto decorreu da maior unidade ideológica da elite política brasileira em comparação com as elites semelhantes nos outros países.

No entender de José Murilo de Carvalho, o estudo das elites foi particularmente relevante em situações em que ocorreram obstáculos à formação e à consolidação do poder nacional. Para ele:

> Historicamente, essas situações se deram de maneira típica em países de capitalismo frustrado ou retardatário, incluindo ex-colônias, e em países que passaram por mudanças revolucionárias de natureza socialista. Nos primeiros casos, que são os que nos interessa aqui, a importância da elite se vincula ao peso maior que cabia à iniciativa do próprio Estado em forjar a nação. Na ausência de poderosa classe burguesa capaz ela própria de regular as relações sociais por meio dos mecanismos do mercado, caberia ao Estado, como coube nos primeiros passos das próprias sociedades burguesas de êxito, tomar a iniciativa de medidas de unificação de mercados, de destruição de privilégios feudais, de consolidação de um comando nacional,

> de protecionismo econômico. O Estado agiria principalmente por meio da burocracia que ele treinava para as tarefas de administração e governo. Essa burocracia podia ter composição social variada, mas era sempre homogenia em termos de ideologia e treinamento. Pelo menos o era seu núcleo principal. O predomínio do Estado refletia, naturalmente, certa debilidade das classes ou setores de classe em disputa pelo poder, e certa fraqueza dos órgãos de representação política. Daí que havia frequentemente fusão parcial entre os altos escalões da burocracia e a elite política, o que resultava em maior unidade da elite e em peso redobrado do Estado, de vez que, de certo modo, era ele próprio que se representava perante si mesmo (CARVALHO, 2003: 230).

A economia foi assentada com base no modelo agrário exportador, no qual o *hiterland* brasileiro se localizava. Havia a produção regional de determinados produtos em escala capitalista, como o algodão maranhense, o açúcar de Pernambuco e o charqueado gaúcho, em especial. No entanto, a economia exportadora que permitia a aquisição de bens importados ocorria principalmente com o café localizado no vale do Paraíba, na Província do Rio de Janeiro, na segunda metade do século XIX. Existia uma produção com base na *plantations*, também produzindo quase tudo para o consumo imediato dos seus habitantes. Não houve, por conseguinte, o desenvolvimento de uma sociedade de consumo capitalista, propriamente dita, pois o trabalho escravo acabava limitando o comércio, bem como realizando a produção doméstica dentro dos latifundiários.

O Império brasileiro, ainda que fundado por Dom Pedro I, foi consolidado na pessoa de Dom Pedro II, tal a importância de sua imagem e de seu longo reinado. Ele não centralizou todas as decisões políticas, nem tomou parte de suas manobras. Para melhor conhecer esse momento, precisou-se entender o Império de modo que melhor do que personalizar era buscar os caminhos de construção desse mito de Estado, desse monarca tropical. Para Lilian Moritz Schwarcz:

> Portanto, é tendo como cenário o Segundo Reinado, momento fundando de um modelo de nacionalidade, que se buscará entender os mecanismos de construção simbólica da figura pública desse monarca, em suas associações com o fortalecimento do Estado. Fértil na produção de um amplo leque de imagens, o Império brasileiro se destacou em seu papel de criador de ícones nacionais - entre hinos, medalhas, emblemas, monumentos, dísticos e brasões -, assim como concentrou esforços na boa costura da imagem do monarca, que parecia simbolizar a pátria. A ideia é, portanto, recusar meios e processos pelos quais toma forma uma grande representação de d. Pedro II e do Império brasileiro. [...] A reflexão sobre a monarquia brasileira leva, assim, à reconstrução de um sistema político (ligado à elite carioca que cerca a realeza), mas também a um imaginário monárquico, percebido justamente por meio da análise de rituais, costumes e tradições. No caso, porém, é a figura do imperador que está colocada bem no meio das duas instâncias, [...] (SCHWARCZ, 1998: 22).

O Império, que durou quase um século, dominando todo o século XIX, começou com a vinda da família real portuguesa e instauração do Reino Unido de Portugal, Brasil e Algarve, em 1815, primeira forma do Estado brasileiro. A experiência foi aprofundada com a Independência, em 1822, e a formação de instituições genuinamente brasileira, especialmente nas letras jurídicas e na legislação relativa à formação da sociedade brasileira de consumo. Depois de muitas atribulações por conta da renúncia do pai, Dom Pedro II governou, de 1830 a 1889, em governo caracterizado pela tentativa de formação de uma unidade no Brasil, para que não se desmembrasse como os outros países da América Latina. Houve lutas e sedições, mas também teve os armistícios, as pacificações e as anistias. Acabou se firmando unido o Brasil, não só no território, mas na formação de uma ideologia em favor do verde e do amarelo e do patriotismo, além da língua comum. Ocorreu, também, ainda que timidamente, o início da sociedade de consumo brasileira.

2.3. SOCIEDADE DE CONSUMO PRÉ-MODERNA

Foi proclamada a República, em 15 de novembro de 1889, e instaurada uma nova forma de organização política, econômica e social, no Brasil. Os pressupostos básicos foram a constituição de um Estado Liberal, com a menor intervenção possível na vida civil, formalizado em uma Federação a partir das Províncias do Império, aparentemente democrático. Na verdade, existia uma tímida base social, mas predominava uma política regional e uma ausência de instituições sólidas, inclusive no controle financeiro. Havia, ainda que de forma precária, uma sociedade de consumo, principalmente no Rio de Janeiro e nas outras grandes cidades, embora de caráter primitivo. Era moderno no setor de exportação e, pré-moderna, na produção interna.

Na República Velha, da proclamação até o seu final, não se criara uma burocracia federal capaz de realizar com nitidez as políticas públicas, salvo manter a economia agrário-exportadora, dando continuidade a uma situação que vinha do Império, de 1822 a 1989. Apesar de uma aparente liberal-democracia, em decorrência da precariedade das organizações existentes, várias instituições não formalizadas tinham a função de ser a sustentação do poder oligárquico. Tratava-se de um sistema baseado no mandonismo, expresso no meio rural através do coronelismo e, no meio urbano, pelo clientelismo, em um momento posterior. No primeiro caso, foi entendido que esse sistema político representava uma complexa rede de relações que ia desde o coronel até o Presidente da República, com base em compromissos recíprocos, surgido com o fim da monarquia e estabelecendo-se com o federalismo e com a nova forma do centro político se relacionar com a periferia (CARVALHO, 2005: 230).

O coronelismo, para Victor Nunes Leal, na sua obra **Coronelismo, Enxada e Voto**, sobretudo, foi um compromisso, uma troca de proveito entre o Estado, progressivamente fortalecido e a decadente influência social dos chefes locais, notadamente os senhores de terras. Para Victor Nunes Leal:

> Concebemos o coronelismo como resultado da superposição de formas desenvolvidas do regime representativo a uma estrutura econômica e social inadequada. Não é, pois, mera sobrevivência do poder privado, cuja hipertrofia constitui fenômeno típico de nossa história colonial. É antes uma forma peculiar de manifestação do poder privado, ou seja, uma adaptação em virtude da qual os resíduos do nosso antigo e exorbitante poder privado têm conseguido coexistir com um regime político de extensa base representativa (LEAL, 1978: 20).

No Brasil, ao longo do tempo, a dependência complementava a economia mundial, através de produtos agrário-exportadores, em uma falsa economia liberal, quando havia monopólio de produtos, principalmente pelos fornecedores ingleses, aliados aos seus banqueiros que emprestavam ao Governo local. Os países desenvolvidos tiveram suas economias em crescimento e com distribuição de renda, resultando em consumidores passando a adquirir cada vez mais bens consumíveis ou duráveis, que o fetiche os convencesse a comprá-los e que tivessem recursos para tanto. Todavia, nos países subdesenvolvidos, convivia-se com uma situação de baixa produção, de estagnação econômica e de pobreza em elevado grau, bem diferente dos países desenvolvidos. Por meio da análise da teoria marxiana sobre imperialismo, pode-se explicar o subdesenvolvimento como reprodução necessária, dentro do capitalismo global, de formas pré-capitalistas servindo de base a um exército de trabalho de reserva em áreas miseráveis (BERNSTEIN, 1996: 199).

A República, proclamada no final do século XIX, não modificou a estrutura econômica do Brasil, continuando apoiada no latifúndio e na monocultura, dependente da exportação de produtos primários em grande escala e da importação de artigos industrializados. Dentro de tal quadro, o café sustentava e estimulava a economia local, sendo o suporte do poder político exercido pela burguesia paulista cafeeira sobre a política republicana. Desde o início, os grandes cafeicultores controlaram a política nacional e a administração do Estado. Levaram a política econômica a ficar submetida aos interesses do setor agrário-exportador do café, bem como este manipulava o câmbio e as instituições financeiras para tal fim (TEIXEIRA, 1993: 109). Houve o deslocamento do poder político para os produtores de São Paulo e de Minas Gerais, saindo dos barões fluminenses, daí chamada de política do café com leite.

Depois de longo tempo de discussão, desde o começo do século XX, surgiu o Código Civil. O direito civil, através da Lei Federal nº 3.071, de 01.01.1916, também influenciou o consumo, não obstante este ser mais próximo do direito comercial. Foram inúmeras as matérias que influenciaram a economia, como as disposições sobre o penhor, arts. 768 a 804, e sobre a hipoteca, arts. 809 a 862, como meio de garantir a financeirização da economia local. No direito das obrigações encontravam-se diversos institutos que ajudavam na formação do consumo, podendo ser citados as modalidades e os efeitos das obrigações. Mencione-se, em especial o Capítulo XV, Dos Juros Legais, sendo fundamental o disposto no art. 1.062, que fixou que a taxa dos juros moratórios, quando não convencionada (art. 1.262), será de seis por cento ao ano.

A disciplina sobre os contratos, assim como sobre suas várias espécies, mostrou-se importante para a economia e para o consumo. Diversas matérias foram ainda tratadas, colaborando para a formação do direito privado, como o contrato de compra e venda, a locação de coisas, o mútuo, o depósito voluntário, o mandato, a constituição de renda e o seguro. Contribuíram para o direito privado, ainda, diversos institutos, como os títulos ao portador, as obrigações por atos ilícitos, a liquidação das obrigações e o concurso de credores, tudo do antigo Código Civil.

Por outro lado, o Decreto Federal nº 14.728, de 16.03.1921, estabeleceu novo regime de controle sobre os bancos, fixando que as empresas bancárias, nacionais ou estrangeiras funcionariam apenas com autorização expressa do Estado. Na ocasião, foi instituída a Inspetoria Geral dos Bancos (IGB), sendo mais uma tentativa de exercer algum controle sobre os bancos brasileiros. Não foi bem sucedida a experiência, mas o Estado passou a regulamentar o mercado financeiro.

Caio Prado Júnior, quando escreveu **História Econômica do Brasil**, queria entender o processo pelo qual o sistema colonial da economia brasileira tinha suas principais raízes na agricultura. Abriu-se em brechas por onde penetravam e em que se estabeleciam os elementos renovadores da velha estrutura, substituída gradualmente por uma organização econômica que fosse função das necessidades próprias do país e capaz, assim, de atender efetivamente ao bem-estar e à prosperidade de seus habitantes. O autor acima disse que entre a primitiva indústria artesanal da colônia e a moderna maquinofatura, houve na evolução econômica do Brasil um grande hiato. Este decorreu da abertura dos portos, em 1808, com a concorrência dos produtos da indústria europeia, de qualidade superior, muito mais variados e de baixo custo, de modo que inviabilizaram a indústria nacional, incapaz de progredir com novos produtos locais. No entanto, a I Guerra Mundial deu um primeiro impulso sério à exploração e ao aproveitamento industrial do minério brasileiro, o que permitiu a formação de pequenas manufaturas instaladas nos grandes centros, como em São Paulo e no Rio de Janeiro. Formou-se uma pequena indústria metalúrgica que produziu toda sorte de artefatos de uso corrente, como pregos, ferramentas e cutelaria, até peças e mesmo máquinas de certa complexidade, como teares e geradores elétricos. Não obstante, esta indústria [...] ainda será por muito tempo incipiente e rudimentar. Somente a partir da II Grande Guerra adquirirá certo vulto e atingirá padrões mais elevados (PRADO JÚNIOR, 1983: 269).

Para Caio Prado Júnior, na obra acima, ao discutir a crise do sistema, constatou que o ajustamento do Brasil à nova ordem imperialista processou-se sem modificação substancial no caráter fundamental da economia do país, ou seja, a produção precípua de gêneros destinados ao comércio exterior. Essa nova ordem, por outro lado, contribuiu para reforçar e consolidar tal situação, levando ao auge das contradições inerentes a tal sistema. Assim, logo se verificou a exiguidade da base econômica em que assentava a vida brasileira. Para ele, era preciso que se levasse a economia brasileira para novos rumos, refazendo suas bases. Para o autor:

> Romper definitivamente com seu longo passado colonial, e fazer-se função da própria comunidade brasileira e não de interesses e necessidades alheias. Essa evolução se encontra, como vimos, em andamento. [...] Por força das circunstâncias peculiares em que se realizou a evolução econômica brasileira, e que esboçamos acima, a transformação que nela se está operando encontra pela frente grandes embaraços. E por isso é ainda do jogo das contradições entre o passado colonial que resiste, e as forças de renovação, que impulsionam o país para novos rumos, que resulta o processo de nossa evolução econômica (PRADO JÚNIOR, 1983: 300).

Por fim, Caio Prado Júnior entendeu que a I Guerra Mundial trouxe grandes modificações na evolução de todos os povos, assinalando, porém, que não marcou a economia brasileira essencialmente, apesar das repercussões profundas diretas e indiretas. Apesar disso, o Brasil fez-se de novo alvo de forte demanda internacional por gêneros alimentícios e por matérias-primas exigidas pelas necessidades dos combates entre as grandes potências. O consumo no Brasil, de então, foi assim descrito:

> Em suma, o problema da indústria brasileira está, sobretudo na natureza do seu mercado, que não é apenas qualitativamente acanhado por força do baixo padrão dominante no país,

> mas, sobretudo qualitativamente mal disposto e coordenado por efeito da defeituosa estruturação da nossa economia, que organizada essencialmente como fornecedora de produtos primários para os mercados exteriores, não se apoia e articula nas necessidades e atividades se intercomuniquem e entrosem estreitamente entre si, estimulando-se mutuamente, não haverá como esperar um desenvolvimento industrial de amplas perspectivas, propagando-se e se difundido extensiva e intensivamente pelo conjunto da coletividade brasileira (PRADO JÚNIOR, 1983: 334).

A **História Econômica do Brasil** representou, no pensamento de Caio Prado Júnior, a afirmação de que a crise do sistema colonial brasileiro, que fora desencadeada no período imediatamente anterior à II Guerra Mundial, foi precipitada nos anos em seguida decorridos. Houve forças e fatores renovadores que desvendaram largas perspectivas para a reestruturação da economia brasileira em bases novas, mais condizentes com o nível atingido pelos brasileiros. Essas perspectivas ainda eram obstadas pelos remanescentes do velho sistema. Para o autor acima, então, cabia apressar o processo de transformação e orientá-lo convenientemente, realizando com isso a reforma estrutural da economia brasileira, capaz de elevar a um novo plano interfira e definitivamente liberto do seu passado colonial (PRADO JÚNIOR, 1983: 342).

Caio Prado Júnior foi um marxista, sem dúvida, tanto pela vida pessoal de militante do Partido Comunista, como pelas obras que escreveu, tendo como base o materialismo dialético. Ele procurou analisar a economia brasileira, desde a colônia, dentro do âmbito do capitalismo mundial e da colocação deste como mero fornecedor de gêneros alimentícios e de matérias primas. Por outro lado, na primeira metade do século XX, começaram a se descortinar situações externas, como as duas Grandes Guerras, que favoreceram a formação de uma indústria nacional. Com isso, o autor paulista imaginava que a sociedade brasileira preparava-se para o ingresso na fase do capitalismo industrial, com a formação de um mercado de consumo interno. Permitiria, ainda, a industrialização e a mudança da economia ainda colonial para algo novo, que autorizasse imaginar uma nova fase da economia local. Para Caio Prado Júnior, havia os preparos para a formação de uma burguesia nacional e, com isso, de trabalhadores organizados capazes de uma nova revolução nacional. Este também era o pensamento do Partido Comunista, na época de suas principais obras, nas décadas de trinta e de quarenta do século passado.

Plínio de Arruda Sampaio Júnior, na sua obra **Entre a Nação e a Barbárie: os dilemas do capitalismo dependente**, comentando a obra de Caio Prado Júnior, disse que:

> Concentrando-se sobre o substrato social de um espaço econômico nacional, o esquema analítico de Caio Prado estabelece os requisitos históricos necessários para que as relações de produção permitam compatibilizar desenvolvimento capitalista e sociedade nacional autodeterminada. Sua interpretação sobre os problemas das economias subdesenvolvidas privilegia dois aspectos: os fatores responsáveis pela precariedade do processo de mercantilização e os determinantes da volatilidade do vínculo do capital internacional no espaço econômico nacional. São essas as causas da extrema instabilidade das economias coloniais em transição e de sua elevada vulnerabilidade a crises de reversão estrutural (SAMPAIOR JÚNIOR, 1999: 127).

Pode-se concluir, porém, como observou o autor da análise acima, que o aparelho conceitual de Caio Prado Júnior não se mostrou adequado para analisar os condicionamentos internos do desenvolvimento econômico. A insuficiência de seu instrumental teórico não lhe permitiu pensar o processo de adaptação das economias subdesenvolvidas às oportunidades abertas pelo sistema capitalista mundial, limitando sua análise ao excessivo empirismo. Apesar do avanço considerável da análise técnica e da inserção da discussão marxista no estudo da sociedade brasileira, faltou-lhe articulação teórica sobre as relações de produção, a luta de classe e a incorporação de progresso técnico. No entanto, foi base para o desenvolvimento do pensamento brasileiro em Celso Furtado e em Florestan Fernandes, capazes de melhor entender a sociedade de consumo brasileira.

2.4. CAPITALISMO DEPENDENTE NO BRASIL

Os países subdesenvolvidos, principalmente da América Latina, procuraram industrializar-se e por esse caminho passarem para a fase de desenvolvimento. A industrialização, de modo geral, foi feita pela substituição de importações, com a transferência de recursos do setor primário, através de tributos para custear a nascente indústria. No primeiro momento, passou-se a produzir bens de consumo mais simples e cujo frete não tornasse atraente a importação. Depois, pouco a pouco, começou-se a substituir as importações de produtos com maior valor agregado, até chegar aos bens de consumo duráveis, como os eletrodomésticos e os veículos, ao longo dos três primeiros quartos do século XX.

Dentro do contexto acima, o capitalismo dependente, na América Latina, foi bem descrito por Ruy Mauro Marini, em **Dialética da Dependência**, do seguinte modo:

> A base real sobre a qual esta se desenvolve são os laços que ligam a economia latino-americana com a economia capitalista mundial. Nascida para atender as exigências da circulação capitalista, cujo eixo de articulação está constituído pelos países industriais e centrado então sobre o mercado mundial, a produção latino-americana não depende, para sua realização, da capacidade interna de consumo. Opera-se assim, do ponto de vista de país dependente, a separação dos dois momentos fundamentais do ciclo do capital - a produção e a circulação de mercadorias - cujo efeito é fazer que apareça de maneira específica na economia latino-americana a contradição inerente à produção capitalista em geral, isto é, a que opõe o capital e o trabalho enquanto vendedor e comprador de mercadorias. Trata-se de um ponto-chave para entender o caráter da economia latino-americana. Essa oposição que gera o duplo caráter

> do trabalhador – produtor e consumidor –, ainda que seja efetiva vê-se em certa medida contraposta pela forma que assume o ciclo do capital. [...] O consumo individual dos trabalhadores representa, então, um elemento decisivo na criação de demanda para as mercadorias produzidas, sendo uma das condições para que o fluxo da produção se resolva adequadamente no fluxo da circulação (MARINI, 2000: 132-3).

A situação econômica, política e social acabou resultando na chamada dependência. De acordo com um dos seus conceituadores, Fernando Henrique Cardoso, bem antes de ser Presidente da República, pode-se afirmar que:

> A imagem que representava a sociedade latino-americana como se fosse composta por dois setores, um atrasado e rural e outro moderno e urbano-industrial, completava-se, nas ideologias do desenvolvimento, pela crença de que a longo prazo o crescimento industrial auto-sustentado dependia de dois requisitos interligados: a liquidação dos interesses latifundiários-exportadores e a formação de um mercado interno amplo que incorporasse as camadas que estavam à margem do consumo. O curso histórico, entretanto, mostrou que em muitos países os interesses urbanos-industriais se impuseram, sem provocar mudanças drásticas no campo: alteraram, quase sempre, o predomínio político dos grupos tradicionais, mas sem produzir a incorporação maciça das populações rurais ao mercado. Assim, o Brasil, por exemplo, não fez qualquer reforma agrária, o México manteve em ritmo lento, se não reduziu, seu processo de reforma agrária, a Colômbia segue o padrão brasileiro etc. Viu-se que, nas duras leis da economia, o bem-estar social aparece como um subproduto derivado do campo político, mas não como uma condição necessária para o desenvolvimento. Redescobriu-se a verdade elementar de que o mercado se compõe de consumidores (isto é, dos que têm capacidade de compra) e não de pessoas. População e mercado não são sinônimos no vocabulário da realidade econômica (CARDOSO, 1993: 40-1).

A industrialização ocorreu não só por meio de estímulos econômicos aos capitalistas locais e aos transnacionais que aqui se estabeleceram, mas em especial com o investimento direto de grandes conglomerados econômicos internacionais, que se apropriaram das riquezas nacionais pela exploração direta da força de trabalho através de baixos salários. O setor industrial acabou dominado pelas empresas estrangeiras assim como o setor bancário, submetido ao capitalismo financeiro internacional, deixando os setores menos lucrativos para os empresários locais. A sociedade de consumo foi formada, então, com base nos produtos oligopolizados de empresas transnacionais.

Analisando o novo imperialismo e a hegemonia dos Estados Unidos, em **Capitalismo Dependente**, Florestan Fernandes disse que:

> A nova forma de imperialismo não é apenas um produto de fatores econômicos. No centro do processo está a grande empresa corporativa e, portanto, o capitalismo monopolista. Por isso, as mudanças da organização, das funções e do poder financeiro das empresas capitalistas foram produzidas por mudanças nos padrões de consumo e de propaganda de massa, na estrutura de renda, por uma revolução concomitante na tecnologia e nos padrões burocráticos de administração, e pelos efeitos múltiplos e cumulativos da concentração financeira do capital na internacionalização do mercado capitalista mundial. Esses são processos históricos, de natureza socioeconômico e sociocultural. Mas a influência dinâmica decisiva foi política. [...] Assim, enquanto o antigo imperialismo constituía uma manifestação da concorrência nacional entre economias capitalistas avançadas, o imperialismo moderno representa uma luta violenta pela sobrevivência e pela supremacia do capitalismo em si mesmo. [...] A erupção do moderno imperialismo iniciou-se suavemente através de empresas corporativas norte-americanas ou europeias, que pareciam corresponder aos padrões e às aspirações de crescimento nacional auto-sustentado, conscientemente almejado pelas burguesias latino-americanas e suas elites no poder ou pelos governos. Por isso, elas foram saudadas como uma contribuição efetiva para o desarolismo

> ou o desenvolvimentismo, recebendo um apoio econômico e político irracional. Assim que elas se tornaram um polo econômico ativo das economias latino-americanas, revelaram sua natureza, como uma influência estrutural e dinâmica interna e como um processo histórico-econômico. As empresas anteriores, moldadas para um mercado competitivo restrito, foram absorvidas ou destruídas, as estruturas econômicas existentes foram adaptadas às dimensões e às funções de empresas corporativas, as bases para o crescimento econômico autônomo e a integração nacional da economia, conquistadas tão arduamente, foram postas a serviços dessas empresas e dos seus poderosos interesses privados (FERNANDES, 1981: 20-30).

Na medida em que foi se formando uma nova classe média e também uma classe trabalhadora organizada, nos locais onde se construíram as indústrias de grande porte, existiu também a alienação dos consumidores, também por serem trabalhadores. O discurso ideológico apareceu para garantir a exploração da mão de obra local com baixo salário em relação ao pago aos trabalhadores nas economias desenvolvidas. Foi dito que era através dessa industrialização e com melhores salários que se chegaria ao desenvolvimento e, com isso, ainda apareceriam melhores condições sociais. O consumidor viu-se alienado em suas necessidades vitais e passou a ser estimulado a consumir o que não precisava, como forma da ilusão de ser integrado à classe média.

O processo de industrialização gerou tanto déficit social, que o discurso ideológico do consumismo exacerbado, como o preço a ser pago no momento para um futuro melhor, passou a receber críticas, como a de Geraldo Müller, nos seguintes termos:

> A ideia de humanização por meio do desenvolvimento econômico, ou a ideia do desenvolvimento humanizado, norteou todos os planos e planejamento regionais [...]. De fato, a prática dessa ideia demonstrou e continua a demonstrar que se trata de mais um dos elementos autoritários que perpassam e constituem a vida social na região e no país. Pois se trata de uma prática autoritária, efetuada de cima para baixo, embebida de enorme desprezo por toda e qualquer ação que desejasse mobi-

> lizar camadas mais amplas e socialmente situadas nos estratos pobres. O que converteu e converte o processo social - rico por natureza, e pródigo em possibilidades para quem possui sensibilidade, imaginação e arrojo políticos - em simples objeto de controle social. [...] O reacionarismo identifica-se, aqui, com produtivismo, panaceia que promete para amanhã a cura das chagas que se acumularam durante os anos de desenvolvimento (MÜLLER, 1980: 140).

Depois da I Guerra Mundial, por conta da escassez de produtos industrializados, os governantes brasileiros começaram a efetuar a política de substituição de importação, como já comentado. Nela se procurou desenvolver uma indústria doméstica, financiada por imposto de exportação sobre os produtos primários, o que foi aprofundado com o Estado que surgiu depois da Revolução de Trinta[12]. No âmbito da política de substituição de importação, os produtores locais foram beneficiados com impostos proibitivos para a importação e com a isenção tributária para os produtos nacionais. As empresas transnacionais, que por aqui se instalaram, criaram também um mercado submetido às condições das grandes empresas, que determinavam o preço das mercadorias de forma abusiva, em geral através de cartéis.

Para Maria da Conceição Tavares, na obra **Da Substituição de Importações ao Capitalismo Financeiro**, o processo de substituição de importações ocorreu também em outros países

[12] Revolução de Trinta foi movimento que eclodiu, em 1930, com a reação à eleição de Washington Luís e foi considerada fraudulenta pelo candidato derrotado Getúlio Vargas, apoiado pelo Rio Grande do Sul, por Minas Gerais e pelos demais Estados, contra São Paulo. As modificações econômicas e sociais foram profundas com a industrialização do país, com a urbanização da sociedade e com a formação das políticas públicas no Brasil. Para Bóris Fausto, apesar disto, ao se caracterizar a Revolução de 1930, é preciso considerar que as suas linhas mais significativas são dadas pelo fato de não importar em alterações das relações de produção na instância econômica, nem na substituição imediata de uma classe ou de fração de classe na instância política (FAUSTO, 1982: 86).

da América Latina, que possuíam maior coeficiente de importações e que estavam em posição de alcançar um maior dinamismo pela via da substituição. Na realidade, porém, as condições favoráveis para tal decorreram basicamente de duas condicionantes principais: a) o volume e a composição das importações representavam uma reserva de mercado suficiente para justificar a implantação de uma série de indústrias substitutivas; b) o sistema econômico possuía um grau de diversificação da sua capacidade produtiva capaz de dar uma resposta adequada ao impulso surgido do estrangulamento externo. Para a autora acima:

> Em outras palavras, o estímulo ao setor industrial resultante de uma compreensão do coeficiente de importações decorre muito menos do peso relativo do setor externo do que das dimensões absolutas do mercado interno e da sua composição, bem como das possibilidades de reagir frente ao mesmo. No caso brasileiro, ambas as condições eram relativamente vantajosas, o que faz desaparecer qualquer hipótese desfavorável, por esse lado, em relação aos demais países da região. [...] A estrutura de mercado era em boa medida similar à dos demais países da região em termos da diversificação correspondente à demanda das classes de altas rendas, mas no setor de bens de consumo industriais o grau de atendimento pela própria capacidade produtiva interna era bastante superior ao da maioria dos países latino-americanos (TAVARES, 1982: 98-9).

O Estado, no Brasil, só começou a tomar uma forma moderna, com a Revolução de Trinta, inclusive criando uma burocracia treinada que pode implantar políticas públicas, como a realização de políticas sociais ou de desenvolvimento econômico. Desde então, entre um caráter social de esquerda ou, a maior parte do tempo, com uma visão conservadora, foram se fixando diversas formas de condução da agenda pública. Na verdade, estabeleceu-se a primeira burocracia técnica, no Estado brasileiro. A modernização administrativa, com a implantação de novos aparelhos burocráticos, criou condições para diversas atuações inovadoras do Poder Público na esfera privada, inclusive na economia e nas finanças. Pode-se dizer que o Estado brasileiro realmente começou em 1930, com a formação da burocracia e da expansão de órgãos públicos, com a contratação de servidores públicos com base no mérito e na profissionalização, por meio de concursos públicos.

Na mesma época, em 1933, surgiu a chamada Lei de Usura, formulada através do Decreto Federal nº 22.626, de 07.04.1933, que dispôs sobre os juros nos contratos, sendo uma das primeiras regras de defesa do consumidor no mercado brasileiro. Foi fixado, no **caput** do seu art. 1º, que era vedado e punido estipular em quaisquer contratos taxas de juros superiores ao dobro da taxa legal. No seu § 3º, constava que a taxa de juros deve ser estipulada em escritura pública ou escrito particular, e não o sendo, entender-se-á que as partes acordaram nos juros de seis por cento ao ano, a contar da data da propositura da respectiva ação ou do protesto cambial.

Foi proibido, no art. 2º, da Lei de Usura, que se cobrasse, a pretexto de comissão, taxas maiores do que as permitidas na legislação. No art. 4º, estava estabelecido que se vetava contar juros sobre juros; essa proibição não compreendia a acumulação de juros vencidos aos saldos líquidos em conta corrente de ano a ano. Proibiu-se assim o anatocismo, ou seja, exatamente a cobrança dos juros sobre juros. Tratou-se de vários dispositivos protegendo os tomadores de crédito contra a cobrança dos emprestadores. A eficácia da Lei de Usura, ainda no século XXI, continua sendo objeto de discussão doutrinária e jurisprudencial nos tribunais brasileiros.

Houve a criação da Superintendência da Moeda e do Crédito (SUMOC), que era o órgão destinado a autorizar e a fiscalizar o funcionamento das instituições de crédito, por meio do Decreto-lei nº 7.293, de 02.02.1945. Esta legislação veio substituir a da Inspetoria Geral dos Bancos, criada ainda no início da década de vinte do século passado. Foi mais um passo avançado para se disciplinar o mercado financeiro. A criação desse novo órgão possibilitou um maior controle do sistema financeiro, como também indiretamente estimulou a economia e o consumo, com maior fiscalização sobre os bancos.

Com a Revolução de Trinta, o Brasil viveu na era Vargas: a) uma era Vargas com Vargas (1930-54); b) uma era Vargas sem Vargas (1955-89). Ele, Getúlio Vargas, realizou reformas nos vinte e quatro anos em que esteve no centro da política, moldando a economia, a sociedade e o Estado, com a discussão posterior a favor ou contra sua herança. Fernando Collor de Mello, no final do século XX, tentou romper com isso, através da abertura comercial, da desestatização, da abolição dos monopólios, da desregulamentação da socioeconomia, da reforma da previdência e da reforma administrativa. No entanto, até hoje, existe a presença de Getúlio Vargas, não só nas avenidas, nas praças e nos prédios públicos, mas vivo ainda através do salário-mínimo e da Consolidação das Leis Trabalhistas (CLT), Decreto-lei nº 5.452, de 01.05.1943.

O clientelismo surgiu depois da formação administrativa do Estado, pós 1930, com a mudança do eixo da política tradicional para o meio urbano. Era uma forma de mandonismo, mas sem coronéis, porque os políticos com mandatos trocavam os votos por favores, como cargos e outros benefícios materiais. A organização das políticas públicas dava-se através da integração social por meio do *nation building*, fenômeno que ocorreu nos países da América do Sul. A questão social foi incorporada por novos atores sociais, com base na política, não como meio de reduzir a diferença social, mas como instrumento da integração nacional, partindo de uma visão modernizadora e da construção dos aparelhos do Estado. Para Francisco de Oliveira, as novas formas sociais organizadas baseavam-se na cultura da dádiva que, no entanto, representava uma transição política, nos seguintes termos:

> O que quero dizer é que o tecido social da dádiva é muito mais complexo. Ou, em outras palavras, no próprio arquétipo da dá-

> diva já havia direitos, uma construção que não era apenas a via de mão única do mandonismo para o campesinato. Para tanto, é preciso escapar da simplificação de que a noção de direitos era completamente ausente na relação social do latifúndio-minifúndio. [...] Daí o risco da noção de dádiva, pois, em não se tratando de uma relação entre iguais, o conceito corre o risco de propor também uma relação de completa arbitrariedade (OLIVEIRA, 1994: 43).

Para Francisco Weffort, em O Populismo na **Política Brasileira**, o condicionamento da emergência política das classes populares pelo Estado também sofreu a interação de fatores ligados ao próprio comportamento popular. Seria ingenuidade supor que, apenas para atender às necessidades de seu jogo interno, o Estado teve que inventar uma nova força social. Isso, porém, não consistiu em nenhum apoio histórico, apesar de parecer real quanto à análise da emergência popular se realizou apenas do ponto de vista dos grupos dominantes e de sua crise interna. Havia, não obstante, uma passividade das classes trabalhadoras no regime populista. Não só elas, mas também todas as demais sofreram de excesso de imobilismo nos anos posteriores à Revolução de Trinta, com a incapacidade decorrente de autorepresentação das frações das classes hegemônicas e de sua divisão interna. Isto possibilitou a instauração de um regime político centrado no poder pessoal do Presidente da República.

No mesmo sentido, para Francisco Weffort, o conteúdo social da manipulação exercida sobre a legislação trabalhista foi além do mero jogo pessoal do Chefe de Estado, apesar de ele se apresentar às massas populares como um doador e um protetor. Foi sobre os atos de tais naturezas que Getúlio Vargas construiu seu prestígio como líder populista e obteve a necessária confiança para falar em nome das massas populares, inclusive sobre temas de economia a que elas se mantinham alheias. Para o autor acima, do ponto de vista político, houve uma relação de identidade entre os indivíduos, entre o líder que doava e os indivíduos que compunha a grande massa de trabalhadores que recebiam a doação. Do ponto de vista social, a legislação trabalhista representou por um lado um mecanismo mediador das relações sociais e por outro como regulador das relações individuais, entre empregado e empregador (WEFFORT, 1980: 73-4).

A economia praticada no Brasil tinha natureza capitalista, mas com a dependência da periferia para com o centro econômico, representado pelos Estados Unidos, Europa Ocidental e Japão. Na análise de Florestan Fernandes, estava disposto que:

> O novo padrão de imperialismo é, em si mesmo, destrutivo para o desenvolvimento dos países latino-americanos. A razão é facilmente compreensível. Não possuindo condições para um crescimento auto-sustentado, para a integração nacional da economia e para uma rápida industrialização, os países da América Latina estavam tentando explorar uma espécie de miniatura do modelo europeu de revolução burguesa, através de expedientes improvisados e oportunistas. [...] O melhor estratagema sempre consistiu na absorção de meios para a produção de produtos importados e na seleção estratégica de importação de bens e serviços. Finalmente, em alguns países, o Estado foi capaz de construir e desenvolver indústrias básicas, através de empresas públicas ou semipúblicas, como uma base para a diferenciação da produção industrial, a aceleração autônoma do crescimento econômico e a integração nacional da economia (FERNANDES, 1981: 21-2).

Depois da II Guerra Mundial, veio a redemocratização, com Getúlio Vargas aparentemente se aposentando em São Borja, no Rio Grande do Sul. Apoiou discretamente seu sucessor, mas quando pode se lançou novamente candidato ao cargo de Presidente da República e venceu com facilidade. No entanto, desde o começou se preparou uma reação contra a falta de competência do revanchismo em administrar a nova realidade brasileira, sem dispor dos meios que tinha na época do Estado

Novo[13]. Havia, então, uma base industrial no Sudeste do Brasil, com os trabalhadores se organizando em sindicatos e procurando sua representação política através de partidos, com o Partido Trabalhista Brasileiro (PTB).

Na observação de Gisálio Cerqueira Filho, a discussão sobre o fenômeno do populismo precisa levar em conta as marcas estruturais da emergência das classes trabalhadoras na cena política, ensejando uma forma específica de dominação burguesa. A preocupação maior consistia em mostrar o fenômeno do populismo e o discurso político populista, revelando o antagonismo de classe precisamente numa relação em que as contradições pareciam inexistentes. O fortalecimento da participação política das classes trabalhadoras, no Brasil, verificou-se num quadro de crise e de instabilidade institucional. Isso caracterizou não só o período anterior à década de trinta, do século passado, mas entrando até as décadas de cinquenta e de sessenta, pois depois tudo mudou. Para o autor acima, sobre o discurso político populista quanto à questão social: trata-se de um discurso apoiado na teoria da integração social (ocultando os conflitos entre capital e trabalho) e no paternalismo (autoritarismo mais sistema de 'favor') (CERQUEIRA FILHO, 1982: 148-9).

O clientelismo, também chamado de populismo, predominou na política brasileira depois de 1945. A captação de votos era feita com base na troca política entre o eleitor e o eleito, por meio dos cargos em comissão - os famosos DAS e DAI -, até os benefícios como medicamentos ou material de constru-

13 Estado Novo foi a forma que o Estado brasileiro assumiu, de 1937 a 1945, com base na Constituição de 1937, de cunho autoritário e sofria a influência do fascismo italismo, tendo como Presidente Getúlio Vargas. As bases políticas da ditadura eram os setores militares, sob a liderança de Góis Monteiro; dos latifundiários, pois a ditadura se comprometia em manter intacta a estrutura agrária-exportadora; dos setores industriais com elevadas taxas de exportação; das classes médias com possibilidade de ascensão social e da violenta repressão política (FLORES, 2001: 228).

ção, dentre outros. Ocorreu a expansão da organização pública, para o fim de sustentar a política de assistência social, criando as condições para a definição de uma agenda pública. A troca política acabou levando o Estado a uma crise institucional, aliada à crise do modelo econômico de substituição de importações, depois da implantação da indústria metal-mecânica nos arredores de São Paulo. Houve a radicalização política, com os movimentos urbanos e rurais defendendo o socialismo, sem existir força para tanto, no que deu argumento para a intervenção dos militares, dentro do clima da Guerra Fria, tanto que o Estados Unidos participou da conspiração que resultou no Golpe Militar de 1964.

No entender de Wanderley Guilherme dos Santos, o cenário em meados do século passado era de jovens governantes e seus quadros querendo uma extensa reformulação política, com a industrialização do país, mas tinham que recuperar as atividades econômicas tradicionais, como o café, para financiar o projeto. Para o autor acima:

> Mercados restritos resultam da operação de dois movimentos fundamentais, um, anterior, outro, co-presente. O que estimula o crescimento do mercado é a continuada divisão social do trabalho separando identidades e diferenciados produtos, tendências centrífugistas e que não dispõem, em regime liberal-democrático, senão do mecanismo integrador do mercado para reconciliá-las. A ausência ou a inibição dos mercados, por seu turno, torna instáveis as relações sociais, frágeis e voláteis, de onde se segue a dificuldade para a organização de ações coletivas racionalmente orientadas. As dificuldades econômicas-sociais tendem a se multiplicar, traduzindo-se em agitação errática, mas com razoável possibilidade de difusão e reduzidíssima capacidade de absolver, com sucesso, ações coletivas ainda débeis (SANTOS, 2006: 20).

O rompimento com a prática política oligárquica, assinalou o autor acima, significou o início da complexa trajetória da política modernizante, no Brasil, empenhada que estava a parcela da elite recém-chegada ao poder em reorganizar de alto para baixo o Estado. Inaugurou pontes diversificadas com a sociedade e deixou definitivamente para trás as competições políticas cujos vencedores eram sempre conhecidos. A dúvida consistia em realizar as tarefas tipicamente urbanas, mas com a maioria da população rural, majoritariamente analfabeta. Wanderley Guilherme dos Santos fez a seguinte pergunta: como convidar os trabalhadores urbanos à participação institucionalizadora na ausência de sólidas e rotineiras organizações? Respondeu que a coalizão de poderes locais, atomizados, foi o retrato realista da República Velha, sendo substituído por um conglomerado de forças bastante heterogêneas cujo denominador comum era a superação da velha oligarquia (SANTOS, 2006: 21).

No progresso da industrialização, em especial nos anos do clientelismo, de 1945 a 1964, a política de massa foi um elemento crucial nas mudanças que se fariam por vir. Para Octavio Ianni, na obra **O Colapso do Populismo no Brasil**:

> A combinação dos interesses econômicos e políticos do proletariado, classe média e burguesia industrial é um elemento importante do getulismo. Essa combinação efetiva e tática de interesses destina-se a favorecer a criação e expansão do setor industrial, tanto quanto do setor de serviços. Em concomitância, criam-se instituições democráticas, destinadas a garantir o acesso dos assalariados a uma parcela do poder. Na verdade, criam-se as condições de lutar para uma participação maior no produto. Em plano mais largo, trata-se de uma combinação de forças destinada a ampliar e acelerar os rompimentos com a sociedade tradicional e os setores externos predominantes. Em verdade, foi com base no nacionalismo desenvolvimentista, como núcleo ideológico da política de massas - em que se envolvem civis e militares, liberais e esquerdistas, assalariados e estudantes universitários - que se verifica a interiorização de alguns centros de decisão importantes para formulação e execução da política econômica. A crescente participação do Estado na economia é, ao mesmo tempo, uma exigência e uma

consequência desse programa de nacionalização das decisões (IANNI, 1971: 55-6).

Dentre as políticas para angariar a simpatia da classe média e dos trabalhadores, começaram a surgir leis para proteger o consumidor. A Lei de Economia Popular, Lei Federal nº 1.521, de 26.12.1951, alterou as disposições sobre crimes contra a economia popular e definiu limite à cobrança de juros, surgindo como importante instrumento de proteção dos consumidores. Estava previsto no art. 4º que constituía crime da mesma natureza a usura pecuniária ou real, assim se considerando: a) cobrar juros, comissões ou descontos percentuais, sobre dívida em dinheiro, superiores à taxa permitida por lei; cobrar ágio superior à taxa oficial de câmbio, sobre quantia permutada por moeda estrangeira; ou, ainda, emprestar sobre penhor que seja privativo de instituição oficial de crédito; b) obter ou estipular, em qualquer contrato, abusando da premente necessidade, inexperiência ou leviandade de outra parte, lucro patrimonial que excedesse o quinto do valor corrente ou justo da prestação feita ou prometida. Foi previsto para o caso pena de detenção de seis meses a dois anos, além de multa. Nas mesmas penas incorriam os procuradores, os mandatários ou os mediadores que interviessem na operação usuária, bem como os cessionários de crédito usuário que, ciente de sua natureza ilícita, fizessem valer sucessiva transmissão ou execução judicial. Por fim, no § 3º, do artigo acima, estava previsto que a estipulação de juros ou lucros usuários era nula, devendo o Juiz de Direito ajustá-los à medida legal, ou, caso já tivesse sido cumprida, ordenar a restituição da quantia paga em excesso, com os juros legais a contarem da data do pagamento indevido.

Dentre as contradições da sociedade de consumo brasileira, depois da II Guerra Mundial, Caio Prado Júnior escreveu sobre os mesmos artigos que compõem a obra **A Questão Agrária no Brasil**, nos quatro anos anteriores ao Golpe Militar de 1964. Apesar do tempo, os textos ainda têm validade para enxergar a questão da terra, da sua apropriação, da sua exploração e do uso de mão de obra, ainda nos dias atuais. Para o autor, tratava-se do enquadramento ou da tentativa teórica de enquadramento da reforma agrária brasileira, num suposto processo socioeconômico que significava a transição dos restos feudais ou pré-capitalistas, para uma nova etapa do capitalismo e do progresso. A reforma agrária devia interessar como solução prática da realidade brasileira, com a exploração desenfreada e com o baixo nível de produção (PRADO JÚNIOR, 2000: 11). A reforma agrária que o autor almejava, descrito no artigo **Contribuição para a Análise da Questão Agrária no Brasil**, tinha o seguinte conteúdo:

> No mesmo sentido, isto é, no da elevação dos padrões do trabalhador rural, bem como na divisão da propriedade que constitui novo impulso para aquela elevação, atuará naturalmente também toda ação direta dirigida para a melhoria das condições de vida do trabalhador empregado, seja qual foi sua condição: assalariado, semi-assalariado ou assimilado ao assalariado. Nesse terreno, a extensão da legislação social ao campo, constitui fator essencial. Mas ainda mais que medidas legais, serão decisivos efeitos a pauta dos trabalhadores por suas reivindicações imediatas. [...] Mas para que a luta dos trabalhadores seja eficaz, faz-se necessária uma legislação e ação administrativas que garantam efetivamente aos trabalhadores rurais os direitos de livre associação, organização sindical e greve, o que de fato, na generalidade do campo brasileiro, ainda não existe (PRADO JÚNIOR: 2000: 84).

Apesar da tentativa de industrialização, por meio da substituição de importações, o Brasil continuava inserido na economia mundial, como fornecedor de matérias-primas. Pode-se dizer, como observou José Eli de Veiga, que o texto acima tratou da grande exploração agromercantil, de base territorial necessariamente extensa, que figurou no centro das atividades rurais na maioria das regiões e zonas geoeconômicas. Para esse autor:

> E foi em função desse "setor principal" que se constituiu, se manteve e evoluiu o outro "setor secundário" das atividades rurais. Esse último setor, diz Caio Prado Júnior, se apresenta em duas formas: a) incluído nos grandes domínios, constituindo aí atividade suplementar e marginal dos trabalhadores empregados na grande exploração; b) constituindo atividade autônoma de pequenos produtores que trabalham por conta própria em terras suas ou arrendadas. A ênfase do autor nesse caráter bimodal da estrutura agrária brasileira revela um flagrante contrate com o que ocorreu em todos os países desenvolvidos. Mas não se deve entender essa divisão em dois setores como trivial dualismo estático. Afinal, um dos principais méritos da contribuição de Caio Prado Jr. foi justamente chamar a atenção para o fato de que a importância e o significado do dito "setor secundário" eram função inversa da maior ou menor expressão econômica, comercial e financeira da grande exploração local e próxima. Isto é, diz o autor, o "setor secundário" se ampliará e reduzirá na medida em que - inversamente à grande exploração à sombra da qual vive - se expande ou retrai, se consolida e prospera ou, pelo contrário se debilita e decompõe (VEIGA, 2000: IV).

Dentre os problemas da sociedade de consumo brasileira, na década de cinquenta do século passado, outros pensadores clamavam que ocorresse a industrialização. Entre outros, Celso Furtado, em **Formação Econômica do Brasil**, observou que a natureza dos fenômenos cíclicos nas economias dependentes estava em contraste com as industrializadas. Assim, percebeu facilmente porque elas estiveram sempre condenadas aos desequilíbrios da balança de pagamento e à inflação monetária. Para o autor acima:

> O ciclo na economia industrializada está ligado às flutuações no volume de inversões. A crise se caracteriza por uma contração brusca dessas inversões, contração essa que reduz automaticamente a procura global e desencadeia uma série de reações que têm por efeito ir reduzindo cada vez mais a procura. É fácil compreender que essa redução da procura se traduz imediatamente, em contração das importações e liquidação de estoque.

> [...] Nas economias dependentes, a crise se apresenta de forma totalmente distinta, tendo início com uma queda no valor das exportações, em razão de uma redução seja no valor unitário dos produtos exportados, seja nesse valor e no volume total das exportações. É necessário que passe algum tempo para que a contração do valor das exportações exerça seu pleno efeito sobre a procura de importações, sendo, portanto de esperar que se crie um desequilíbrio inicial na balança de pagamento (FURTADO, 1982: 158-9).

Celso Furtado deu importante colaboração ao pensamento sobre a sociedade brasileira, pela procura da originalidade para encontrar a devida identidade dos tradicionais problemas econômicos brasileiros. Como a economia local estava em dependência dos centros industriais, dificilmente se podia evitar a tendência de interpretar, por analogia, o que ocorria aqui como lá. Isso acabava levando para uma interpretação idealista da realidade para a política, com uma inibição mental para captar a verdade do ponto de vista crítico-científico. Limitava-se este, apenas a submeter o sistema econômico do Brasil às regras monetaristas que prevalecesse na Europa Ocidental. Diferente, o autor acima vislumbrou que o processo de integração econômico por um lado exigiria a ruptura de formas arcaicas de aproveitamento de recursos em certas regiões. Por outro lado, requereria uma visão de conjunto do aproveitamento de recursos e fatores no país: a) a oferta de alimento nas zonas urbanas resultaria do processo de industrialização; b) a incorporação de novas terras e de recursos naturais permitiria um aproveitamento mais racional da mão de obra local, com menos inversões de capital por unidade de produto; c) as inversões de capital na infraestrutura poderiam ser melhores aproveitadas, para menos dispersar recursos (FURTADO, 1982: 242). No entanto, não houve tempo para que isso ocorresse, com diversos grupos conservadores, inclusive os militares, conspirando contra a frágil democracia populista.

2.5. MODERNIZAÇÃO CONSERVADORA DO CONSUMO

O regime político que se seguiu ao Golpe de 1964, semelhante a outros da América Latina, em período análogo, ganhou a denominação de Estado Autoritário Burocrático. Na análise de Guilhermo O'Donnell, esta forma de Estado teve como característica inicial ser o fiador e o organizador da dominação exercida, por meio da estrutura de classe subordinada às fracções superiores de uma burguesia altamente oligopolizada e transnacionalizada (O'DONNELLl, 1982: 273). Em termos institucionais, o regime era composto de organizações nas quais os especialistas em coação tinham peso decisivo, bem como aqueles cujo objetivo era normalizar a economia.

Havia a exclusão política do setor popular previamente ativado, sujeito a controles rigorosos num esforço para eliminar o seu papel anteriormente ativo na arena política nacional. Essa exclusão implicava suprimir a cidadania, inclusive com a liquidação das instituições da democracia política. Constituía também um sistema de exclusão econômica do setor popular, na medida em que promovia um padrão de acumulação de capital altamente distorcido no sentido de beneficiar as grandes unidades oligopolistas do capital privado e algumas instituições econômicas do Estado. No mesmo sentido, promovia a transnacionalização crescente da estrutura produtiva, resultando na desnacionalização maior da sociedade em termos de autoridade territorial. Por meio de suas instituições, buscava despolitizar as questões sociais, tratando-as com critérios supostamente neutros e objetivos da racionalidade técnica. Por fim, houve o fechamento dos canais democráticos de acesso ao Governo Federal.

O Sistema Financeiro Nacional (SFN) foi reorganizado, através da Lei Federal nº 4.595, de 31.12.1964, que mudou o caráter dos bancos públicos e privados, no país. Foram instituídos novos órgãos, como o Conselho Monetário Nacional e o Banco Central do Brasil, bem como o Banco do Brasil S.A. e o Banco

Nacional de Desenvolvimento Econômico e Social tiveram alteradas suas atribuições. Houve, também, a reorganização das demais instituições financeiras públicas e privadas. O caráter do Conselho Monetário Nacional foi estabelecido no art. 3º e, no artigo seguinte, dado suas atribuições. A antiga Superintendência da Moeda e do Crédito (SUMOC) foi transformada em autarquia federal, sob a denominação de Banco Central do Brasil, com a competência definida no art. 9º, com inúmeras disposições. Foi fixado, também, o novo caráter do Banco do Brasil S.A., que antes tinha diversas atribuições dadas a este banco, nos arts. 19 a 21. Ocorreu, ainda, a definição do caráter das instituições financeiras privadas, nos arts. 22 a 24, e das instituições financeiras privadas, dos arts. 26 a 41. Procurava-se a modernização conservadora das instituições financeiras brasileiras, como forma de organizar o mercado de consumo.

Disse Aramy Dornelle da Luz que:

> Antes da reforma bancária de 1964, cabia ao Banco do Brasil o gerenciamento dessa política, fornecendo instalações e pessoal para administrar a Superintendência da Moeda e do Crédito, a Carteira de Redescontos e a Caixa de Mobilização Bancária. Operava com adiantamento de receita e outros financiamentos aos governos federal, estaduais e municipais, arrecadação da receita federal e cobrança direta de tributos, compra e venda de estoques reguladores de produtos agropastoris por conta da Comissão de Financiamento da Produção, cotação do câmbio e operações de compra e venda de moeda estrangeira, fiscalização bancária, redesconto de títulos, controle da emissão da moeda e do comércio exterior, aquisição e venda do trigo nacional, entre outras operações de interesse público. Com a reforma instituída pela Lei nº 4.595, de 31 de dezembro de 1964, essas entidades foram agrupadas sob a denominação de Banco Central do Brasil, assumindo o Conselho da Superintendência da Moeda e do Crédito o nomes juris Conselho Monetário Nacional. O Conselho Monetário Nacional formula e o Banco Central executa a política monetária e creditícia do país (LUZ, 1999: 10).

No sentido da normalização da economia, o cheque, documento típico dos bancos, foi objeto do Decreto Federal nº 57.595, de 07.01.1966, que promulgou a Convenção para a Adoção de uma Lei Uniforme em Matéria de Cheque. Depois, veio a Lei Federal nº 7.357, de 02.09.1985, também dispondo sobre o cheque. No mesmo sentido, o Decreto Federal nº 1.240, de 15.09.1994, promulgou a Convenção Interamericana sobre Conflitos de Leis em Matéria de Cheques, adotada em Montevidéu, em 8 de maio de 1979. Por outro lado, o Decreto Federal nº 57.663, de 24.01.1966, promulgou as Convenções para Adoção de uma Lei Uniforme em Matéria de Letra de Câmbio e de Nota Promissória, na afirmação do direito internacional no sistema bancário, a chamada Convenção de Genebra. Estava se procurando criar mecanismos financeiros para a dinamização da sociedade de consumo local.

Ao analisar as condições que se ofereciam para o mercado monopolista, em detrimento da maioria dos consumidores, Florestan Fernandes, na obra **A Revolução Burguesa no Brasil**, afirmou que:

> Essa necessidade torna-se ainda mais aguda sob o imperialismo total, inerente ao capitalismo monopolista, já que, depois da Segunda Guerra Mundial, ao entrar numa era de luta pela sobrevivência contra os regimes socialistas, tais nações passaram a depender das burguesias nacionais das nações capitalistas dependentes e subdesenvolvidas para preservar ou consolidar o capitalismo na periferia. As burguesias nacionais dessas nações converteram-se, em consequência, em autênticas fronteiras internas e em verdadeiras vanguardas políticas do mundo capitalista (ou seja, da dominação imperialista sob o capitalismo monopolista). Pensar que isso acarreta uma depressão dos requisitos políticos do capitalismo dependente é uma ilusão. Semelhante situação exacerba, ainda mais, a importância do elemento político para o desenvolvimento capitalista dependente e subdesenvolvido. Já não só a possibilidade, mas também a persistência da transformação capitalista e da dominação burguesa vão passar por um eixo especificamente

> político. Se as burguesias nacionais da periferia falharem nessa missão política, não haverá nem capitalismo, nem regime de classe, nem hegemonia burguesa sobre o Estado. O que sugere que a Revolução Burguesa na periferia é, por excelência, um fenômeno essencialmente político, de criação, consolidação e preservação de estruturas de poder predominantemente políticas, submetidas ao controle da burguesia ou por ela controláveis em quaisquer circunstâncias (FERNANDES, 1987: 294).

A reação da direita ao regime clientelista levou o país ao autoritarismo burocrático, com o regime militar procurando sua legitimidade em nome do crescimento econômico, sem previsão de distribuição de renda. No entanto, em razão do reformismo conservador, com base na expansão das corporações empresariais e das empresas estatais, a política pública visava especialmente à preparação de mão de obra para as novas exigências do *know-how*. Depois da radicalização do movimento político, houve novo golpe militar, em 1969, seguido dos anos de chumbo, com perseguição política, assassinatos e repressão total, começando em seguida a pressão para nova mudança política. Isto ocorreu em virtude da crise do modelo econômico desenvolvimentista do **Milagre Econômico**[14], por conta das duas crises do petróleo, em 1974 e em 1978. Em seguida, começou a distensão e a transição política, entre 1974 e 1984, quando ocorreu a assunção como Presidente da República do primeiro civil depois de vinte anos de militares, com posse em 1985.

Élio Gasparini, na obra **A Ditadura Envergonhada**, sintetizou o Estado Autoritário Burocrata, no Brasil, do seguinte modo:

---

[14] Milagre Econômico é a denominação dada às economias que as presentearam em grau muito intenso de crescimento econômico entre os anos 50 e 70 do século XX. O Japão, a Alemanha (então Ocidental), Taiwan e inclusive o Brasil entre 1968 e 1974 foram classificados dessa forma (SANDRONI, 2005: 542-3).

> Durante os 21 anos de duração do ciclo militar, sucederam-se períodos de maior ou menor racionalidade no trato das questões políticas. Foram duas décadas de avanços e recuos, ou, como se dizia na época, de aberturas e endurecimentos. De 1964 a 1967 o presidente Castello Branco procurou exercer uma ditadura temporária. De 1967 a 1968 o marechal Costa e Silva tentou governar dentro de um sistema constitucional, e de 1968 a 1974 o país esteve sob um regime escancaradamente ditatorial. De 1974 a 1979, debaixo da mesma ditadura, dela começou-se a sair. Em todas essas fases o melhor termômetro da situação do país foi a medida da prática da tortura pelo Estado. Como no primeiro dia da Criação, quando se tratava de separar a luz das trevas, podia-se aferir a profundidade da ditadura pela sistemática como que se torturavam seus dissidentes (GASPARINI, 2002: 129).

A posse de José Sarney, eleito inicialmente como Vice-Presidente de Tancredo Neves, instaurou novo projeto político no Brasil, com a eleição de um civil no Colégio Eleitoral, e as garantias de posse do titular, que só não ocorreu em virtude de doença e morte pouco antes do ato solene. Assumiu José Sarney que, apesar de laços com o regime anterior, passou a ser um dos responsáveis pelo novo regime político, em que foi assegurado, de vez, o estado democrático de direito[15]. Pela primeira vez na história, abriu-se, no país, a possibilidade de um Estado efetivamente de democrático e isso teve muita repercussão na sociedade brasileira de consumo.

---

15 Estado democrático de direito é aquele em que existem as garantias mínimas da cidadania civil com a alternância de poder político por meio de eleições gerais livres, com os respectivos princípios constitucionais e as leis. Para Norberto Bobbio, um sistema democrático caracterizado pela existência de representantes substituíveis é, na medida em que prevê representantes, uma forma de democracia representativa, mas aproxima-se da, democracia direita na medida que admite que estes representantes sejam substituíveis (BOBBIO, 1986: 52).

2.6. CONSTITUIÇÃO E REFORMA NEOLIBERAL

A Constituição de 1988 tratou do sistema financeiro, como importante meio da sociedade de consumo, pela primeira vez, no art. 192, com diversos parágrafos e disposições, inclusive, limitações às taxas de juros. As normas constitucionais sobre bancos foram razoavelmente recentes, pois não existia nada sobre a matéria nas Constituições anteriores. O texto constitucional dispôs sobre a questão, fixando que o sistema financeiro nacional devia ser estruturado de forma a promover o desenvolvimento equilibrado do país e a servir aos interesses da coletividade, sendo regulado em lei complementar.

A lei complementar acima devia dispor sobre: a) a autorização para o funcionamento das instituições financeiras; b) a autorização e o funcionamento dos estabelecimentos de seguro, resseguro, previdência e capitalização, bem como do órgão oficial fiscalizador; c) as condições para a participação do capital estrangeiro nas instituições; d) a organização, o funcionamento e as atribuições do Banco Central do Brasil e demais instituições financeiras públicas e privadas; e) os requisitos para a designação de membros da diretoria do Banco Central e das demais instituições financeiras; f) a criação de fundo ou seguro, com o objetivo de proteger a economia popular; g) os critérios restritivos de transferência de poupança de regiões com renda inferior à média nacional para outras de maior desenvolvimento; h) o funcionamento das cooperativas de créditos. Importante foi, ainda, a limitação prevista no § 3º, do art. 192, da Constituição de 1988, dispondo que as taxas de juros reais, nelas incluídas comissões e quaisquer outras remunerações direta ou indiretamente referidas à concessão de crédito, não poderão ser superiores a doze por cento ao ano; a cobrança acima deste limite será conceituada como crime de usura, punido, em todas as suas modalidades, nos termos que a lei determinar. Com isso, procurava-se proteger o consumidor do mercado financeiro. No entanto, depois tudo isso foi retirado do texto constitucional, no começo do século XXI, por meio da Emenda Constitucional nº 40, de 29.05.2003.

A Lei Federal nº 7.913, de 07.12.1989, dispôs sobre a ação civil pública de responsabilidade por dano causado aos investidores no mercado de valores mobiliários. Ela foi importante avanço no direito brasileiro, não só no prenúncio do direito do consumidor, como também da evolução do processo civil para a aceitação das ações coletivas. Em significativa proteção para o consumidor, a Lei Federal nº 8.009, de 29.03.1990, tratou da impenhorabilidade do bem de família. Com tal legislação, procurava-se proteger o consumidor da exploração dos fornecedores, garantindo que sua única residência não sofresse penhora e viesse a ir à hasta pública.

Veio então o Código de Defesa do Consumidor, Lei Federal nº 8.078, de 11.09.1990, que dispôs sobre a proteção do consumidor, que, no art. 2º, foi conceituado como toda pessoa física ou jurídica que adquire ou utiliza produto ou serviço como destinatário final. No art. 3º, o fornecedor foi entendido como toda pessoa física ou jurídica pública ou privada, nacional ou estrangeira, bem como os entes despersonalizados, que desenvolvessem atividades de produção, montagem, criação, construção, transformação, importação, exportação, distribuição de produtos ou prestação de serviços. No § 2º desse artigo, encontrava-se disposto que serviço é qualquer atividade fornecida no mercado de consumo, mediante remuneração, inclusive as de natureza bancária, financeira, de crédito e securitária, salvo as decorrentes das relações de caráter trabalhista. A matéria vai se melhor discutida adiante, nos próximos capítulos.

A democracia trouxe um perfil de agenda pública de caráter social-democrata, com o reformismo voltado para o universalismo, a descentralização e a transparência dos serviços públicos. Foi nesse contexto que se fortaleceram as políticas públicas de defesa dos consumidores, especialmente, com a aprovação do direito de defesa do consumidor. No entanto, no mandato de Fernando Collor de Mello, o movimento social e suas políticas foram contrabalançados por um reformismo conservador, destruindo instituições tradicionais, como a Legião Brasileira de Assistência (LBA), sem nada deixar em troca. A situação de conflito generalizado e a crise do modo imperial, como ele governava o país, acabaram levando ao *impeachment* do Presidente da República e ao fim dessa era, com o Vice-Presidente Itamar Franco assumindo a presidência.

Em seguida, veio o mandato de Fernando Henrique Cardoso, de índole reformista gerencial, com base nos princípios do Consenso de Washington, que reviu o tamanho do Estado e, em consequência, deu maior oportunidade aos atores da iniciativa privada. A agenda pública, então, começou a ser definida a partir de novas instituições de natureza não pública, que passaram a assumir serviços públicos e a executar as políticas públicas. Na época, destacou-se o setor produtivo público não estatal também conhecido por terceiro setor, setor não governamental ou setor sem fins lucrativos. Luís Carlos Bresser Pereira afirmou que:

> Por meio do reforço das organizações não estatais produtoras de serviços sociais, como escolas, universidades, centros de pesquisas, hospitais, museus, orquestras sinfônicas, abre-se uma oportunidade para a mudança do perfil do Estado: em ver de um Estado social-burocrático que contrata diretamente professores, médicos e assistentes sociais para realizar de forma monopolista e ineficiente os serviços sociais e científicos, ou de um Estado neoliberal, um Estado social-liberal - que por sua vez proteja os direitos sociais ao financiar as organizações públicas não estatais - que defendem direitos ou prestam serviços de educação, saúde, assistência social - e seja mais eficiente ao introduzir a competição e a flexibilidade na provisão desses serviços. Um Estado que, além de social e liberal, seja mais democrático, pelo fato de suas atividades submeterem-se diretamente ao controle social (PEREIRA, 1999: 17).

No Brasil e na América Latina, começou a ser proposta a reforma do Estado por conta do pretenso sucesso neoliberal dos mandatos de Ronald Reagan (EUA) e de Margareth Thatcher (Grã-Bretanha). Tratou-se das bases teóricas do Novo Gerencialismo, com a Teoria da Escolha Racional (TER)[16], que criticava os economistas por quererem ser como físicos e fazer uma ciência semelhante. Depois, veio o neoinstitucionalismo, com a Nova Economia Institucional[17] e a distinção entre o neoinstitucionalismo e o institucionalismo clássico. A Teoria da Escolha Racional, ou Escolha Pública (*Public Choice*)[18], encontrava-se no âmbito da ciência política, fundando-se no individualismo possessivo, que estava na base na prosperidade. Por outro lado, havia também a discussão da Agente x Principal[19], em que esta tinha, por abordagem, que quem contratava um agente esperava que ele trabalhasse em favor dos interesses do contratante, mas sabia que ele agia também visando seu próprio interesse.

A *New Public Management* (NPM)[20] procurou negar que eram tributárias da influência direta do neoinstitucionalismo, da escolha racional e da perspectiva Agente x Principal. O méto-

---

16 Teoria da Escolha Racional (TER) é a aplicação ao mundo da gestão pública de 'ganhos teóricos da nova economia' política e da ciência política, traduzidos em política de gestão pública, esses 'avanços' ganharam conteúdo ideológico, constituindo opção normativa, muitas vezes, identificadora com posição partidária (COSTA, 2010: 139).

17 No começo da economia, adotou-se a denominação 'Nova Economia Institucional' para distinguir o neoconstitucionalismo do institucionalismo clássico presente em formulações de Veblen (1992) e Schumpeter (1965). Esses autores colocavam as instituições no centro das discussões sobre o funcionamento da economia e dos mercados (COSTA, 2010: 140).

18 Teoria da Escolha Racional, ou *Public Choice* é vista como uma variedade do neoinstitucionalismo, sobretudo, no campo da ciência política (COSTA, 2010: 140).

19 O paradigma agente x principal é, por sua vez, uma aplicação da nova economia institucional ao estudo das relações contratuais subjacentes às trocas econômicas ou políticas (COSTA, 2010: 140).

20 *New Public Management* (NPM) é movimento que se pretende nascido de casos de sucesso (*best practices*) de países que empreenderam reformar administrativamente nos anos 1980 (COSTA, 2010: 148).

do descrito teria nascido de casos de sucesso – *best practices* – nos países que fizeram reformas administrativas nos anos oitenta do século passado, como os Estados Unidos e a Grã-Bretanha, acima mencionado. A *New Public Management* implicava reforma gerencial e equidade. As reformas para a melhoria na prestação dos serviços resultou em propostas, como a descentralização do aparelho do Estado, que separou as atividades de planejamento e de execução do Governo e transformou também as políticas públicas em: a) monopólio dos Ministérios; b) privatização das estatais; c) terceirização do serviço público; d) regulação estatal das atividades públicas conduzidas pelo setor privado; e) uso de ideais e ferramentas gerenciais advindas do setor privado.

O Plano Diretor da Reforma do Aparelho do Estado (PDRAE), organizado por Luís Carlos Bresser Pereira, em 1995, no mandato de Fernando Henrique Cardoso, tinha como premissa o diagnóstico da administração pública brasileira (COSTA, 2010: 159). A reforma implicava: a) o ajustamento fiscal duradouro; b) as reformas econômicas orientadas para o mercado, com política industrial e de tecnologia, garantidas a concorrência interna e as condições de competitividade internacional; c) a reforma da previdência social; d) a inovação dos instrumentos de política social, proporcionando maior abrangência e melhoria nas qualidades dos serviços sociais; e) a reforma do aparelho de Estado para aumentar a governança ou a capacidade de implantação de formas eficientes de políticas públicas. As propostas do PDRAE eram as seguintes: a) a redefinição dos objetivos da administração pública, voltada para o cidadão-cliente; b) o aperfeiçoamento dos instrumentos de coordenação, formulação, implantação e avaliação de políticas públicas; c) a flexibilidade de normas e simplificação de procedimentos; d) o redesenho de estruturas mais descentralizadas; e) o aprofundamento das ideais de profissionalização e de permanente capacitação dos servidores públicos.

O diagnóstico da crise levava em conta que o Estado era o problema. Havia crise fiscal com perda de crédito pelo Estado e pela poupança pública, bem como o esgotamento da estratégia estatizante de intervenção do Estado e de superação das formas clássicas de administração do Estado. O modelo conceitual era o baseado nas formas de propriedade, tipos de administração pública e níveis de atuação do Estado, com três tipos de administração: a) patrimonialista; b) burocrática; c) gerencial. Os instrumentos de intervenção eram formas de reorganizar o Estado, com base na racionalização e no espírito da reforma gerencial, com a flexibilidade e as agências executivas, com a publicização por meio das organizações sociais (ONGs), para receber recursos do orçamento, e com a privatização, através da reforma patrimonial do Estado. Houve novas reformas, com a criação de agências e com novas regulamentações dos serviços públicos - Aneel, Anatel, Anp, Anvisa, Ans, Ana, Antt, Antaq, Ancine e Anac, dentre outras. Dentro da mesma política em relação aos órgãos públicos, a Lei Federal nº 8.884, de 11.06.1994, transformou o Conselho Administrativo de Defesa Econômica (CADE), em autarquia, ampliando o seu poder de fiscalização das empresas brasileiras, protegendo os consumidores dos monopólios, enquanto a Lei Federal nº 9.021, de 30.03.1995, dispôs sobre a implantação desse órgão de controle dos oligopólios, dos carteis e dos trustes.

Ao analisar as novas exigências do *Welfare State* e as novas demandas sociais em favor da diversidade e de outras questões, José Maurício Domingues entendeu que, na América Latina, nas décadas de oitenta e de noventa do século passado, houve a emergência de fortes movimentos sociais de diversos tipos. Estes produziram o que pode ser chamado de uma revolução democrática molecular, um poderoso giro modernizador que se pôs em forte contradição com muito do transformismo neoliberal que se assenhoreou da economia [...] (DOMINGUES, 2011: 295). Ocorreram mudanças políticas e também na cultura política e na estrutura burocrática, com diversidade e inter-relações entre os movimentos sociais, ao lado de processos mais formais, levando ainda a uma reestruturação de muitas instituições. As novas Constituições surgiram, com a participação popular mais institucionalizada e com eleições livres mais corriqueiras, além de garantias mínimas de direitos civis. No entanto, para José Maurício Domingues:

> A questão de políticas sociais universalizantes *versus* particularizantes adquire nessa conexão contornos dramáticos. Demandas crescentes de diferentes grupos sociais e esforços estatais para dar-lhes resposta, em uma situação de cada vez mais pluralização, se somam às dificuldades, trazendo à tona temas espinhosos especialmente no que se refere à própria definição da cidadania, incluindo políticas sociais focalizadoras, em sistemas políticos muito dinâmicos e mobilizados, especialmente na Índia e na América Latina, como uma marca da democracia na terceira fase da modernização (DOMINGUES, 2011: 295).

O domínio do capital financeiro nas atividades econômicas do Brasil provocou as crises descritas acima, por causa de interesses corporativos específicos. Ao analisar a América Latina, o estudioso norte-americano Michael Mann afirmou que:

> O maior desafio, portanto, para os Estados latino-americanos permaneceu inalterado por duzentos anos, desde a independência. É como incorporar suas diversificadas populações a uma genuína cidadania nacional, que sustente Estados com infraestruturas poderosas, que possam tornar-se plenamente democráticos. O maior obstáculo enfrentado pelo continente não é o conflito político entre diferentes etnias ou grupos religiosos que disputam a quem pertence o Estado. Isso é um problema em algumas partes do mundo. Mas, na América Latina, existem conflitos étnicos apenas em algumas poucas áreas periféricas. Sem dúvida, o grau de desigualdade entre as classes gera muitos dos principais problemas. Embora essas classes frequentemente ainda tenham vestígios étnicos, cada vez mais compartilham o mesmo universo cultural e o mesmo espaço

> geográfico em cada país. As desigualdades foram, de certa forma, ampliadas pelas políticas econômicas neoliberais, embora o estatismo tradicional não tenha feito melhor [...] (MANN, 2006: 190-1).

O Brasil sofreu com os efeitos das crises financeiras internacionais, no final do século passado. O modelo econômico adotado, a partir da criação de condições para a implantação do real (R$), em 1994, era para enfrentar o problema da inflação inercial, a qual vinha a ser a inflação que resultava da mera expectativa de que ia haver uma inflação real, criando uma espécie de moto-contínuo. Para acabar a inflação, criou-se uma paridade com o dólar norte-americano, financiado no mercado internacional, fazendo com que uma dívida externa aparentemente sob controle fosse multiplicada por seis, em menos de uma década. Essa necessidade de investimento, ou seja, de capital volátil que vinha para aproveitar os juros elevadíssimos, usados exatamente para atrair tal recurso, deixou o país vulnerável a qualquer ataque especulativo.

Ao examinar a situação em que o Brasil e a América Latina se encontravam no do final do século XX, novamente José Maurício Domingues disse que:

> A crise que se inicia nos anos 1970 dura até os 1990, em todo o mundo. Esse é efetivamente o momento de emergência do neoliberalismo, que pretende responder à crise da segunda fase da modernidade, embora seu programa datasse de período anterior. Na América Latina, conquanto capaz de mudar o modelo de regulação social em geral e em particular do capitalismo, seus efeitos foram fundamentalmente desastrosos - econômica, social e politicamente. De forma paradoxal, foi este também o momento em que a transição para a democracia começou a se dar em toda a América Latina, inclusive com regimes oligárquicos seculares (malgrado formalmente democráticos, como o venezuelano), mostrando-se frágeis ante a nova situação. A esta altura as massas populares se libertavam definitivamente de formas de dominação pessoal, inclusive

> mercê da consolidação neoliberal dos mercados de trabalho assalariado no campo, via fortalecimento da agroindústria e do corporativismo, desde fins dos anos 1970, através do novo sindicalismo, no caso brasileiro. Elas passavam a desfrutar de um ambiente de liberdades políticas e sociais sem par até no subcontinente, em que pesem problemas de várias ordens para a consolidação de um amplo estado de direito. A crescente globalização econômica - neste momento capitaneada pela abertura dos mercados - e cultural - que disponibilizou imagens e identidades, intensificando a comunicação em todo o planeta - é o outro elemento a ser considerado nessa nova configuração social (DOMINGUES, 2007: 172).

Por conta da situação acima, apesar dos avanços e da importância do sindicalismo, na década de noventa do século passado, houve grave perda de identidade e de objetivo. Como observou Giovanni Alves, o sindicalismo teve várias dificuldades por causa da ofensiva neoliberal e da desestruturação do mundo do trabalho. Ocorreram desemprego e terceirização, fulminando as bases sindicais e as lutas reivindicatórias. No plano ideológico, a maior central do país, a Central Única dos Trabalhadores (CUT), no dizer de Giovanni Alves, perdeu seu caráter socialista e de confronto de classe, assumindo cada vez mais estratégias sindicais propositivas no interior da ordem do capital. A crise se encontrava exatamente quando o sindicalismo hegemônico perdeu seu vínculo com o horizonte de classe e deixou-se levar pela fragmentação de classe. Para o autor acima:

> Tendeu a disseminar-se, como expressão do sindicalismo brasileiro nos anos 1990, uma cultura sindical neocorporativa e de cariz propositivo. Constrangido pela constituição exacerbada de um novo e precário mundo do trabalho, o sindicalismo submeteu-se à lógica da empresa, perdendo a perspectiva de classe. Deixou-se de lado, sob pressão do capital, os movimentos sindicais de caráter geral e adotou-se o sindicalismo por empresa. Tal mudança da cultura sindical e da política de negociação pode ser vista, por exemplo, 1) na redução da abrangência e do conteúdo das convenções coletivas e 2) na

> descentralização das negociações coletivas. Ela contrasta com a práxis sindical de classe, de confronto, que tinha caracterizado os anos 1980. São elementos importantes que demonstram a crise da perspectiva de classe (ALVES, 2006: 465).

Dentre as várias áreas que compunham a agenda pública, a defesa do consumidor estava entre elas. O Código de Defesa do Consumidor, Lei Federal nº 8.078, de 11.09.1990, no art. 3º, § 2º, dispôs que tinha atribuição sobre a prestação de serviço, inclusive, indicando expressamente os serviços bancários. Não obstante, no começo de 2002, a Confederação Nacional do Sistema Financeiro entrou com ação direta de inconstitucionalidade, junto ao Supremo Tribunal Federal, tendo o parecer do Procurador Geral da República sido no sentido de aplicar as normas de defesa do consumidor, mas restringindo à aplicação em juros bancários, na ADI nº 2591. No entanto, esse parecer não logrou êxito, sendo reconhecida a constitucionalidade da legislação de defesa do consumidor quanto aos contratos bancários. Foi decisão importantíssima para a política de consumo.

A economia brasileira continuou tendo, como principal obstáculo ao crescimento e à melhor distribuição de renda, a alta taxa de juros, a qual era bastante superior à das economias mais desenvolvidas. Por exemplo, no começo do século XXI, a taxa básica da Grã-Bretanha (*Libor*) era de 5,25%, ao passo que, nos Estados Unidos (*Prime*), era de 3% (três por cento), enquanto, no Brasil, a Selic[21] era de 19% (dezenove por cento), ao longo de 2001. A elevação do juro foi resultado da própria política do Banco Central do Brasil, para restringir os efeitos inflacionários da alta do dólar norte-americano. As finanças brasileiras tiveram como taxas básicas a Selic, a taxa de juros dos títulos

---

21 Selic é uma taxa de juro formada equivalente à taxa referencial do Sistema Especial de Liquidação e Custódia (Selic) por título federal. Para Eduardo Fortuna, é a taxa de referência do mercado, e que regula as operações diárias com títulos públicos, pois é a sua média diária que reajusta diariamente os preços unitários (FORTUNA, 2005: 128).

públicos e a CDI, a taxa interbancária, sendo que esta afetava à primeira taxa, que, por sua vez, influenciava a segunda. O Comitê de Política Monetária do Banco Central do Brasil (COPOM), instituído em 1996, teve como objetivo estabelecer as diretrizes da política monetária e definir a taxa de juros básicos da economia, com maior transparência de suas decisões, por meio da Selic.

A Constituição de 1988 e as leis que dela nasceram ocuparam o final do século XX com momentos de vitórias e de derrotas do movimento social. No direito do consumidor, com o Código de Defesa do Consumidor, de 1990, houve muito avanço, e essa passou a ser uma das áreas mais popular do direito, com efetividade na sociedade brasileira de consumo. No entanto, com a ofensiva neoliberal e o princípio do menor Estado, o movimento sindical ficou enfraquecido, bem como o valor do trabalho, com menor distribuição de renda. Essas dificuldades todas prejudicaram também o mercado de trabalho e reduziram as perspectivas salariais, afetando o mercado de consumo. As dificuldades enfraqueceram a política neoliberal com a vitória de partidos de esquerda, na América Latina, nas eleições que se realizaram no começo do século XXI.

2.7. SOCIEDADE E ESTADO NO SÉCULO XXI

No final da década de noventa do século passado, o Brasil teve, como Presidente da República, o pensador e sociólogo Fernando Henrique Cardoso, eleito pelo Partido da Social Democracia Brasileira (PSDB), de 1995 a 2002. Não foram anos fáceis, houve o esforço para fortalecer o sistema financeiro nacional, com o PROER, que visava auxiliar os bancos em situação financeira difícil. Por outro lado, foi o auge da ideologia neoliberal, bem como do conceito de reforma e de diminuição do Estado, em termos de arrecadação financeira, de controle da economia e de gerência de instituições públicas que atuavam no mercado privado. A ideia de reforma do Estado não foi apenas uma posição teórica formal, pois ela também apareceu no mundo acadêmico e na gestão das políticas públicas.

A verdade sobre a atuação do Estado significou o fim do sonho socialista, com a queda do Muro de Berlim e com o fim da União Soviética. A história teria de ser escrita agora com o parâmetro de normalidade e não de conflito, como se a história tivesse fim. Refletindo sobre tudo isso, Marilena Chauí intuiu que a verdade vinha como se estivesse num discurso de Galileu, como um discurso competente. Apesar da obra ser escrita na década de setenta do século passado, o caso se dava bem com o discurso político, econômico e social neoliberal, nos anos noventa do século passado. Para Marilena Chauí:

> O discurso competente é aquele que pode ser proferido, ouvido e aceito como verdadeiro ou autorizado (estes termos agora se equivalem) porque perdeu os laços com o lugar e o tempo de sua origem. Assim, não é paradoxal nem contraditório em um mundo como o nosso, que cultua patologicamente a cientificidade, surgirem interdições ao discurso científico. Podemos dizer que exatamente porque a ideologia contemporânea é cientificista, cabe-lhe o papel de reprimir o pensamento e o discurso científico. É nesse contexto de hipervalorização do conhecimento dito científico e de simultânea repressão ao trabalho científico que podemos melhor apanhar o significado daquilo que assim designamos como discurso competente. O discurso competente é o discurso instituído. [...] O discurso competente confunde-se, pois, com a linguagem institucionalmente permitida ou autorizada, isto é, com um discurso no qual os interlocutores já foram previamente reconhecidos como tendo o direito de falar e de ouvir, no qual os lugares e as circunstâncias já foram predeterminados para que seja permitido falar e ouvir e, enfim, no qual o conteúdo e a forma já foram autorizados segundo os cânones da espera da sua própria competência (CHAUÍ, 1982: 7).

O Estado brasileiro foi profundamente modificado pelo mandato de Fernando Henrique Cardoso e pela ideologia neoliberal, apesar de representar um partido social-democrata. O Estado estava grande e devia diminuir, restringindo os órgãos ineficientes ou excessivos, ao tempo em que criava novos gestores dos serviços públicos - as agências reguladoras - e em que estimulava a criação de novos participantes das políticas públicas, especialmente, de cunho social. Tratava-se de uma nova forma de governar, diferente das experiências recentes que ocorreram no país. Ainda que guardasse alguma sintonia com a presidência de Fernando Collor de Mello, quanto ao menor Estado, era diferente quanto à ética e quanto aos princípios neoliberais com verniz social-democrata. Tratava-se do mesmo que ocorria na Europa Ocidental, com os partidos de esquerda assumindo o papel de governantes de direita quanto à definição do tamanho do Estado.

Dentre as várias discussões que havia nessa época, foi muito estudada a Administração Pública Gerencial[22], que tinha surgido na segunda metade do século passado, em resposta à crise do Estado. Era um meio de enfrentar a crise fiscal, de como reduzir o custo e tornar mais eficiente os serviços públicos, especialmente, no início dos anos setenta do século passado. Houve um repúdio e um profundo questionamento quanto à eficiência da Administração Pública Burocrática[23] de então. Contrapondo-se ao passado ineficaz, a Administração Pública Gerencial era orientada para o cidadão e para a obtenção de resultados concretos, com base na descentralização e no incentivo à descentralização, à criatividade e à inovação. Os contratos de gestão acabaram sendo um instrumento de controle dos gestores públicos.

---

22 Administração Pública Gerencial parte do princípio de que é preciso combater o nepotismo e a corrupção, mas que, para isso, não são necessários procedimentos rígidos (PEREIRA, 2005: 29).

23 Administração Pública Burocrática concentra-se no processo; em definir procedimentos para a contratação de pessoal, para a compra de bens e serviços; e em satisfazer as demandas dos citados, a administração pública gerencial orientou-se para os resultados (PEREIRA, 2005: 28).

Na discussão acima, havia uma crítica a Administração Pública Burocrata, que se concentrou no processo, em definir procedimentos para a contratação de pessoal, para a compra de bens e de serviços e para satisfazer as demandas dos cidadãos. A Administração Pública Gerencial orientava-se para os resultados finais. A burocracia podia ficar atenta aos processos, apesar de sua alta ineficácia quanto aos bens tutelados em si, o que acabava protegendo o Estado contra o nepotismo e a corrupção. No entanto, os resultados em si da aplicação da política pública específica acabaram não tendo os resultados esperados, pelo excesso de burocracia e de formalismo, inclusive, por falta de objetivos claros e definidos.

Luiz Carlos Bresser Pereira, ao analisar o setor público e a estratégia para um novo Estado, afirmou que:

> A administração pública gerencial, por sua vez, parte do princípio de que é preciso combater o nepotismo e a corrupção, mas que, para isso, não são necessários procedimentos rígidos. Estes podem ter sido necessários quando predominavam os valores patrimonialistas, mas não o são agora, quando se rejeita universalmente que se confundam os patrimônios público e privado. Por outro lado, emergiram novas modalidades de apropriação da *res publica* pelo setor privado que não podem ser evitadas pelos recursos aos métodos burocratas. [...] A administração gerencial; a descentralização; a delegação de autoridade e de responsabilidade do gestor público; o rígido controle sobre o desempenho, aferido mediante indicadores acordados e definidos por contrato, além de serem modos muito mais eficientes de gerir o Estado, são recurso muito mais efetivos na luta contra as novas modalidades de privatização do Estado (PEREIRA, 2005: 29).

Dentro do pensamento jurídico tradicional, também se abraçava a causa acima, prevendo um Estado menor e mais eficiente, como afirmou Marcelo Figueiredo, defendendo sua reforma:

> O modelo dos últimos vinte e cinco anos se exaurira. O Estado brasileiro chegou ao fim do século XX grande, ineficiente, com bolsões endêmicos de corrupção e sem conseguir vencer a luta contra a pobreza. Estado da direita, do atraso social, da concentração de pobreza. Um Estado que tomava dinheiro emprestado no exterior para emprestar internamente, a juros baixos, para a burguesia industrial e financeira brasileira. Esse Estado, portanto, que a classe dominante brasileira agora abandona e do qual quer se livrar, foi aquele que a serviu durante toda a sua existência. Parece, então, equivocada a suposição de que a defesa desse Estado perverso, injusto e que não conseguiu elevar o patamar social no Brasil seja uma opção avançada, progressista, e que o alinhamento com o discurso por sua construção seja a postura racionaria. As reformas econômicas brasileiras envolveram três transformações estruturais que se complementam, mas não se confundem (FIQUEIREDO, 2010: 630).

O Estado neoliberal tinha legado aos trabalhadores e aos demais consumidores a insegurança socioeconômica, cobrindo as diferentes configurações da correlação das várias dimensões sociais e jurídicas. Para Adalberto Moreira Cardoso, a insegurança socioeconômica significava que:

> 1. Insegurança quanto ao emprego ou à ocupação, expressa na redução do ritmo de crescimento da economia mundial e dos países periféricos em particular, incapazes de gerar empregos suficientes seja para novos entrantes do mercado de trabalho, seja para os redundantes dos processos de reestruturação; no risco de falência dos empreendimentos em razão dos novos padrões de concorrência; nas consequências de fusões e aquisições que resultam em reestruturação produtiva; na reestruturação pura e simples que exija a renovação de pessoal etc.;
>
> 2. Insegurança quanto ao salário e à renda, em razão do aumento da proporção variável e desregulada dos salários (por meio de expedientes tais como ganhos de produtividade, por participação nos mecanismos de controle de qualidade etc.), que não constitui a parte do soldo que serve de base, por exemplo, à contribuição previdenciária; em razão, também, da redução dos salários reais frutos do aumento do desemprego e

> da concorrência entre os trabalhadores; em razão, ainda, da redução da oferta de empregos formais, aumento do trabalho não-remunerado e, mesmo, escravo;
>
> 3. Insegurança quanto às condições de trabalho, devido à intensificação do ritmo de trabalho, do trabalho por stress característico dos novos ambientes reestruturados pela filosofia da qualidade total; devido, também, à precarização do trabalho resultante da subcontratação em cascata nas cadeias de produção;
>
> 4. Insegurança quanto à representação de interesses, à causa da debilitação dos sindicatos como intermediários da contratação coletiva, da redução de sua capacidade de intervenção nos mecanismos decisórios no aparelho de Estado, da redução de seu poder de mobilização e de ação coletiva;
>
> 5. Insegurança quanto aos prospectos para a vida no futuro, fruto, entre outras coisas, da crise dos Estados de bem-estar, de seus sistemas previdenciários e serviços sociais básicos, sobretudo nos países periféricos, submetidos a receituário liberal de redução do papel do Estado na regulação das relações de classe (CARDOSO, 2003: 228-9).

Também preocupado com os rumos sociais pelo qual passava o Brasil, com a influência neoliberal, logo no começo do século XXI, sobre a sociedade de consumo José Murilo de Carvalho disse que:

> Mas há também sintomas perturbadores oriundos das mudanças trazidas pelo renascimento liberal. Não me refiro à defesa da redução do papel do Estado, mas o desenvolvimento da cultura do consumo entre a população, inclusive a mais excluída. Exemplo do fenômeno foi à invasão pacífica de um shopping Center de classe média no Rio de Janeiro por um grupo de sem-teto. A invasão teve o mérito de denunciar de maneira dramática os dois brasis, o dos ricos e o dos pobres. Os ricos se misturavam com os turistas estrangeiros, mas estavam a léguas de distância de seus patrícios pobres. Mas ela também revelou a perversidade do consumismo. Os sem-teto reivindicavam o direito de consumir. Não queriam ser cidadãos, mas consumidores. Ou melhor, a cidadania que reivindicavam era

> a do direito ao consumo, era a cidadania pregada pelos novos liberais. Se o direito de comprar um telefone celular, um tênis, um relógio da moda consegue silenciar ou prevenir os excluídos a militância política, o tradicional direito político, as perspectivas de avanço democrático se veem diminuídas. As experiências favorecem, a cultura do consumo dificulta o desatamento do nó que torna tão lenta a marcha da cidadania entre nós, qual seja, a incapacidade do sistema representativo de produzir resultados que impliquem a redução da desigualdade e o fim da divisão dos brasileiros em castas separadas pela educação (CARVALHO, 2011: 228-9).

Por conta de execução das políticas neoliberais, o Brasil enfrentou sérias dificuldades financeiras no final do mandato Fernando Henrique Cardoso, em 2002. Talvez fosse esse o momento que primeiro antecipou a crise do capitalismo mundial, em 2007 e 2008, que voltou em 2011 e 2012, de que o modelo econômico baseado no sistema financeiro tinha sérios problemas de estabilidade. Acabou o mandato Luís Inácio Lula da Silva, de 2003 a 2010, redefinindo a agenda pública, voltada para maior distribuição de renda, por meio de programas sociais, especialmente, do Programa Bolsa Família.

Tais medidas acabaram realmente distribuindo renda e assim também auxiliando as regiões mais pobres do país, como o Norte e o Nordeste, de modo a equilibrar mais a economia e o desenvolvimento social. Apesar de manter o modelo neoliberal da economia, a administração de Luís Inácio Lula da Silva interrompeu o processo de privatização das empresas, chegando a fortalecer as existentes, como a Petrobrás, e indiretamente intervindo em empresas privadas que foram antes estatais, como a Vale. Por outro lado, a visão social-democrata levou a criação de serviços públicos de assistência social e familiar, com a maior institucionalização da agenda pública, com a participação popular, política aparentemente seguida pelo Presidente Dilma Roussef, a partir de 2011.

2.8. REFORMA PARA O CONSUMO CONSCIENTE

Devem-se levar em conta as profundas transformações econômicas, sociais e políticas geradas pelas mudanças de padrão tecnológico que condicionam a formação da sociedade pós-industrial. Isso tudo leva à crise, com inflexões, rupturas e oportunidades. Crise justapõe símbolos de perigo e oportunidade. Assim, a crise do Estado é uma crise de regulação, de governabilidade e de democracia. A Constituição de 1988 fez uma reforma do Estado brasileiro, relativa à previdência social, à seguridade social e à educação. No entanto, não veio o desenvolvimento adequado para a sociedade brasileira, especialmente para as classes trabalhadoras. O desenvolvimento defendido pelas elites implicava a reforma do Estado, que não é um objetivo em si, mas uma busca para desenvolver a sociedade e estimular a democratização, que consiste em mudar as relações do Estado com a sociedade, como fiador da igualdade e da cidadania.

A reforma do Estado, assim, não era um objetivo em si, mesmo na perspectiva neoliberal, pois ela visava ao saneamento das contas públicas e ao aumento da eficiência da Administração Pública, com vistas ao equilíbrio fiscal e à estabilidade econômica, que eram as condições fundamentais para o crescimento de longo prazo. Apesar desse objetivo aceito pela sociedade, não existia consenso sobre a eficácia de algumas das soluções propostas. Por exemplo, o combate à inflação, acima de qualquer outro objetivo, não garantia por si o crescimento econômico e o desenvolvimento social. Para Frederico Lustosa da Costa, a agenda da reforma democrática incluiu, pelo menos, propostas de mudança no sistema político, no arcabouço institucional e no aparelho de Estado. Estas seriam orientadas para o desenvolvimento, para a democratização, para a descentralização, para a regionalização, para a integração das ações de Governo, para a flexibilização, para garantir a isonomia e a igualdade de oportunidade e para a gestão pública empreendedora (COSTA, 2010: 221).

A ideia de que a burocracia deve ficar isolada das interferências políticas acaba afastando as demandas da sociedade, além de minar as bases democráticas do sistema político, sem que o torne mais eficiente e com maior qualidade. A democracia participativa, sim, implica a atuação estatal eficiente, pois tem capacidade de escutar melhor as reivindicações e de implantar, com mais adequação, as políticas públicas. Os Governos que asseguram a participação dos cidadãos na formulação de tais políticas públicas, em razão da sustentabilidade política e da legitimidade dos programas, acabam tendo mais êxito na elaboração e na execução delas. Desse modo, as estratégias governamentais para uma governança eficiente passam por tornar o Estado mais permeável à influência da sociedade, participando, diretamente, quando viável, ou por meio de representantes no desempenho das funções públicas (BENTO, 2003: 219).

A descentralização também é questão fundamental para a reforma do Estado, com tal objetivo sendo acompanhado de um planejamento plurianual, que permita compatibilizar as aspirações das distintas regiões. Apenas com o planejamento é possível corrigir a tendência das empresas privadas e públicas de ignorar os custos ecológicos e sociais de aglomeração espacial das atividades produtivas. Com efeito, somente o planejamento permite introduzir a dimensão espacial no cálculo econômico, pois, se não observado, leva o conflito entre regiões ou entre uma região e o poder central. O melhor caminho para Celso Furtado seria, então, que:

> Por último, convém não perder de vista que o revigoramento do federalismo na forma aqui referida requer, ao lado da plena restauração da autonomia estadual e do contrapeso de um poder regional, o fortalecimento da instituição parlamentar. Isso, porque somente o poder que reúne os representantes do povo de todas as regiões pode dar origem a um consenso capaz de

> traduzir as aspirações dessas mesmas regiões em uma vontade nacional (FURTADO, 1999: 56).

Quanto à economia, é necessário que se combata o dualismo econômico, de modo a engajar os centros dinâmicos da indústria brasileira, começando com os pequenos e médios empreendimentos da economia local, dando-lhes acesso a capital, máquinas e mercados. Para isso, é preciso também a educação da massa excluída e miserável. À medida que essa economia de base mudar vai acabar alterando o setor moderno da economia, baseada em oligopólios e em cartéis. Com tais mudanças, haverá base para redefinir, também, o perfil do consumo e para aumentar os salários inferiores de maneira efetiva e duradoura (UNGER, 1990: 376).

Para José Maurício Domingues, os movimentos sociais podem alterar a sociedade e o Estado brasileiro, nos seguintes termos:

> Os movimentos sociais modernos respondem exatamente a esses imperativos: a uma visão da história como aberta, mas até bem recentemente como calcada em uma meta a ser atingida; e à necessidade de realizar a transcendência das condições sociais imperfeitas em que nos encontramos e nas quais a liberdade (e a igualdade e a solidariedade) se vê manietada devido precisamente a essas limitações. [...] Basta enfatizar que a difusão dos movimentos sociais e políticos na modernidade é fruto dessa liberdade ampliada e da busca de sua ampliação (embora crescentemente questões relativas à dominação, de certas coletividades sobre outras e da espécie sobre a natureza, o outro lado fundamental da modernidade, tenha vindo para a frente da cena) (DOMINGUES, 2004: 223).

O Brasil tem características específicas, porém, que fazem crer que se trata de uma nova sociedade, com condições de desenvolvimento social, econômico e político, sem afetar o meio ambiente. Mais do que uma simples etnia, para Darcy Ribeiro, o Brasil é uma etnia nacional, um povo-nação, assentado num território próprio e enquadrado dentro de um mesmo Estado para nele viver seu destino. Para ele, o grande desafio que o Brasil enfrenta é alcançar a necessária lucidez para concatenar essas energias e orientá-las politicamente, com clara consciência dos riscos de retrocesso e das possibilidades de libertação que elas ensejam (RIBEIRO, 2006: 22-3).

O modelo econômico que o Brasil adotou ao longo do século XX, modelo em que se favoreceram determinadas regiões, como São Paulo, onde se estabeleceu uma economia moderna e eficiente, acabou esquecendo o resto do país, não resultando no desenvolvimento humano que dele se esperava. Por outro lado, a instalação da indústria metal-mecânica de empresas transnacionais não serviu ao interesse da população local, mas principalmente como plataforma para exportação de veículos com baixa tecnologia. Além disso, o desenvolvimento implicou o desmatamento absurdo que as matas brasileiras sofreram em nome da expansão da fronteira agrária, o que não foi bom para a natureza local. O crescimento deve ser equilibrado, favorecendo todas as regiões, além de respeitar o meio ambiente, ao mesmo tempo em que deve oferecer bens e serviços realmente necessários para as pessoas e não estabelecidos pelo modismo ou pelo *marketing*.

A política pública para a defesa do consumidor, previstas na Constituição de 1988, teve várias disposições no Código de Defesa do Consumidor de 1990. Foi instituída a Política Nacional da Relação de Consumo, que procurou expressar o que se pretendia como proteção do consumidor frente ao fornecedor e o modo de resolver tais conflitos. Ao longo do tempo, ainda que com graves problemas estruturais, foi possível formar uma sociedade de consumo no Brasil. Contudo, a adoção de políticas públicas de consumo implicava discutir o próprio capitalismo e suas regras, em prol do consumo consciente e da preservação da natureza.

Capítulo III

Movimento Social de Defesa do Consumidor

Ementa: 3.1. Noção de Movimento Social; 3.2. Movimento de Defesa do Consumidor; 3.3. Primeiras Proteções no Brasil; 3.4. Movimento do Consumidor Pré-Constituição; 3.5. Constitucionalização da Defesa do Consumidor; 3.6. Reação aos Direitos do Consumidor; 3.7. Agenda Pública do Consumo; 3.8. Defesa do Consumidor no Brasil.

3.1. NOÇÃO DE MOVIMENTO SOCIAL

A sociedade, como infraestrutura, abriga a vida real dos trabalhadores, no dia a dia, distante em geral do Estado, dos seus órgãos, dos seus servidores e de suas leis, ainda que se ande pelas ruas e passeie-se pelas praças e pelos parques públicos. É lá que as pessoas se reúnem para lutar por seus ideais, por suas convicções e por seus interesses, como na defesa do consumidor. Por meio de forma associativa, formal ou não, existem reuniões, deliberações e determinadas ações, que podem ser *sit-in*, boicotes de produtos ou de marcas e passeatas de protestos. O movimento social é capaz de influenciar as ações do Estado e assim participar do processo de elaboração das políticas públicas de relações de consumo, como ocorreu no Brasil, no final do século XX.

O movimento social pode ter um conceito unificado, mas também variado, conforme as noções acerca dele tenham origem nos Estados Unidos, na Europa ou na América Latina. No entanto, existe um liame que liga os movimentos sociais, seja quanto à organicidade, quanto à origem ou quanto ao objetivo. É possível dizer, resumidamente, que se trata de reações sociais a determinados desafios ou reivindicações, fora do Estado e, por isso, no âmbito da sociedade civil, com objetivos diversos, mas de modo geral clamando por novos direitos ou pela manutenção de outros existentes (BOBBIO, 1986: 51).

Ao analisar o fenômeno dos movimentos sociais, Maria da Glória Gohn disse que:

> Portanto, a temática dos movimentos sociais é uma área clássica de estudo da sociologia e da política, tendo lugar de destaque nas ciências sociais. Não se trata apenas de um momento de produção sociológica, como pensam alguns, confundindo a própria existência concreta do fenômeno e suas manifestações empíricas, seus ciclos de fluxo e refluxo, com produção acadêmica sobre aqueles ciclos. [...] Entretanto, o conceito tem sofrido, historicamente, uma série de alterações. Resumidamente podemos dizer que os anos 50 e parte dos 60, os manuais de ciências sociais, e parte dos estudos específicos, abordavam os movimentos no contexto das mutações sociais, vendo-os usualmente como fontes de conflitos e tensões, fomentadoras de revoluções, revoltas e atos considerados anômalos no contexto dos comportamentos coletivos vigentes. Usualmente classificavam-se os movimentos de forma dualista: religiosos-seculares, reformistas-revolucionários, violentos-pacíficos. Movimentos sociais e revolução eram termos sinônimos e sempre que se fa-

> lava em movimentos a categoria "trabalhos" era destacada. [...] Nas abordagens fundadas no paradigma decorrente da teorista marxista, até nos anos 50, o conceito de movimento social sempre esteve associado ao de lutas de classes e subordinado ao próprio conceito de classe, que tinha centralizadas em toda análise. [...] Como as categorias da organização da classe e o processo de formação da consciência social eram centrais no modelo de projeto da sociedade que se desenhava e aspirava-se como ideal, não havia muita preocupação quanto à diferenciação entre movimento social ou político, ou quanto a movimentos ou organizações. Essas últimas eram suportes dos movimentos e, de outra forma, um movimento atingia seus objetivos quando transformava a demanda reivindicada numa política ou organização institucionalizada. O surgimento de novas modalidades de movimentos sociais - como o dos direitos civis nos Estados Unidos, ainda nos anos 50; os dos estudantes em vários países europeus anos 60; os das mulheres, pela paz, contra a guerra do Vietnã etc. - contribuiu para que novos olhares fossem lançados sobre a problemática. [...] Na América Latina, em especial no Brasil, as mudanças advindas com a globalização da economia e a institucionalização dos processos gerados no período da redemocratização levaram ao surgimento de um novo ciclo de movimentos e lutas, menos centradas na questão dos direitos e mais nos mecanismos de exclusão social. [...] A tendência predominante nos anos 90, na análise dos movimentos sociais, tem sido unir abordagens elaboradas a partir da vida cotidiana, por meio de conceito que fazem mediações sem excluir uma ou outra das abordagens. Sabemos que a divisão entre teorias da ação (micro) e teorias estruturais (macro) marcou a produção e o debate teórico nos últimos vinte e cinco anos (GOHN, 2010: 329-37).

Como a autora acima observou, nos países em desenvolvimento, os chamados movimentos sociais progressivos ou populares entraram em crise, com muitos deles se decompondo ou retrocedendo à forma de resistência em que se manifestava o uso da força, como no dos sem-terra, no Brasil. No entanto, as organizações que se articularam mais, com a agenda de novos movimentos sociais, redefiniram-se e conseguiram sobreviver à decadência, no final XX. Pode-se concluir, então que os movimentos eram fluidos, fragmentados e perpassados por outros processos sociais (GOHN, 2010: 343).

O movimento social, como outros movimentos, trazem em si as tensões e as contradições presentes na vida política, econômica, social e cultural. É capaz de intervir nas políticas públicas do Estado, junto aos órgãos e servidores públicos, como atores fundamentais das formulações e gestões dessas políticas. Todavia, existem tensões internas, entre a vontade de fazer alguma coisa e de fato a obter, com diversas forças do lado contrário, procurando inviabilizar tal vontade. As tensões da vida política acabam interferindo no próprio movimento social, ao tempo que este procura mudar a própria política pública.

Ao tratar dos movimentos sociais, Gianfranco Pasquino afirmou que tais movimentos e os comportamentos coletivos relativos a eles constituem tentativas, fundadas em um conjunto de valores comuns, destinadas a definir as formas de ação social e a influir nos seus resultados (PASQUINO, 2007: 787). Devem-se distinguir, no movimento social, movimentos reivindicatórios, movimentos políticos e movimentos de classe, de acordo com os objetivos almejados. No primeiro caso, procura-se impor mudanças nas normas, nas funções e nos processos de destinação de recursos, ao tempo que, no segundo, pretende-se influir nas modalidades de acessos aos canais de participação política e de mudança das relações de força. Por fim, no terceiro caso, busca-se subverter a ordem social e transformar o modo de produção e as relações de classe. No presente estudo, o movimento de defesa do consumidor é movimento social e tem natureza reivindicatória, pleiteado políticas públicas das relações de consumo, com base no princípio da proteção ao hipossuficiente.

No Brasil, no período de redemocratização, surgiram diversos movimentos sociais no âmbito das organizações sindicais e das instituições que lutavam pela reforma agrária e pela reforma urbana. No mesmo momento, apareceram os movimentos em prol dos afro-brasileiros e dos indígenas, assim como outros ligados à tolerância quanto à opção sexual ou à defesa dos direitos dos consumidores. Apesar de nos Estados Unidos o movimento dos consumidores ter nascido do movimento operário, no Brasil, surgiu basicamente de intelectuais e de juristas, aliados a setores de classe média e da elite dos trabalhadores, através de órgãos públicos, como os Procons, ou por meio de instituições da sociedade civil, como o Instituto Brasileiro de Política e Defesa do Consumidor (Brasilcom).

O movimento social em defesa dos consumidores teve atuação fundamental na Assembleia Nacional Constituinte, ao reivindicar e obter a colocação no texto constitucional a defesa do consumidor, dentre outros, no art. 5º, XXXII, e no art. 170, V, da Constituição de 1988. Tratou-se de uma inovação revolucionária, pois o arcabouço jurídico tradicional baseava-se no direito civil clássico e no princípio de que o contrato era a lei entre as partes, vetando qualquer demanda judicial sobre o mérito da discussão efetuada no processo. Não consistia este apenas de um discurso ideológico, mas de uma liberdade econômica que permitia a concentração de renda e a falta de concorrência efetiva no mercado de consumo. Para poucos, tudo; para muitos, nada.

3.2. MOVIMENTO DE DEFESA DO CONSUMIDOR

O movimento operário que reivindicava melhores condições de trabalho e maiores salários acabou discutindo também a condição simultânea do trabalhador como consumidor. Nos Estados Unidos, a defesa do consumidor nasceu do movimento dos trabalhadores, a partir dos sindicatos operários. Havia a defesa dos direitos dos consumidores pelo controle da qualidade adequada e pela quantidade certa das mercadorias vendidas. Os consumidores organizaram-se em associações que passaram a discutir com o Estado e com os fornecedores as melhores condições para os produtos e para os serviços.

A defesa do consumidor foi a atividade de proteção dele por meio da divulgação de informações sobre a qualidade dos bens e dos serviços, através do exercício de pressão sobre os órgãos públicos e sobre as empresas privadas com o objetivo de clamar por seus direitos. A defesa do consumidor não se baseou somente na punição dos que realizavam atos ilícitos ou dos que agrediam seus direitos, mas também na conscientização dos consumidores por seus novos direitos e deveres e na educação dos fabricantes, dos comerciantes e dos prestadores de serviços sobre suas reais obrigações. Demonstrou-se que, atuando corretamente, os fornecedores fidelizavam os consumidores e aumentavam seu mercado de consumo contribuindo para o desenvolvimento econômico. Os princípios que regiam a defesa do consumidor baseavam-se na boa-fé do adquirente e do comerciante, uma vez que a publicidade estabelecia os meios de seu exercício. Caso a publicidade fosse enganosa, o consumidor assegurava o direito à justa reparação, da mesma forma que o direito à venda conforme o anunciado. A publicidade enganosa tratava-se de assunto de interesse público, pertencendo ao direito difuso, com caráter meta-individual.

O movimento de defesa do consumidor, que começou timidamente na segunda metade do século XIX, já tratado com essa denominação, ganhou força nos Estados Unidos em virtude do avanço do capitalismo. Aparecendo no mundo industrializado, o marco inicial da defesa do consumidor foi o resultado da união em prol de reivindicações trabalhistas, levando em conta a exploração do trabalho das mulheres e das crianças. Realizou-se tanto por meio de boicote a produtos, como também pela exigência do reconhecimento de seus direitos ao consumo enquanto trabalhadores e seres humanos.

Os Estados Unidos começaram a editar normas sobre o consumo, já em 1872, com legislação que reprimia as fraudes no comércio. Depois, foi ampliada a proteção em 1887, com a instituição de comissões reguladoras e fiscalizadoras do comércio mercantil interestadual. Dentre as primeiras legislações sobre consumidor, estava o *Sherman Act*, em 1890 (AMARAL, 2010: 20). Por iniciativa de Josephine Lowel, no final do século XIX, foi criada a *New York Consumer's League*, em 1891, que depois se transformou na *Internacional Organization of Consumers Union (IOCU)*. Esta, ao adquirir uma identidade própria, deu início efetivo ao movimento de defesa do consumidor, estendendo-se ao longo do século XX para todo o mundo.

Em Portugal, como exemplo de país europeu, o Código Penal de 1852 e o Código Penal de 1886, este ainda em vigor, reprimiam certas práticas comerciais desonestas, protegendo indiretamente interesses dos consumidores, sob o título genérico de crimes contra a saúde pública. Previu-se a punição de certos atos de venda de substâncias venenosas ou abortivas, no art. 248°; e a fabricação e a venda de gêneros alimentícios nocivos à saúde pública, no art. 251°; assim como se consideravam criminosas certas fraudes nas vendas, como engano sobre a natureza e sobre a quantidade das coisas, no art. 456°. Tipificou-se ainda como crime a prática do monopólio, consistente na recusa de venda de gêneros para uso público, no art. 275°, e a alteração dos preços que resultaram na violação da livre concorrência, designadamente através de coligações com outros indivíduos (ALMEIDA, 1982: 40). Ou seja, já no final do século XIX, existia uma proteção aos consumidores, em Portugal, como ocorria em outras legislações penais europeias.

No começo do século XX, nos Estados Unidos, veio o *Combinnes Investigation Act*, em 1910, e o *Clayton Act*, em 1914, que dispunham sobre o mercado e o consumo, reprimindo a fraude de produtos e de serviços. Todavia, não foram regulamentos que invertessem a posição desfavorável ao consumidor e ao trabalhador frente ao poder econômico das lojas e das grandes corporações (AMARAL, 2010: 21). Fizeram parte dos instrumentos de pressão dos consumidores as manifestações públicas e os boicotes a determinados produtos ou serviços, que constavam na luta por direitos dos trabalhadores sindicalizados e dos demais consumidores.

Destacaram-se alguns fatos que impulsionaram o movimento que continuava ainda em evolução. Nos Estados Unidos, em 1914, foi criada a *Federal Trade Commission*, que teve o objetivo de aplicar a lei antitruste e de proteger os interesses do consumidor, ao realizar o registro do movimento de reação dos consumidores contra as exigências de produtores monopolistas. Em 1927, foi criada a *Food and Drugs Administration* (*FDA*), que passou, em 1938, a abranger atribuições e competências também do segmento de cosméticos cuja atuação teve repercussão em todos os países, sendo um dos órgãos públicos mais respeitados no mundo.

Upton Sinclair, em 1906, escreveu um romance chamado **The Jungle** (**A Selva**), que serviu para despertar, no povo do seu país, o interesse pelo problema do consumidor. O autor norte-americano era um jovem jornalista com ideias socialistas que, para justificar e fundamentar as reivindicações proletárias, como melhorias de salário e de condições de trabalho, disfarçou-se de operário para realizar suas observações na periferia da cidade de Chicago. Em seu romance, ele retratou, em cores ousadas e dramáticas, o impacto social do capitalismo industrial no começo do século XX. Os principais personagens eram uma família de camponeses lituanos que vieram trabalhar pelos contos e fantasias da liberdade e da pujança da América do Norte, mas que acabaram massacrados pela sociedade capitalista da época.

Os abusos cometidos pela indústria da carne, com base em Chicago, maior centro da indústria de alimentos dos Estados Unidos, foram descritos de forma bem realística, tratando dos alimentos deteriorados e de outras fraudes. Upton Sinclair disse que a carne era misturada com pedaços de tecidos esfarrapados e sujos e com pães mofados, moídos juntamente para os enchimentos das salsichas vendidas em Chicago, embora proibidas no comércio exterior. O impacto da obra **The Jungle** mostrou-se tão avassalador, que logo teve traduções para dezessete idiomas. O romance acabou inspirando a elaboração de duas leis federais nos EUA, que fortaleceram a fiscalização das condições da carne - *Meat Inspection Act* e *Pure Food and Drug Act* -, logo em 1906.

A Igreja Católica não ficou indiferente ao novo problema social decorrente da sociedade de consumo de massa. Já no final do século XIX, com a encíclica *Rerum Novaram*, em 1891, o Papa Leão XIII indicou os limites da intervenção do Estado nas relações econômicas e sociais, prevendo a proteção dos direitos dos mais fracos e dos indigentes. Seguindo o mesmo caminho, o Papa Pio XI divulgou a encíclica comemorativa *Quadragesimo Anno*, em 1931, em que analisou o mundo quarenta anos depois da encíclica anterior, reconhecendo as dificuldades do mercado se autorregular livremente, frente à ambição desenfreada e ao oligopólio de empresas transnacionais. Na segunda metade do século passado, o Papa Paulo VI, na encíclica *Populorum Progresio*, em 1967, passou a chamar atenção para os problemas que o mercado representava para a saúde econômica mundial (AMARAL, 2010:22). No mesmo sentido, João Paulo II, em homilia, em Bahia Branca, na Argentina, em 6 de abril de 1987, conclamou a humanidade a refletir sobre as consequências desumanas das leis do livre mercado e da necessidade de seus limites.

Nos Estados Unidos, em plena II Guerra Mundial, quando a produção estava a serviço e controle do Estado, despontou a filosofia econômica de John Keynes e, em decorrência, houve o incentivo ao movimento em prol dos direitos do consumidor (PISIER, 2004:161). Ironicamente, porém, foi o surgimento da mídia e das conquistas tecnológicas que deu causa ao ressurgimento da defesa do consumidor, com o processo político e econômico chamado de *New Deal*[24], na presidência de Franklin

---

[24] *New Deal* foi a política econômica dos Estados Unidos, no primeiro governo de Franklin Roosevelt, em meados do século XX, como resposta

Roosevelt. O esforço na guerra resultou, sem dúvida, em aumento substancial da produção no posterior tempo de paz, daí a necessidade de vendê-la e, para tanto, se precisou criar novos mercados pela propaganda e pela melhor distribuição dos produtos.

O *know-how* tecnológico gerado pela II Guerra Mundial provocou o crescimento em várias áreas industriais, criando um arsenal de produtos supérfluos e diversificados, nos Estados Unidos e no mundo, em um mercado antes restrito somente ao consumo essencial. A chegada da televisão resultou na divulgação informativa - o *marketing* -, desenvolvida em forma de propaganda de guerra, com o objetivo de escoar os produtos no mercado. Houve, porém, o aumento dos problemas relacionados com a produção e com o consumo, em face de uma competitividade altamente sofisticada por causa das novas mídias e das próprias complexidades dos mercados surgidos no pós-guerra. Ocorreu a prática da concorrência desleal, fortalecendo a tendência da formação dos cartéis, dos *trustes* e dos oligopólios, o que colaborou para o agravamento dos problemas sociais urbanos em decorrência da concentração de renda.

Percebeu-se que esses problemas influenciavam a vida dos consumidores, pela alta dos preços, pela queda na qualidade da vida ou pelo aumento da poluição, começando-se a se discutir a sustentabilidade do meio ambiente frente ao desenvolvimento econômico. Depois do período pós-guerra, por conta das graves mudanças política, econômica e sociais, houve o ressurgimento da cláusula *rebus sic stantibus*, o que enfraqueceu o princípio da força obrigatória dos contratos. Tal restauração deu-se sob o nome de teoria da imprevisão, pretendendo a quebra do princípio de que o contrato era a lei entre as partes.

à crise de 1929 (SANDRONI, 2005: 592). Inspirou-se nas ideias de John Keynes, em que o governo estimulava a economia por meio da demanda dos órgãos públicos por produtos e por serviços da economia privada.

A nova regra possibilitou o surgimento do direito do consumidor, que se fundamentava a partir da responsabilidade civil objetiva e do reconhecimento dos interesses e dos direitos difusos frente ao direito do proprietário.

A década de sessenta do século passado foi o marco mundial para os consumidores, pois, logo no início dela, foi criada a *International Organization of Consumers Unions* (*IOCU*), como indicado antes, atualmente denominada de *Consumers International* (*CI*), com sede em Haia, na Holanda. Essa instituição, inicialmente, compôs-se de cinco países - Austrália, Bélgica, Estados Unidos, Holanda e Grã-Bretanha -, mas hoje atua em boa parte dos países, os quais totalizavam mais de cem. O Brasil começou a participar da *IOCU*, por meio da Fundação Procon e do Instituto Brasileiro de Política e Direito do Consumidor (Brasilcom). A *IOCU* foi a instituição que ajudou a difundir no mundo a defesa do consumidor e, sem dúvida, teve influência no Brasil, no final do século XX.

No mesmo caminho, em 15 de março de 1962, o então Presidente dos Estados Unidos John F. Kennedy encaminhou mensagem ao Congresso Nacional, reconhecendo os direitos dos consumidores em questões de segurança, de informação e de escolha e o direito de ser ouvido. Em sua homenagem, o Dia Mundial dos Direitos do Consumidor passou a ser comemorado nessa data (ROSA, 1995:19). A partir das iniciativas do presidente americano John F. Kennedy, houve a consolidação da defesa do consumidor nos Estados Unidos. Dirigindo-se por meio de uma mensagem especial ao Congresso, como já citado, ele identificou os pontos mais importantes em torno da questão:

> (1) os bens e serviços colocados no mercado devem ser sadios e seguros para o uso, promovidos e apresentados de uma maneira que permita ao consumidor fazer uma escolha satisfatória; (2) que a voz do consumidor seja ouvida no processo de tomada de decisão governamental que detenha o tipo, a qualidade e o preço de bens e serviços colocados no mercado; (3) tenha

> o consumidor o direito de ser informado sobre as condições e serviços; (4) e ainda o direito a preços justos (SOUZA, 1996: 56).

O legislador intervinha na economia dos contratos, a cada instante, ditando medidas que, tendo aplicação imediata, alteravam os efeitos dos acordos anteriormente praticados. Admitiu-se o poder do Juiz de Direito de adaptar seus efeitos às novas circunstâncias, com a cláusula *rebus sic stantibus*, ou ao exonerar o devedor do seu cumprimento se ocorresse a imprevisão. Desde que os contratos fossem as fontes de obrigações e estas importassem em limitação da liberdade individual, entendeu-se que os seus efeitos não deveriam atingir a terceiros, de modo que o contrato foi considerado *res inter alios acta*. As necessidades sociais impuseram a quebra de força do contrato, excepcionalmente, com base no princípio da relatividade dos efeitos do contrato, para a satisfação de certos interesses coletivos privados (GOMES, 1979: 105-6).

Ainda em 1964 e, também, nos Estados Unidos, Esther Peterson foi designada como assistente do Presidente Lyndon Johnson para os assuntos dos consumidores. Ela, por mais de cinquenta anos, lutou e participou ativamente de vários movimentos, incluindo-se nestes os dos consumidores. Na mesma época, Ralph Nader deu início a um trabalho que culminou em denúncias que apontaram falhas de segurança nos automóveis americanos, com grave consequência para os consumidores. Ele publicou um livro de grande repercussão sobre o assunto: ***Unsafe Any Speed***. Pelas lutas que começaram, essas duas lideranças do movimento de defesa do consumidor passaram a sofrer grande oposição, inclusive, perseguições políticas e outros constrangimentos. O tempo e a história, no entanto, encarregaram-se de reconhecer o grande trabalho desenvolvido, que continuou a se difundir por todos os países. No ano de 1965, por exemplo, foi criada, na Malásia, a primeira organização de consumidores em países dependentes – *Selangor and Federal Territory Consumers Association.*

No Hemisfério Ocidental, dentre outros países, estabeleceram leis específicas de proteção ao consumidor a Venezuela, em 1974, o México, em 1976, e a Costa Rica, na mesma época. No sentido igual, houve tais fixações na Europa Ocidental, em Portugal, na sua Constituição de 1974, no art. 110, e na Espanha, também em sua Constituição de 1978, no art. 51. No âmbito do Mercosul, além do Brasil, com sua Lei Federal nº 8.038, de 28.05.1990, o Paraguai possui a *Lei* nº 1.334, de 1998, denominada "*Da Defensa del Consumidor y del Usuario*", e o Uruguai, por sua vez, tem a *Lei* nº 17.250, de 27.08.2000. A Argentina fixou a *Lei* nº 24.999, de 1998, definindo consumidor como "*las personas físicas o jurídicas que contratan a título oneroso para su consumo final o beneficio proprio o de su grupo familiar o social*" (MORALES, 2006: 70).

A Comissão de Direitos Humanos das Nações Unidas (ONU), na sua 29ª Sessão, em 1973, em Genebra, reconheceu os princípios acima comentado se denominou-os de direitos fundamentais do consumidor. Ademais, o Programa Preliminar da Comunidade Europeia para uma Política de Proteção e Informação dos Consumidores dividiu esses direitos fundamentais em cinco categorias: a) proteção da saúde e da segurança; b) proteção dos interesses econômicos; c) reparação dos prejuízos; d) informação e educação; e) representação ou direito de ser ouvido. Na década de setenta, no século XX, os países dependentes começaram a receber um volume grande de informações sobre tais legislações, movimentos e associações de consumidores. O que ocorria na América do Norte e na Europa Ocidental, em virtude do avanço tecnológico dos meios de comunicação, passou também a ser norma na defesa dos consumidores em todo o mundo.

A Assembleia Geral da Organização das Nações Unidas (ONU) adotou a Resolução nº 39/248, de 16.04.1985, que estabeleceu as diretrizes para a proteção do consumidor, indicando a importância da participação dos Estados na implantação de políticas de defesa do consumidor. Foram fixados, nesse mesmo ano, os objetivos, os princípios e as normas para que os Governos membros desenvolvessem ou reforçassem políticas resolutas de proteção ao consumidor. Estabeleceu-se de forma nítida, pela primeira vez em nível mundial, o reconhecimento e a aceitação dos direitos básicos do consumidor. Esse episódio teve muita ressonância, no Brasil, criando ambiente para os movimentos pela defesa dos consumidores pudessem inserir o direito de proteção do consumidor na Constituição de 1988, com a difusão do texto pelo movimento de defesa do consumidor.

O Anexo 3 da referida Resolução da ONU indicou quais eram os princípios gerais que passaram a ser tomados como padrões mínimos de políticas públicas de defesa nas relações de consumo:

> (a) proteger o consumidor quanto a prejuízos à sua saúde e segurança; (b) fomentar e proteger os interesses econômicos dos consumidores; (c) fornecer aos consumidores informações adequadas para capacitá-los a fazer escolhas acertadas, de acordo com as necessidades e desejos individuais; (d) educar o consumidor; (e) criar possibilidade de real ressarcimento ao consumidor; (f) garantir a liberdade para formar grupos de consumidores e outros grupos e organizações de relevância e oportunidade para que essas organizações possam apresentar seus enfoques nos processos decisórios a elas referentes (SOUZA, 1996: 58).

A Organização das Nações Unidas entendeu como medida para a proteção dos consumidores o Código de Conduta para as Empresas Transnacionais, projeto da ONU desde meados dos anos sessenta do século passado, ponto de vista compartilhado pela *International Organization of Consumers Unions* (*IOCU*). Esta instituição era amplamente respeitada entre as associações de consumidores no mundo e sobre os direitos do consumidor enumerou:

> (1) segurança – proteção contra produtos, processos e serviços nocivos à saúde ou à vida; (2) informação – conhecimento dos

> dados necessários para fazer escolhas e decisões informadas; (3) escolha - acesso a uma variedade de produtos e serviços com qualidade e preços competitivos; (4) a ser ouvido - exposição e consideração das perspectivas dos consumidores na formação das políticas nacionais; (5) indenização - solução justa de queixas justas; (6) educação - aquisição dos conhecimentos e das habilidades necessárias para ser um consumidor informado ao longo da vida; (7) ambiente saudável - ambiente físico apto a proporcionar melhor qualidade de vida agora e no futuro (FILOMENO, 2007: 25).

Foi muito importante a consolidação da defesa do consumidor na Organização das Nações Unidas, na análise de Luiz Otávio de Oliveira Amaral:

> Essa Resolução (39/248/1985) constitui o marco divisor entre aquela primeira fase, que chamo de proteção reflexa, oblíqua, passiva para a fase de proteção direta e ativamente política do segmento social composto pelos consumidores (evolução histórico-social semelhante a do trabalhador). Vale ressaltar, aqui, que trabalhador e consumidor, ambos deixam, em dado momento ou em etapas evolutivas, de ser meros componentes (humano, com maiores ou menores regalias) da engrenagem econômico-produtiva capitalista. É, pois, a partir dessa Resolução que podemos enxergar, no mundo dito civilizado, um direito do consumidor, enquanto novel ramo jurídico (AMARAL, 2010: 21).

A Organização das Nações Unidas (ONU) há muito tempo vem discutindo a questão do consumo. Inicialmente, com a Resolução nº 39/248, na Assembleia Geral da ONU, estabeleceu as diretrizes para a proteção do consumidor, indicando a importância dos Governos na defesa do consumidor. Foram estabelecidos, então, os direitos básicos do consumidor, o que acabou estimulando os países a fazê-lo, como acabou ocorrendo no Brasil, com a Constituição de 1988 e com o Código de Proteção e Defesa do Consumidor de 1990.

As Diretrizes das Nações Unidas para Defesa do Consumidor, fixadas em 2003, foram elaboradas como uma nova discussão, não só a proteção do consumidor, mas também a constituição de bens de uma sociedade baseada na ideia de consumo sustentável. Com isso, podia aumentar o consumo e a qualidade de vida, com base na humanidade:

> 1. Levando-se em conta os interesses e necessidades dos consumidores em todos os países, particularmente, nos países em desenvolvimento, reconhecendo que os consumidores muitas vezes enfrentam desequilíbrios em termos econômicos, níveis educacionais e poder de barganha, e considerando que os consumidores devem ter o direito de acesso a produtos que não sejam perigosos, e a importância da promoção do desenvolvimento económico e do desenvolvimento social justo, equitativo e sustentável e proteção ambiental, essas diretrizes para a proteção do consumidor seguida por seguintes objectivos:
>
> a) Para ajudar os países a atingir ou manter a proteção adequada para a sua população como consumidores;
>
> b) Para facilitar a produção e distribuição de padrões de resposta às necessidades e desejos dos consumidores;
>
> c) Instar os envolvidos na produção de bens e serviços e de distribuição para os consumidores a adotar padrões éticos de conduta;
>
> d) Para ajudar os países a reduzir as práticas comerciais abusivas por todas as empresas em níveis nacionais e internacionais, que afetam negativamente os consumidores;
>
> e) Facilitar a criação de grupos de defesa independentes de consumidores;
>
> f) Promover a cooperação internacional em matéria de protecção dos consumidores;
>
> g) Promover o desenvolvimento de condições de mercado que fornecem aos consumidores maior escolha a preços mais baixos;
>
> h) Promover o consumo sustentável (Anexo, 2014: 1).

Ao se falar de sustentabilidade de um sistema, precisa-se deixar claro de que sustentabilidade se trata, porque as implicações podem variar muito segundo o caso concreto. É possível que interesse sustentar com parte do produto, mas se precisa mudar o sistema. O desenvolvimento sustentável implica modificações, às vezes, querendo melhorar ou transformar o próprio sistema, em trocar por outro, desejando cambiar o sistema para beneficiar alguns de seus produtos. A sustentabilidade pode ser: a) sustentabilidade apenas do sistema humano, podendo resultar que não haja mais nenhuma outra espécie; b) sustentabilidade do sistema ecológico, em especial, que significa a eliminação ou o desaparecimento humano; c) sustentabilidade do sistema socioecológico total, que compatibiliza o homem com as outras espécies que vivem no planeta.

Novamente, pode-se observar a referência sobre a promoção do consumo sustentável. É prática nova, em que se espera que o mercado consumidor permita uma qualidade de vida e a possibilidade de acumular poupança e ter acesso a novos bens de consumo. Ao mesmo tempo, precisa-se de educação para novos hábitos, como o vegetarianismo, e de pressão sobre o meio ambiente sem exploração execessiva dos recursos naturais e pela defesa da diversidade da vida da fauna e da flora. A ideia é um equilibrio entre a distribuição de renda, o acesso a novos bens de consumo e a preservação da natureza.

A proteção do direito do consumidor foi de tamanha relevância que muitos dos ordenamentos jurídicos, inclusive na América Latina o adotaram. Os anos noventa do século passado demonstraram a importância da defesa do consumidor em função da grande transformação econômica e tecnológica mundial. A globalização e a informática alcançaram todos os países, levando cada vez mais informações sobre políticas públicas, direitos e acessos a produtos e serviços oferecidos à população. O movimento de defesa do consumidor começou a se difundir em grande escala nos países em desenvolvimento, com ênfase nos trabalhos preventivos e educativos, despertando o interesse pelos valores da cidadania social.

3.3. PRIMEIRAS PROTEÇÕES NO BRASIL

O direito do consumidor formou-se no Brasil, na segunda metade do século XX, mas, já na primeira metade, existiam algumas disposições sobre sua efetiva proteção. Desde seu estabelecimento como Reino Unido, em 1815, que o Brasil tornou-se um país com legislação específica e própria, como um Estado, e não mais como colônia. No âmbito constitucional, a Constituição de 1824 trouxe, no art. 15, inciso XVII, disposição sobre o padrão dos pesos e medidas, garantia ainda tímida, mas da tradição do direito de defesa do consumidor. No âmbito do direito privado, a matéria sobre o direito das obrigações e do contrato de compra e venda estava disposta no Livro IV das Ordenações Filipinas de 1603, que Portugal convalidou com a Lei de 20.01.1643, do rei D. João IV, responsável pela nova independência portuguesa da Espanha. No Brasil, toda a legislação portuguesa, até 25.02.1821, continuou em vigor, por meio da Lei Imperial, de 20.10.1823, recepcionando as disposições das referidas Ordenações.

Do mesmo jeito, no âmbito penal, previsto no Livro VI das Ordenações Filipinas, havia matéria sobre falsificação de mercadorias no Título LVII e sobre pesos falsos no Título LVIII, em vigor no Brasil até o Código Penal, de 1830. Esta codificação estabeleceu que as infrações à polícia e à economia particular estariam dispostas nas posturas municipais, conforme seu art. 308, § 4º, deixando de ser crime para ser infração administrativa local. Por outro lado, o Código Comercial, de 1850, trouxe disposições sobre o contrato de compra e venda, sobre os contratos bancários, sobre os juros e sobre o vício redibitório, que, pela ausência, então, da codificação civil, teve ampla aplicação prática.

O Estado formado pela Proclamação da República, em 1889, pondo fim ao Império, tinha natureza capitalista e aparentemente democrática, mas os sufrágios eleitorais eram manipulados pela política do coronelismo. A Constituição de 1891 teve caráter liberal e quase nada tratou da matéria. Antes, o Código Penal de 1890 trouxera, como tipos penais, os crimes contra a segurança dos meios de transporte ou comunicação, nos arts. 149 a 155; os crimes contra a saúde pública, nos arts. 156 a 164; os crimes de falência, no art. 336; os crimes de estelionato e de outras fraudes, nos arts. 336 a 341, e os crimes de violação dos direitos de patentes de invenção e dos direitos de marcas, nos arts. 353 a 355; dentre outros. O Código Civil de 1916 também teve natureza liberal, com a valorização do *pacto sunt servanda* e matérias na compra e venda, nos juros de mora e nos outros contratos civis, com base no princípio de que o contrato era lei entre as partes.

A Revolução de Trinta apresentou novos atores para a arena política brasileira, principalmente a classe média e os trabalhadores urbanos, passando a estabelecer disposições sobre os direitos sociais. A Constituição de 1934 introduziu, em nosso direito, um capítulo específico, chamado Da Ordem Econômica e Social, prevendo no art. 117 que lei promoveria o fomento da economia popular, assim como outros direitos sociais. Um pouco antes, a Lei da Usura, de 1933, Decreto nº 22.626, de 07.04.1933, dispôs sobre o crime de usura e a vedação ao anatocismo, ou a cobrança de juros sobre juros, como já comentado no capítulo anterior. Apesar da natureza autoritária do Estado Novo, a Constituição de 1937 seguiu os passos constitucionais anteriores, valorizando os direitos sociais, inclusive, prevendo a punição da usura, no art. 142. O Código Penal de 1940, Decreto-lei nº 2.848, de 07.12.1940, cujos tipos encontram-se ainda hoje em vigor, tinha diversos crimes, como o estelionato, no art. 171; as fraudes, nos arts. 175 e 177; a concorrência desleal, a propaganda desleal e a falsa indicação de procedência do produto, no art. 196; e os crimes contra a saúde pública, nos arts. 267 a 285; em meio a outros, que indiretamente protegiam o consumidor.

O Estado, na época do clientelismo, procurou construir alianças com as massas urbanas, através de políticas populistas, em que se trocava voto por favores administrativos ou políticos, em sistema de alianças em escala. A Constituição de 1946 também tinha um título sobre a ordem social e econômica e disposições, como a competência concorrente da União e dos Estados-membros para legislarem sobre "produção e consumo", no art. 5º, XV, *e*. O Brasil estava sujeito ao capitalismo dependente, em que avançava no processo de substituição de importações, começando a produzir veículos automotores, dentre outros bens de consumo duráveis, com uma elite de trabalhadores organizados em sindicatos combativos e atuantes.

A legislação sobre o direito do consumidor elaborada, da década de trinta à década de sessenta do século XX, até então tinham como características: a) início de produção legislativa em defesa do consumidor; b) surgimento tímido do tema nas Constituições Federais; c) prevalência da legislação penal na discussão sobre defesa do consumidor e sobre livre concorrência; d) valorização da proteção da economia popular; e) falta de organicidade sobre direito do consumidor; f) ausência de órgãos públicos responsáveis pela execução das políticas públicas de defesa do consumidor (SODRÉ, 2007: 109-10).

A Constituição de 1967 foi efetuada, transformando o Congresso Nacional, depurado de parlamentares esquerdistas cassados, exilados ou mortos, em uma Assembleia Constituinte, resultando em um texto constitucional semelhante à Constituição de 1946, mas com viés autoritário e centralizador. Depois de novo golpe militar, foi fixada a Emenda Constitucional nº 1, de 17.10.1969, quase um novo texto constitucional, mais autoritário ainda, porém, mantendo a competência concorrente para legislarem a União e os Estados-membros sobre produção e consumo. Aos poucos, começava a surgir ambiente político e social para a implantação da defesa do consumidor no Brasil, no final do século XX, mesmo durante o autoritarismo burocrático.

3.4. MOVIMENTO DO CONSUMIDOR PRÉ-CONSTITUIÇÃO

Apesar de a Constituição de 1988 ser o marco inicial do direito do consumidor, no Brasil, ao longo do século XX, surgiram legislações que indiretamente protegiam o consumidor. Dentre outros, apareceu o Decreto-lei nº 869, de 18.11.1938, que definiu os crimes contra a economia popular, sua guarda e seu emprego, assim como a consolidação de infrações sobre crimes contra a economia popular, no Decreto-lei nº 9.840, de 11.09.1946. Esta legislação foi modificada pela Lei Federal nº 1.521, de 26.12.1951, que alterou a legislação acima, punindo a usura e limitando a cobrança de juros a vinte por cento de *spread* bancário, que foi regulamentado pelo Decreto Federal nº 48.456, de 30.06.1960, com o indicado no capítulo anterior.

A repressão ao abuso do poder econômico foi prevista na Lei Federal nº 4.137, de 10.09.1962, que foi regulamentada pelo Decreto Federal nº 52.025, de 20.05.1963, inclusive, prevendo a criação do CADE, que julgava administrativamente as questões relativas à concorrência e aos oligopólios. Por sua vez, a Lei Delegada nº 4, de 26.09.1962, já revogada, dispôs sobre a intervenção no domínio econômico para assegurar a livre distribuição de produtos necessários ao consumo do povo (BITTAR, 2011: 15). A distribuição gratuita de prêmios, mediante sorteio, vale-brinde, em concurso, a título de propaganda, passou a ser disposta na Lei Federal nº 5.768, de 20.12.1971; enquanto a proteção de poupança popular na liquidação de instituição financeira foi tratada na Lei Federal nº 6.024, de 13.03.1974. Depois, veio à legislação sobre venda à prestação com obrigatoriedade de declarar o preço total, na Lei Federal nº 6.463, de 09.11.1977. Eram normas que, pouco a pouco, voltavam-se para proteger o consumidor na relação com o fornecedor, disciplinando a matéria, frente à ausência de norma específica, na época, sobre o direito do consumidor.

Em 1971, o então Deputado Federal carioca Nina Ribeiro proferiu discurso na Câmara dos Deputados, apresentando projeto de lei que criava órgão de defesa do consumidor, já com tal denominação, pois os antigos órgãos públicos não tinham credibilidade quanto aos serviços de defesa do consumidor (FILOMENO, 2010: 24). Foi comportamento pioneiro e meritório, reflexo do início das atividades do movimento de defesa do consumidor. Pouco a pouco, a questão deixava a academia e passava a ser bandeira do movimento social dos consumidores.

Pelo *site* da Câmara dos Deputados, foi possível ter acesso na integra ao Projeto do Deputado Nina Ribeiro, o Projeto de Lei nº 70, de 1971, que previa a criação de um Conselho de Defesa do Consumidor. Justificou, na ocasião, que "são infelizmente notórios os abusos que se verificam todos os dias em detrimento do grande público consumidor" (RIBEIRO, 1971: 2). O autor do Projeto de Lei juntou ao texto proposto vasto material, principalmente de origem norte-americana, indicando a necessidade e a oportunidade de criar tal órgão no Brasil. O Conselho de Defesa do Consumidor teria como atribuição:

> 1) Formular a política científica de padronização dos principais produtos, peças e utensílios destinados ao consumo geral; 2) Estabelecer o coeficiente mínimo de durabilidade de autopeças, artefatos eletrônicos e outros produtos industriais; 3) Estabelecer o padrão mínimo de segurança com relação a veículos ou quaisquer outros produtos industriais; 4) Sem prejuízo da legislação existente, supervisionar e classificar os padrões aceitáveis de remédios e alimentos de consumo industrial, sobretudo do chamado "uso continuado"; 5) Supervisionar e estabelecer padrões aceitáveis de corantes, vernizes e inseticidas; 6) Verificar a capacidade de peso, volume e composição de envoltórios e embalagens destinadas ao consumo em geral; 7) Atender às reclamações fundamentadas de qualquer cidadão sobre a durabilidade, funcionamento ou aplicação de produto mencionado nos itens anteriores (RIBEIRO, 1971: 1).

O caráter inovador desse Projeto de Lei, porém, não conseguiu vencer o problema de ordem constitucional, que seria a criação de órgão público por iniciativa de parlamentar, o que era expressamente vetado. O Parecer ao Projeto de Lei foi apreciado na Comissão de Constituição e Justiça, em 16 de junho de 1971, sob a presidência de José Bonifácio, descendente do Patrono da Independência e notório conservador aliado aos militares que governavam o Brasil, então, com mão de ferro. Depois de enumerar três argumentos contrários, de natureza técnica, afirmou que o quarto defeito consistia em conferir poderes para intervir no mercado nacional, sem oferecer razões por suas decisões (RIOS, 1998: 44). O argumento procurava entrar no mérito e desqualificar a proposta, porque regulamentava o mercado de consumo brasileiro, o que ia contra a doutrina do liberalismo defendida pelas empresas transnacionais. Isso não esmoreceu Nina Ribeiro, que fundou a Associação Nacional de Defesa do Consumidor (ANDEC), em 1976. No mesmo ano, ele apresentou uma nova proposta, o Projeto de Lei nº 2.206, que voltava a prever o estabelecimento de normas de proteção ao consumo, embrião da futura legislação sobre a matéria, também sem êxito.

Fato relevante também ocorreu na Câmera dos Deputados, em 1976, quando foi instaurada a Comissão Parlamentar de Inquérito (CPI) do Consumidor, que contribuiu para chamar a atenção para a discussão quanto à questão do consumo na sociedade civil brasileira. Constou, em matéria publicada em jornal de grande circulação nacional, que a referida CPI acabou por concluir que: a) sugerir ao Presidente da República a criação do Instituto Nacional de Defesa do Consumidor; b) propor a criação de comissões permanentes de Defesa do Consumidor na Câmera dos Deputados e a instituição de uma Justiça do Consumidor, por iniciativa do jurista Clóvis Ramalhete. Constou, ainda, no Relatório Final, que "somos muitas vezes levados a comprar algo de que não necessitamos ou algo que não atende nossa expectativa em relação ao produto. Em qualquer dessas situações há fraude: o apelo publicitário desmedido ou a burla de um rótulo enganoso são fatos fraudulentos que ocorrem a cada instante" (COSTA, 2009: 60).

No mesmo sentido, o Estado de São Paulo instituiu o Sistema Estadual de Defesa do Consumidor, com o objetivo de elaborar política de proteção ao consumo e de coordenar as atividades públicas encarregadas de receber, analisar e encaminhar reclamações e sugestões, por meio da Lei Estadual nº 7.890, de 06.05.1976, de iniciativa do então Governador Paulo Egydio Martins. Essa lei considerou, então, dentre outras questões, "em conclusão, que pelos vários motivos expostos e em razão do atual estágio de desenvolvimento econômico das instituições públicas e privadas, há conveniência da formulação e institucionalização de uma política de Proteção ao Consumidor junto ao Governo do Estado de São Paulo" (SIDOU, 1977: 252). Ainda em 1974, foi criado um grupo de trabalho para fazer uma avaliação do tema "a proteção do consumidor", que acabou concluindo seus estudos no ano seguinte, no que foi a base da legislação acima. O Sistema Estadual de Defesa do Consumidor podia, ainda, realizar estudos para a melhoria das condições institucionais e mecanismos de defesa do consumidor, bem como informar, conscientizar e motivar os consumidores a defenderem seus direitos.

A Lei Estadual nº 7.890, de 06.05.1976, do Estado de São Paulo, previu, como objetivo e como atribuição do Conselho Estadual de Proteção ao Consumidor, que:

> Art. 2º O Sistema tem os seguintes objetivos: I - definir a política estadual de proteção ao consumidor; II - coordenar, integrar e executar as atividades públicas referentes à proteção ao consumidor; III - receber, analisar e encaminhar reclamações, sugestões ou propostas de entidades representativas; IV - proceder a estudos para elaboração e aperfeiçoamento de recursos institucionais e legais, genéricos ou específicos, de proteção ao consumidor; V - informar, conscientizar e motivar o consumi-

> dor através de programas específicos, inclusive com utilização dos meios de comunicação de massa. [...] Art. 9º São atribuições do Conselho Estadual de Proteção ao Consumidor: I - definir a Política Estadual de Proteção ao Consumidor; II - aprovar programas e projetos elaborados pelo Grupo Executivo; III - sugerir aos poderes competentes, através do Governador do Estado quando for em âmbito federal, medidas atinentes à proteção do consumidor, inclusive modificação da legislação existente; IV - desenvolver gestões junto aos órgãos setoriais e de apoio, integrantes do Sistema, visando a que adotem e executem suas sugestões, concernentes à proteção do consumidor; V - desenvolver, sempre que necessário, gestões junto a entidades privadas, visando a que estas colaborem na execução dos programas referentes à proteção ao consumidor; VI - opinar sobre recursos institucionais pertinentes ao correlatos aos objetivos do Sistema; VII - definir e aprovar a lista anual de órgãos de apoio credenciados a integrar o Sistema; VIII - elaborar o seu regimento interno (SIDOU, 1977: 253-4).

Dispôs ainda a Lei Estadual nº 7.890, de 06.05.1976, sobre o "grupo executivo", que foi o embrião do Procon de São Paulo, que:

> Art. 10. São atribuições do Grupo Executivo de Proteção ao Consumidor: I - coordenar, integrar e executar as atividades referentes à proteção ao consumidor, de conformidade com programas e projetos aprovados pelo Conselho; II - receber, analisar e encaminhar as reclamações, sugestões ou proposições apresentadas pelas entidades de classe e representação popular; III - proceder a estudos para elaboração e aperfeiçoamento de recursos institucionais e legais, genéricos e específicos de proteção ao consumidor; IV - informar, conscientizar e motivar o consumidor através de programas específicos, inclusive com a utilização dos meios de comunicação de massa; V - prestar quaisquer informações necessárias ao bom desenho das atividades do Conselho; VI - executar as demais atividades necessárias ao perfeito funcionamento do Sistema (SIDOU, 1977: 255-6).

Merece destaque, também, a publicação da obra do conceituado jurista J. M. Othon Sidou, **Proteção ao Consumidor:**

quadro jurídico universal, publicada em 1977, por prestigiada editora do Rio de Janeiro. Ao analisar esta obra, J. B. Viana de Moraes afirmou que se constituiu, assim, em imperiosa necessidade a elaboração definitiva de uma lei com a criação de um órgão competente, para que viesse preencher essa área branca, desguarnecida. Os dispositivos isolados e episódicos contidos em outras organizações estatutárias não carregavam energia necessária, para que, com o impacto veemente da tipicidade, obstruísse a caminhada célere da agressão e da exploração do homem (MORAES, 1977: X).

A obra de J. M. Othon Sidou nasceu de palestra proferida por ele, no Instituto dos Advogados de São Paulo, em 27 de dezembro de 1976, sobre a defesa do consumidor. Por conta disso, além de discutir a matéria, permitiu-lhe elaborar projeto de lei, pioneiro na matéria, que tratava de Anteprojeto de Código de Defesa do Consumidor, logo no começo de 1977. Para esse autor:

> A proteção ao consumidor importa num complexo no qual se manifesta uma multidão de situações e problemas que, se por um lado identificam-se na natureza econômica e em certos aspectos jurídicos, por outro diversificam-se em configurações polimórfica, importância incalculável e intensidade imponderável. É, portanto e antes de tudo, uma questão social, pois a um só tempo interessa à economia, à administração e ao direito, exigindo, simultaneamente, de cada um destes, suportes da sociologia, consciência do fato fenomenológico em seu contexto e habilidade na terapia de cada problema em suas minúcias. É proteção ao consumidor o cuidado dispensado à matéria-prima, ao insumo e à manipulação empregados no alimento, no medicamente, no vestuário, nos utensílios de trabalho e aprendizagem, como o é também o que se relaciona com a segurança do instrumento do transporte e das vias do transporte, perpetrada a sua vez uma miríade de conotações diferentes. [...] É, sobretudo proteção ao consumidor acudi-lo em suas carências mentais, quando induzidos consciente ou subliminarmente pelos meios de comunicação de massa ou pela propaganda dire-

> ta, a fim de que sabia distinguir o que lhe pode ser vantajoso do que lhe pode resultar daninho (SIDOU, 1977: 8-9).

As experiências acumuladas ao longo da década de setenta do século passado permitiram que se começasse a formar uma consciência social de que, somente através de associações e de entidades, poder-se-ia avançar no sentido de o Brasil ter uma legislação especial de defesa do consumidor. Com isso, principalmente, em São Paulo e no Rio de Janeiro, começaram-se a formar novas entidades voltadas à defesa do consumidor, como o Instituto de Defesa do Consumidor (IDEC); a Associação dos Pais e de Alunos das Escolas Particulares e Públicas do Estado do Rio de Janeiro (APAERJ), voltada para a educação; a Associação dos Participantes dos Planos de Saúde e Previdenciários, referente à saúde e à previdência; a União Nacional dos Consorciados, atuando no consumo de consórcios de veículos, e a Associação das Vítimas de Erros Médicos, ligada à saúde, dentre outras.

O movimento de defesa do consumidor começou timidamente sua atuação, mas, com o tempo, ganhou força, como descreveu José Geraldo Brito Filomeno:

> Referida conquista, é mister salientar-se, deveu-se ao "movimento consumerista brasileiro", apesar de sua inicial fragilidade, e sempre em franca ascensão, sobretudo após a vigência do Código de Defesa do Consumidor, e da implementação do chamado Sistema Nacional de Defesa do Consumidor, além do fortalecimento e criação de novas entidades públicas não governamentais de relevo nessa área. Com efeito, esse movimento, desde a década de 1980, mediante a realização de encontros nacionais de entidades de defesa e proteção do consumidor, tem contribuído decisivamente para a implementação das diretrizes dessa defesa e proteção, no plano constitucional, inclusive (FILOMENTO, 2011: 15).

No Município de São Paulo, centro econômico e financeiro do Brasil, começou o movimento em prol do direito do consumidor a ter sucesso, com a Lei Municipal nº 9.638, de 04.10.1984, que criou a Comissão Municipal de Defesa do Consumidor. Por iniciativa do Vereador do Município de São Paulo Gabriel Ortega foi apresentado o Projeto de Lei nº 322, de 1984, também na Câmara Municipal de São Paulo. Este projeto era para dispor sobre a criação da "Semana do Consumidor", que realizar-se-ia anualmente, em abril, com eventos, realizações e palestra, sob a responsabilidade da referida Comissão Municipal de Defesa do Consumidor, projeto este que foi aprovado no final de 1984 (ORTEGA, 1984: 1).

No período de transição democrática, quando um Presidente da República civil voltou à chefia do Estado, em 1985, foi aprovada a Lei Federal nº 7.347, de 24.07.1985. Esta disciplinou a ação civil pública de responsabilidade por danos causados ao meio ambiente, ao consumidor, a bens e direitos de valor artístico, estético, histórico, turístico e paisagístico, que passou a garantir os direitos difusos, como comentado no capítulo anterior. Estes nem são públicos, nem privados, mas indeterminados pela titularidade, indivisíveis em relação ao objeto, próprios de uma sociedade de massa, carregados de relevância política, que eram capazes de mudar os conceitos jurídicos consolidados. A partir daí, o Ministério Público assumiu a luta pela defesa dos consumidores, criando órgãos internos, como os Decons, que se especializaram na matéria, dando base para o começo da política de defesa dos consumidores, no sentido de ela ser uma política pública regulamentária, mas com instrumentos jurídicos para sua execução.

Veio, então, o Decreto Federal nº 91.469, de 24.07.1985, que criou o Conselho Nacional de Defesa do Consumidor, com a finalidade de assessorar o Presidente da República na formulação e condução da Política Nacional de Defesa do Consumidor, e que instituía:

> Art. 2º. Ao Conselho Nacional de Defesa do Consumidor competirá:
>
> I - estudar e propor medidas visando à prestação, pelo Estado, do adequado resguardo dos interesses e direitos do consumi-

> dor; II - estudar e promover formas de apoio técnico e financeiro às organizações de defesa do consumidor; III - estudar e promover programas especiais de apoio ao consumidor mais desfavorecidos; IV - propor medidas para coibir fraudes e abusos contra o consumidor; V - incentivar medidas de formação e informação do consumidor; VI - coordenar a atividade dos diversos organismos de defesa, direta ou indireta, do consumidor, dispersos nos vários Ministérios, visando à uniformização de suas políticas de atuação; VII - propor a fusão, extinção, incorporação de órgãos que atuam, direta ou indiretamente, no âmbito da defesa do consumidor; VIII - propor o aperfeiçoamento, a compilação, a consolidação ou a revogação de textos normativos relativos às relações de consumo.

O Conselho Nacional de Defesa do Consumidor, dentre seus integrantes, tinha as associações de consumidores, a Ordem dos Advogados do Brasil (OAB), a Confederação da Indústria, Comércio e Agricultura, o Conselho de Autorregulamentação Publicitária (CONAR), o Ministério Público, os Procons e diversos órgãos ministeriais. O Conselho Nacional de Defesa do Consumidor, no cumprimento de seus objetivos, no art. 10, podia: a) requerer de qualquer órgão público a colaboração e a observância das normas que, direta ou indiretamente, defendam o consumidor; b) criar comissões especiais, de caráter temporário, compostas por seus membros ou pessoas por elas indicadas, para à realização de tarefas e estudos específicos, relacionados com as atividades de proteção ao consumidor; c) reunir-se, quando for de extrema necessidade, fora do Brasil; d) contratar prestação de serviços técnicos, especializados e específicos; e) sugerir e incentivar a adoção de mecanismos de conciliação e arbitragem para pequenos litígios referentes às relações de consumo.

O movimento de defesa do consumidor começava a avançar, principalmente com a criação do Conselho Nacional de Defesa do Consumidor (CNDC). Em 1985, foi encomendado estudo sobre uma política pública para o setor, que deveria se destinar à efetiva proteção dos direitos dos consumidores, não podendo nem devendo ser entendido como uma ação contra as forças produtivas. Representava, na verdade, uma busca do equilíbrio e da justiça social, com um marcante respeito aos direitos humanos, visando punir aqueles que violassem seus princípios. Para Luiz Otávio de Oliveira Amaral, essa política deveria ter três níveis de orientações:

> [...] o Pedagógico - onde se preveja uma conscientização da coletividade quanto à organização comunitária, como o acesso dos indivíduos a uma informação adequada que lhes permita melhores escolhas e para que obtenham, assim, o máximo de benefícios de seus recursos econômicos. [...]; o de Coordenação Administrativa - onde se efetue a reordenação dos vários organismos oficiais envolvidos, direta e indiretamente, na questão do consumidor. [...]; o Jurídico - que envolve a edição de lei geral de proteção ao consumidor, com a ordenação dos diplomas legais em vigor e o aditamento de novas normas, onde se tracem princípios e regras que garantam, em definitivo, a plena proteção dos consumidores; [...] (AMARAL, 2010: 27-8).

A Emenda Constitucional nº 20, de 27.11.1985, à Constituição de 1967, estabeleceu que o Congresso Nacional funcionasse também como Assembleia Nacional Constituinte para elaborar novo texto constitucional. Depois de vários seminários e conferências realizados anteriormente, em 1985, quando do VI Encontro das Entidades de Defesa do Consumidor, no Rio de Janeiro, foram aprovadas propostas concretas no sentido de que se incluíssem dispositivos sobre as relações de consumo, no texto constitucional da época - a Constituição de 1967, com a Emenda Constitucional nº 1, de 17.10.1969.

No começo de 1987, ocorreu o VIII Encontro Nacional de Entidades de Defesa do Consumidor, realizado em Brasília, o qual teve a duração de cinco dias e os participantes saíram às ruas e conseguiram quarenta e cinco mil assinaturas da população em apoio à inserção do direito do consumidor, no que veio a ser a Constituição de 1988. Foi a primeira demonstração do peso social do movimento de defesa do consumidor. Esse encontro previu, também, proposta para a elaboração de lei ordinária, onde se criariam os mecanismos legais que assegurassem os direitos nas relações de consumo, no futuro Código de Defesa do Consumidor, de 1990 (COSTA, 2009: 64).

Em relação a esse importante evento, a Carta de Brasília expressou o entendimento das instituições acima:

> Depois de muita discussão sobre sua elaboração, o encontro foi concluído com a votação do conteúdo da Carta de Brasília, que apresentou a todas as autoridades que participaram do evento e aos constituintes que se comprometeram com a defesa do consumidor propondo conversas e ideias sobre o consumo no Brasil. A principal proposta sugere que uma comissão tirada desse encontro, partícipe dos trabalhos na Constituinte. A discussão da dívida externa e da reforma agrária não foi esquecida, os participantes solicitaram uma redefinição do tratamento dado pelo Governo a questão, com a suspensão do pagamento dos juros da dívida, em opinião da maioria "já pagos a altos custos". Quanto à reforma agrária, todos entenderam que esse é único caminho para se reduzir o quadro de miséria e marginalidade do povo brasileiro (SEIXAS, 1987: 20).

Destacou-se, também, a atuação do Ministério Público Brasileiro no seu VI Congresso Nacional, em São Paulo, em junho de 1985, e no seu VII Congresso Nacional, em Belo Horizonte, em março de 1987, ambos estabelecendo a criação de promotorias de justiça especializadas para a proteção e defesa do consumidor, com a previsão disso no novo texto constitucional em elaboração. O *Parquet* cada vez mais assumia a liderança das carreiras jurídicas em prol do direito do consumidor.

Em meados de 1987, foi criado o Instituto Brasileiro de Defesa do Consumidor (IDEC), presidido inicialmente pela ex-diretora do Procon de São Paulo Marilena Lazzarini. A entidade não tinha fins lucrativos e era apartidária. Nasceu com os seguintes e ilustres integrantes - André Franco Montoro, depois Governador do Estado de São Paulo, Ada Pellegrini Grinover,

Kazuo Watanabe, Paulo Renato de Souza, Walter Barelli, Fernando Camargo, Cacilda Lannuza, Carlos Estevão Martins, Clarice Herzog, Ênio Mainard, Flávio Flores da Cunha Bierrenbach, Hélio Santos, Lúcia Pacífico, Paul Singer, Ruth Cardoso, ex-Primeira Dama do Brasil, e Paulo Sérgio Pinheiro, dentre outros (COSTA, 2009: 63).

Por ocasião da Assembleia Nacional Constituinte, em abril de 1987, quando do sétimo encontro do movimento de defesa do consumidor, em Brasília, novas propostas foram apresentadas. Estas foram compiladas no Anteprojeto, de 08.05.1987, formalmente protocolado junto à Assembleia Nacional Constituinte. Foram feitas sugestões de modificação da redação dos arts. 36 e 74 do Anteprojeto da Comissão Afonso Arinos. Pretendia-se incluir, entre os direitos fundamentais, o direito do consumidor, como relativo ao consumo de produtos e de serviços, à segurança, à escolha, à informação, a ser ouvido, à indenização, à educação para o consumo e a um meio ambiente sadio (FILOMENO, 2011: 15).

O consumo faz parte essencial do dia a dia do ser humano, sendo importante que o cidadão tenha força ativa no âmbito das relações de consumo, com plena consciência do seu papel no mercado, não só como aquele que compra, mas também como agente regulador deste. Deve-se dizer que o consumidor/cidadão precisa organizar-se, autonomamente, em associações e grupos comunitários - no trabalho, na escola, no bairro, no sindicato, no clube e nas igrejas -, para exigir de todos - autoridades públicas e empresariais - o respeito aos seus direitos de consumidor e aos seus legítimos interesses, como participar, fiscalizar, ser informado e resolver as questões de consumo (AMARAL, 2011: 38).

A construção do direito do consumidor, até sua inserção na Constituição de 1988, foi feita por meio de intensa pressão na Assembleia Nacional Constituinte, principalmente, em 1987, nascendo exatamente do movimento de defesa do consumidor.

Foi fundamental a participação de instituições civis, como o Instituto de Defesa do Consumidor (IDEC); a Associação dos Pais e de Alunos das Escolas Particulares e Públicas do Estado do Rio de Janeiro (APAERJ); a Associação dos Participantes dos Planos de Saúde e Previdenciário; a União Nacional dos Consorciados e a Associação das Vítimas de Erros Médicos, dentre outras. Participaram também desse movimento social instituições públicas, como a Ordem dos Advogados do Brasil, o Conselho de Autorregulamentação Publicitária (CONAR) e vários órgãos do Ministério Público e dos Procons. Em razão da comunhão de tais vontades e da mobilização popular, criaram-se as condições para constitucionalizar o direito do consumidor e de se estabelecer a base para as políticas públicas sobre a matéria.

3.5. CONSTITUCIONALIZAÇÃO DA DEFESA DO CONSUMIDOR

O Brasil efetuou mudanças significativas no direito, no final do século XX, fazendo com que este ficasse menos formal e mais próximo dos interesses dos cidadãos. Contrapondo-se ao período do autoritarismo burocrático, surgido com o Golpe de 1964, em que as instituições jurídicas estavam atreladas aos interesses das elites políticas e econômicas, houve a participação do movimento social na elaboração das novas legislações. O direito deixou de ser monopólio das classes dominantes, tornando-se instituição influenciada pela mobilização popular. Existia um direito distante dos interesses sociais e sem meios adequados para que estes prevalecessem dentro das normas do processo judicial. Por um lado, em razão do excesso de formalismo, o direito ficava em uma caixa fechada, sem que ninguém a pudesse abrir, longe dos olhares curiosos dos homens e das mulheres. Por outro lado, os meios processuais faziam com que o acesso à Justiça não se efetivasse, pelas dificuldades técnicas e pela demora na sua realização.

A Constituição de 1988, porém, foi o marco inicial do direito do consumidor, no Brasil, como afirmou Cláudia Lima Marques:

> Em resumo, certos estão aqueles que consideram a Constituição Federal de 1988 como o centro irradiador e o marco de reconstrução do direito privado brasileiro mais social e preocupado com os vulneráveis de nossa sociedade, um direito privado solidário. Assim, temos hoje uma força "contra" o - e sim, sempre à favor do - sujeito de direitos identificado pela Constituição como sujeito vulnerável a ser protegido pelo Poder Judiciário e Executivo e uma "força normativa" imposta a estes poderes como guias de atuação positiva e fundamental, que também vincula o Poder Legislativo. Em outras palavras, a Constituição será a *garantia* (de existência e de proibição de retrocesso) e o *limite* (limite-guia e limite-função) de um direito privado constituído sob seu sistema de valores e incluindo a defesa do consumidor como princípio geral! (MARQUES, 2011: 34).

A defesa do consumidor era uma questão nova, nem sempre abordada pelos atores políticos de então. Vinte textos compuseram a obra **O País que Nós Queremos: constituinte: roteiro do futuro**, livro coordenado pelo jornalista Villas-Boas Corrêa, com autores como Afonso Arinos de Melo Franco, Fernanda Montenegro, Fernando Henrique Cardoso, Dom Hélder Câmara, Miguel Arraes, Otto Lara Resende e Barbosa Lima Sobrinho. Destes, apenas dois fizeram referências ao direito do consumidor. Em primeiro lugar, Dom Hélder Câmara, o Arcebispo de Olinda e Recife e o principal líder religioso em favor da redemocratização do Brasil e do respeito aos direitos humanos, disse que era preciso discutir as raízes e examinar a lei internacional do comércio. Para ele, no Brasil era permitido que vinte por cento das pessoas vivessem com oitenta por cento das riquezas do mundo, enquanto os outros oitenta por cento da população esmeravam-se para conseguir repartir o restante da produção (CÂMARA, 1985: 81).

Na mesma obra, Luís Inácio Lula da Silva, fundador do Partido dos Trabalhadores (PT) e depois Presidente da República, por dois mandatos, como comentado no capítulo anterior, como um dos pontos que considerava essencial, anunciou a defesa de:

> Garantias constitucionais de que o Estado assuma a responsabilidade pela distribuição dos chamados alimentos básicos de consumo popular. - O Estado precisa criar mecanismos de distribuição que levem o alimento diretamente do produtor ao consumidor, acabando com o enriquecimento imoral dos intermediários, os atravessadores, que, no Brasil, têm sobrevivido às custas do suor do trabalhador (SILVA, 1985: 95).

No **Caderno CEAC/UnB**, obra organizada pelo Centro de Estudos e Acompanhamento da Constituinte, discutiram-se vários temas que estavam sendo tratados na Assembleia Nacional Constituinte, em 1987 e 1988. Em um deles, Vânia Lomônaco Bastos, equivocadamente, não considerou o desenvolvimento do direito do consumidor, nem sua importância nos dias de hoje, nos seguintes termos:

> A proteção ao consumidor recebe tratamento semelhante nos três primeiros anteprojetos, não indo além da declaração de um princípio: a lei disporá sobre a proteção ao consumidor. Note-se que apenas o anteprojeto aprovado pela Comissão não contém um artigo com formulação semelhante (BASTOS, 1988: 67).

Por conta da articulação do movimento de defesa do consumidor, no Anteprojeto da Comissão Afonso Arinos, grupo de notáveis que preparou Anteprojeto para a Assembleia Nacional Constituinte, já constava a proteção do consumidor, conforme disposição dos parágrafos do art. 36, com o seguinte teor:

> Art. 36. [...]. § 1º - Garante-se ao consumidor a qualidade dos bens e serviços, a fiscalização da oferta, dos preços e da veracidade da propaganda. § 2º - É assegurada a legitimação do

> Ministério Público, de pessoa jurídica qualificada em lei e de qualquer do povo para ação civil pública, visando à proteção dos interesses sociais a que se refere o presente artigo (PEREIRA, 1987: 34).

Para a Assembleia Nacional Constituinte, o Congresso Nacional, na legislatura 1987 a 1990, foi investido da condição de Constituinte, por força da Emenda Constitucional nº 20, de 27.11.1985. A Constituinte teve como Presidente o Constituinte Ulysses Guimarães, que, como Presidente do MDB (depois PMDB), tinha sido um dos responsáveis pela transição do Estado Autoritário Burocrático para um regime de democracia representativa. A Constituinte, que foi instaurada em 1º de fevereiro de 1987, depois de aprovado o Regimento Interno, dividiu-se em Comissões Temáticas, para discutir seus respectivos assuntos. Havia assim: a) Comissão da Soberania e dos Direitos e Garantias do Homem e da Mulher; b) a Comissão de Organização do Estado; c) a Comissão da Organização dos Poderes e Sistema de Governo; d) a Comissão da Organização Eleitoral, Partidária e Garantia das Instituições; e) a Comissão da Organização Eleitoral; f) a Comissão do Sistema Tributário, Orçamento e Finanças; g) a Comissão da Ordem Econômica; h) a Comissão de Ordem Social; i) a Comissão da Família, da Educação, Cultura e Esportes, da Ciência e Tecnologia e da Comunicação. Por sua vez, a Comissão de Sistematização foi presidida pelo Constituinte Afonso Arinos e teve, na relatoria, o Constituinte Bernardo Cabral.

Começaram os trabalhos da Assembleia Nacional Constituinte por meios das Comissões Temáticas. Na Comissão da Soberania e dos Direitos e Garantias do Homem e da Mulher, foi apresentado Anteprojeto da Comissão, tendo, como Presidente, o Constituinte Mário Assad e, como Relator, o Constituinte José Paulo Bisol. Constou, no Anteprojeto das Comissões Temáticas e Índice, no art. 4º, que dispôs sobre "direitos e liberdades coletivas invioláveis", a matéria sobre consumo:

> Art. 4º [...]; IX - O CONSUMO: a) é da responsabilidade do Estado controlar o mercado de bens e serviços essenciais à população, sem acesso aos quais a coexistência digna é impossível; b) o Estado proverá o mínimo indispensável ao consumo essencial dos brasileiros sem capacidade aquisitiva, atendendo para esse efeito o disposto no art. 3º, [...]; c) as associações, sindicatos e grupos da população são legitimados para exercer, com o Estado, o controle e a fiscalização de suprimentos, estocagens, preços e qualidade dos bens e serviços de consumo; d) o Congresso Nacional instituirá, por lei complementar, Código de Defesa do Consumidor (CABRAL, 1987*a*: 16).

Como se pode verificar, pelo texto acima, a orientação da Comissão Temática foi a de encampar todas as ideias que assegurassem o direito do consumidor e os meios de exercê-lo. Foi atribuído ao Estado brasileiro, ainda, o controle do "mercado de bens e serviços essenciais à população" e a obrigação de prover "o mínimo indispensável ao consumo essencial dos brasileiros". Foi previsto também que "as associações, sindicatos e grupos da população são legitimados para exercer, com o Estado, o controle e a fiscalização de suprimentos", dentre outras formas de regulamentação. Por fim, foi prevista a institucionalização do Código de Defesa do Consumidor.

Foi significativo o pronunciamento do Constituinte Lysâneas Maciel, discutindo temas relevantes na Comissão dos Direitos Políticos, dos Direitos Coletivos e das Garantias do Homem e da Mulher. Em suas falas, esse Constituinte afirmou que tal comissão preocupou-se mais em discutir a respeito do acesso ao consumo do que sobre o Código de Defesa do Consumidor, posição que acabou derrotada quando da votação na Comissão de Sistematização, ao que disse que:

> Sr. Presidente, nossa Subcomissão, por versar sobre matéria praticamente virgem nas outras Constituições - quase nunca se tratou dos direitos coletivos de forma tão organizada, com certa lógica - teve um trabalho redobrado. Conforme relatado

> aqui, tivemos orientação segura de várias entidades, de várias pessoas, inclusive do Relator desta Comissão, homem de sensibilidade jurídica, sensibilidade essa que não seria de tão grande valia se não estivesse ao lado da sensibilidade política e social, que inspirou vários dispositivos, os quais incluímos aqui.
>
> Chamo a atenção dos Srs. Constituintes para um aspecto inusitado no trabalho da Subcomissão: a presença e a participação do povo nas várias sugestões que emergiram. Começamos por desobedecer ao art. 1º do Regimento, mas estamos felizes por tê-lo feito. O art. 1º do Regimento determina que todas as reuniões sejam realizadas no recinto do Congresso Nacional, mas especificando, na parte final: ... "salvo motivo de força maior". E a ausência do povo na Constituinte para nós foi motivo de força maior, o que determinou nossa saída de Brasília.
>
> Em outra ocasião, estávamos discutindo o código do consumidor, a questão do consumo, que aflige milhões de brasileiros. Havia várias formas sofisticadas de se fazer um código do consumidor e, de repente, alguém lembrou que, em primeiro lugar, devíamos decidir sobre o acesso ao consumo, e não sobre o código do consumidor. Louvamos, portanto, a presença popular nos nossos trabalhos e a capacidade que tiveram os membros da nossa Subcomissão de assimilar as propostas, os anseios do povo, no que tange às sugestões. Ouvimos representantes de mais de 475 setores - organizações, associações de bairro, igrejas, comunidades - e alunos apresentarem sugestões até em papel de pão. Mas, como eram boas, então as transformamos em propostas que pudessem ser submetidas à apreciação dos demais Constituintes e aproveitadas. Porque adotamos esse procedimento? Porque, na verdade, queremos deixar claro, nesta nova Constituição, que a fonte primária do poder é o povo. E isso está instituído no art. 2º do anteprojeto de nossa subcomissão (MACIEL, 1987: 8).

Na Comissão de Ordem Econômica, foi previsto no "art. 1º - A ordem econômica, fundada na livre iniciativa e na valorização do trabalho humano, tem por fim assegurar a todos existência digna, conforme os ditames da justiça social e os seguintes princípios: [...] V - defesa do consumidor". Na mesma Comissão, o art. 7º, que tratava do regime de concessão ou de permissão para a prestação de serviço público, no parágrafo único, que:

> Art. 7º - [...]. Parágrafo único - A lei disporá sobre: I - o regime das empresas concessionárias de serviços públicos, o caráter especial de seu contrato, e fixará as condições de caducidade, rescisão e reversão de concessão; II - os direitos do usuário; III - o regime de fiscalização das empresas concessionárias; IV - tarifas que permitam a justa remuneração do capital; V - a obrigatoriedade de manter o serviço adequado e acessível (CABRAL, 1987*a*: 3).

No art. 109, na Comissão da Ordem Social, que teve como Presidente o Constituinte Edme Tavares e, como Relator o Constituinte Almir Gabriel, depois Governador do Pará, foi previsto que "o meio ambiente ecologicamente equilibrado é bem de uso comum aos quais todos têm direito, devendo os poderes políticos e a coletividade protegê-lo para a presente e as futuras gerações". No art. 110, do Anteprojeto de Comissão, também foram previstas as incumbências do Poder Público, como "I - manter os processos ecológicos essenciais à garantir o manejo ecológico das espécies e ecossistemas". O art. 111 dispunha sobre as restrições legais e ambientais visando à proteção ambiental, ao passo que o art. 112 tratava das autorizações prévias do Congresso Nacional, sobre o meio ambiente.

No primeiro momento, várias matérias tiveram sucesso nas Comissões Temáticas e depois mais dificuldades na Comissão de Sistematização, ou o contrário. De certo, o texto sobre direito do consumidor foi bem resumido quando do Projeto de Constituição do Substitutivo do Relator, em agosto de 1987, passando a "art. 5º - Todos são iguais perante a lei, sem distinção de qualquer natureza: [...]; § 36 - O Estado promoverá, na forma da lei, a defesa dos consumidores e usuários de serviços, protegendo-lhes a segurança, a saúde e os legítimos interesses econômicos" (CABRAL, 1987*b*: 19), em desacordo com a Comissão da Soberania e dos Direitos e Garantias do Homem e da Mulher. No entanto, manteve-se a redação da Comissão da Ordem Econômica, no art. 225, V, "defesa do consumidor". Porém, mudou na disposição acerca das concessões ou das permissões de serviços públicos, passando para o art. 196, no parágrafo único, o qual previu que a lei disporia sobre:

> I - o regime das empresas concessionários e permissionárias de serviços públicos, o caráter especial de seu contrato e de sua prorrogação, e as condições de caducidade, rescisão e reversão da concessão ou permissão; II - os direitos dos usuários; III - o regime de fiscalização das empresas concessionários e permissionárias; IV - tarifas que permitam cobrir o custo, a remuneração do capital, a expansão e o melhoramento dos serviços; V - obrigatoriedade de manter o serviço adequado (CABRAL, 1987*b*: 43).

O texto sobre direito do consumidor foi bem resumido quando do Projeto de Constituição do Substitutivo do Relator (Segundo), em setembro de 1987, passando a "art. 5º - Todos são iguais perante a lei, sem distinção de qualquer natureza: [...]; § 37 - O Estado promoverá, na forma da lei, a defesa dos consumidores" (CABRAL, 1987*b*: 29). Manteve-se a redação da Comissão da Ordem Econômica, no art. 191, V, "defesa do consumidor". Porém, mudou, na disposição acerca das concessões ou das permissões de serviços público, prevendo que a lei disporia sobre:

> I - o regime das empresas concessionários e permissionárias de serviços públicos, o caráter especial de seu contrato e de sua prorrogação, e as condições de caducidade, fiscalização, rescisão e reversão da concessão ou permissão; II - os direitos dos usuários; III - tarifas que permitam cobrir o custo, a remuneração do capital, a depreciação do equipamentos e o melhoramento dos serviços; IV - obrigatoriedade de manter o serviço adequado (CABRAL, 1987*c*: 71).

Em novembro de 1987, ainda na Comissão de Sistematização, o Projeto de Constituição começou a ganhar corpo e ter definidas suas disposições mais conflituosas. No Projeto de Constituição (A), no art. 6º, com igual redação sobre a isonomia, fixou agora no "§ 41. O Estado promoverá, na forma da lei, a defesa do consumidor" (CABRAL, 1987*d*: 7). Os princípios da ordem econômica passaram para o art. 199, inciso V, defesa do consumidor. No art. 204, dispunha-se sobre as concessionárias e sobre as permissionárias de serviço público de forma igual ao Projeto anterior, logo acima.

No ano seguinte, depois de muito debate, no Projeto de Constituição (B) (2º turno): julho de 1988, este já no Plenário da Assembleia Nacional Constituinte, houve a seguinte versão: "art. 5º Todos são iguais perante a lei, sem distinção de qualquer natureza, assegurada aos brasileiros e aos estrangeiros residentes no País a inviolabilidade do direito à vida, à liberdade, à igualdade, à segurança e à propriedade, nos termos seguintes: [...] XXXIII – o Estado promoverá, na forma da lei, a defesa do consumidor" (CABRAL, 1988*a*: 13-5). No art. 176, nos incisos V, continuou a constar a defesa do consumidor, ao passo que no art. 181, no parágrafo único, foi fixada a seguinte redação: "I – o regime das empresas concessionários e permissionárias de serviços públicos, o caráter especial de seu contrato e de sua prorrogação, e as condições de caducidade, fiscalização, rescisão e reversão da concessão ou permissão; II – os direitos dos usuários; III – política tarifária; IV – obrigação de manter o serviço adequado" (CABRAL, 1988*a*: 122). Houve, assim, redução do texto da disposição quanto à política tarifária, pois antes se previam "tarifas que permitam cobrir o custo, a remuneração do capital, a depreciação dos equipamentos e o melhoramento dos serviços".

Apareceu, no Ato das Disposições Constitucionais Transitórias, o art. 55, que previu que "o Congresso Nacional, dentro de cento e vinte dias da promulgação da Constituição, elaborará código de defesa do consumidor". Estabeleceu-se um prazo que, mesmo não cumprido adiante, acabou acelerando a tramitação, que se deu em menos de dois anos, no final de 1990.

No mesmo sentido anterior, o Projeto de Constituição (D) (Redação Final) foi então para a Comissão de Redação. Esta tinha como Presidente o Constituinte Ulysses Guimarães, como Copresidentes os Constituintes Afonso Arinos e Jarbas Passarinhos e, ainda, como Relator o Constituinte Bernardo Cabral e como Relatores Adjuntos os Constituintes Adolfo Oliveira, Antônio Carlos Konder Reis e José Fogaça. Estava disposto, no art. 5º, que: "Todos são iguais perante a lei, sem distinção de qualquer natureza, assegurada aos brasileiros e aos estrangeiros residentes no País a inviolabilidade do direito à vida, à liberdade, à igualdade, à segurança e à propriedade, nos termos seguintes: [...] XXXII - o Estado promoverá, na forma da lei, a defesa do consumidor" (CABRAL, 1988*b*: 4-6).

No Projeto de Constituição (D) (Redação Final), continuava disposto, no art. 170, V, a defesa do consumidor (CABRAL, 1988*b*: 91). No art. 175, parágrafo único, estava disposto que lei disporia sobre: "I - o regime das empresas concessionárias e permissionárias de serviços públicos, o caráter especial de seu contrato e de sua prorrogação, e as condições de caducidade, fiscalização, rescisão e reversão da concessão ou permissão; II - os direitos dos usuários; III - política tarifária; IV - obrigação de manter o serviço adequado" (CABRAL, 1988*b*: 93). No art. 48, do Ato das Disposições Constitucionais Transitórias, foi previsto o prazo de cento e vinte dias da promulgação da Constituição de 1988 para a elaboração do Código de Defesa do Consumidor, o que foi efetivado em 1990.

No Projeto de Constituição (D) (Redação Final), sobre o meio ambiente, matéria importante na discussão sobre o consumo sustentável, constava o seguinte:

> Art. 225. Todos têm direito ao meio ambiente ecologicamente equilibrado, bem de uso comum do povo e essencial à sadia qualidade de vida, impondo-se ao Poder Público e à coletividade o dever de defendê-lo e preservá-lo para as presentes e futuras gerações. § 1º - Para assegurar a efetividade desse direi-

to, incumbe ao Poder Público: I - preservar e restaurar os processos ecológicos essenciais e prover o manejo ecológico das espécies e ecossistemas; II - preservar a diversidade e a integridade do patrimônio genético do País e fiscalizar as entidades dedicadas à pesquisa e manipulação de material genético; III - definir, em todas as unidades da Federação, espaços territoriais e seus componentes a serem especialmente protegidos, sendo a alteração e a supressão permitidas somente através de lei, vedada qualquer utilização que comprometa a integridade dos atributos que justifiquem sua proteção; IV - exigir, na forma da lei, para instalação de obra ou atividade potencialmente causadora de significativa degradação do meio ambiente, estudo prévio de impacto ambiental, a que se dará publicidade; V - controlar a produção, a comercialização e o emprego de técnicas, métodos e substâncias que comportem risco para a vida, a qualidade de vida e o meio ambiente; VI - promover a educação ambiental em todos os níveis de ensino e a conscientização pública para a preservação do meio ambiente; VII - proteger a fauna e a flora, vedadas, na forma da lei, as práticas que coloquem em risco sua função ecológica, provoquem a extinção de espécies ou submetam os animais a crueldade. § 2º Aquele que explorar recursos minerais fica obrigado a recuperar o meio ambiente degradado, de acordo com solução técnica exigida pelo órgão público competente, na forma da lei. § 3º As condutas e atividades consideradas lesivas ao meio ambiente sujeitarão os infratores, pessoas físicas ou jurídicas, a sanções penais e administrativas, independentemente da obrigação de reparar os danos causados. § 4º A Floresta Amazônica brasileira, a Mata Atlântica, a Serra do Mar, o Pantanal Mato-Grossense e a Zona Costeira são patrimônio nacional, e sua utilização far-se-á, na forma da lei, dentro de condições que assegurem a preservação do meio ambiente, inclusive quanto ao uso dos recursos naturais. § 5º São indisponíveis as terras devolutas ou arrecadadas pelos Estados, por ações discriminatórias, necessárias à proteção dos ecossistemas naturais. § 6º As usinas que operem com reator nuclear deverão ter sua localização definida em lei federal, sem o que não poderão ser instaladas (CABRAL, 1988*b*: 110-1).

A Constituição de 1988 consagrou importantes atividades para o Ministério Público, como forma de dar maior efetividade às disposições constitucionais. Por outro lado, o direito do consumidor também foi constitucionalizado, estando previsto no art. 5º, XXXII, e no art. 170, V. Continuou o *Parquet* a ter, como função, a proteção dos consumidores, por força da ação civil pública acima, no que, para Luiz Cláudio Carvalho de Almeida, significou que:

> Especificamente no que tange à defesa dos direitos do consumidor, a legitimidade do Ministério Público também deflui do Texto Constitucional, art. 5º, XXXII, art. 127, caput, e art. 129, III. Editado em função do comando constitucional (art. 48 do DCT), o Código de Defesa do Consumidor inseriu, de modo expresso, o Ministério Público como um dos legitimados para a defesa coletiva dos direitos do consumidor (art. 82, I) (ALMEIDA, 2004: 79).

A Constituição de 1988 resultou de um acordo tácito entre os militares, que queriam entregar o poder civil aos políticos, e os movimentos de redemocratização, aceitando pactos políticos, como os termos da Anistia. Existiam várias demandas reprimidas dos consumidores, com base no desenvolvimento sustentável, no sentido de ser implantado um sistema de proteção semelhante ao praticado nos Estados Unidos e na Europa Ocidental, que influenciou o direito privado brasileiro, como o direito do consumidor. Tornou-se a matéria cláusula pétrea e uma das questões mais importantes que a nova ordem constitucional criou no Brasil. O direito do consumidor, no texto constitucional, surgiu como resposta aos movimentos de defesa dos consumidores, na Assembleia Nacional Constituinte, entre 1987 e 1988.

A Constituição de 1988, por sete vezes, dispôs sobre o direito do consumidor, sendo influenciado pela disposição do Anteprojeto da Comissão Arinos, acima tratado, bem como pelo movimento social, como mencionado no capítulo anterior.

Em primeiro lugar, houve referência ao direito do consumidor, como princípio e garantia civil, no art. 5º, XXXII, prevendo que "o Estado promoverá, na forma da lei, a defesa do consumidor". Em segundo, tratou-se de matéria de competência exclusiva para a União legislar, no art. 22, XXIX, sobre "propaganda comercial". Em terceiro, ela apareceu como matéria de competência concorrente da União com os Estados e o Distrito Federal, no art. 24, VIII, ao prever "responsabilidade por dano [...], ao consumidor, [...]". Em quarto, no art. 150, § 5º, estava previsto que a lei devia determinar medida para que os consumidores fossem esclarecidos acerca dos impostos que incidissem sobre mercadoria e serviços (ROSA, 1995: 35). Em quinto, surgiu como princípio da ordem econômica, ao prever no art. 170, V, que "a ordem econômica, [...], observados os seguintes princípios: [...] V - defesa do consumidor; [...]". Em sexto, no art. 175, indicou-se, como condição para a prestação de serviço público, ao dizer que "a lei disporá sobre: [...]; II - os direitos dos usuários; III - política tarifária; IV - a obrigação de manter serviço adequado". Por fim, em sétimo, no Ato das Disposições Constitucionais Transitórias, no art. 48, dispôs-se que "o Congresso Nacional, dentro de cento e vinte dias da promulgação da Constituição, elaborará código de defesa do consumidor".

A Constituição de 1988 resultou do Congresso Nacional transformado em Assembleia Nacional Constituinte, de 1987 e 1988, de modo que havia duas atividades, de Constituinte e de Legislativo Ordinário, ao mesmo tempo. A atuação do movimento social no processo constituinte implicou a participação da sociedade civil e também de instituições de natureza conservadora. Na ampla discussão ocorrida, em algumas matérias mais do que em outras, houve a participação de associações, de organizações, de sindicatos, de fundações e de vários outros órgãos, na proposição de emendas e nas negociações dos pontos polêmicos.

Ao analisar a importância da garantia constitucional da defesa do consumidor, Cláudia Lima Marques disse que:

> A Constituição Federal de 1988, ao regular os direitos e garantias fundamentais no Brasil, estabelece, em seu art. 5º, XXXII, a obrigatoriedade da promoção pelo Estado (Legislativo, Executivo e Judiciário) da defesa do consumidor. Igualmente, consciente da função limitadora desta garantia perante o regime liberal-capitalista da economia, estabeleceu o legislador constitucional a defesa do consumidor como um dos princípios da ordem econômica brasileira, a limitar a livre iniciativa e seu reflexo jurídico, a autonomia da vontade (art. 170, V). Ao garantir aos consumidores a sua defesa pelo Estado, criou a Constituição uma antinomia necessária em relação a muitas de suas próprias normas, flexibilizando-as, impondo em última análise uma interpretação relativizada dos princípios em conflito, que não mais podem ser interpretados de forma absoluta ou estaríamos ignorando o texto constitucional (MARQUES, 2011: 675).

Foi representativa a participação do movimento social na criação do direito do consumidor em diversas disposições da Constituição de 1988, especialmente, quanto à política pública das relações de consumo. Apesar da experiência anterior em algumas dessas matérias, como em leis para assegurar o peso, o comprimento ou o volume de determinados produtos, foi, no texto constitucional, que realmente ganhou força a proteção dos consumidores, quanto às mercadorias adquiridas ou quantos aos serviços contratados. Inaugurou-se um novo direito, em favor dos mais fracos, sem precedentes no direito brasileiro, que até à época baseava-se nos princípios da autonomia da vontade e de que o contrato era lei entre as partes, ideias do liberalismo econômico. Finalmente, foram fixadas as bases para o estabelecimento de políticas públicas de defesa do consumidor.

3.6. REAÇÃO AOS DIREITOS DO CONSUMIDOR

O movimento social de defesa do consumidor trouxe, em seu discurso, a experiência de vários países e a necessidade de alguma regulamentação no Brasil. Do ponto de vista jurídico, não se tratava apenas de se acrescentar algumas novas garantias, pois implicava mudar completamente o modo de ver o próprio direito. Este era entendido como o meio para que a autonomia da vontade se manifestasse de forma livre, em que a confiança do ato fazia com que houvesse uma vinculação moral nas obrigações dos consumidores para com os fornecedores. Como se dizia na linguagem popular: "escreveu, não leu, o pau comeu". Só que o consumidor não tinha o direito sequer de ler o que estava contratando.

Para os pensadores jurídicos do Brasil, na época da implantação da defesa do consumidor, a base tradicional era a igualdade perante a lei e a autonomia da vontade da época da Revolução Francesa, no final do século XVIII. O contrato, aí incluído o contrato de consumo, tinha por base a liberdade na contratação, porque podia não ter sido feito por qualquer razão, se o consumidor não quisesse realizar o negócio. Essa liberdade na hora de formular o contrato implicava aceitar a aquisição de bem de consumo, que se transmitia pela *traditio* (tradição), ou seja, pela entrega do vendedor ao comprador da mercadoria ou pela execução de serviço.

Ora, de um lado estava o direito tradicional, que afirmava que a vontade estabelecida no contrato era "lei entre as partes", como pode ser observado abaixo na análise de Maria Antonieta Zanardo Donato:

> O voluntarismo, expresso pela autonomia da vontade, passa a reger a concepção de vínculo contratual, através do qual a propriedade - como produto - será circulada, bastando para tanto que a ordem jurídica confira sua tutela à vontade das partes, caracterizada como fonte criadora de direito e obrigações contratuais asseverando, assim, a produção dos efeitos desejados pelos contratantes. Apresentando-se a liberdade e a igualdade como fontes do voluntarismo, não interessava a perquirição relativa à condição econômica ou social dos contratantes. A demonstração da autonomia da vontade e a igualdade das partes no momento de contratar mostravam-se suficientes, ainda que, como constatou-se posteriormente pela realidade fática, a

> autonomia da vontade e a igualdade das partes configurassem somente uma abstração ideal e não, como se pretendia, uma realidade jurídica (DONATO, 1993: 16).

Com base no discurso jurídico acima descrito, tinha-se que as partes eram iguais em direito e poderiam exercer livremente sua vontade, procurando reagir a qualquer outra forma de direito sobre o consumo, que não fosse a força obrigatória da autonomia da vontade do contrato. Essa reação assentou-se como se fosse a antítese do movimento de defesa do consumidor, em que se procurava formar um outro discurso, o de que, apesar do contrato de adesão, típico contrato de consumo, ainda assim a pessoa podia consumir ou não naquele estabelecimento ou aquele produto, ninguém lhe impunha isso. A liberdade e a igualdade, como os valores máximos da República, estavam sendo violadas quando se impunha um direito em que havia a intervenção do Estado, para regulamentar a matéria e para criar os mecanismos de resolução dos conflitos daí advindos. Este era o discurso contra a defesa do consumidor.

Marco Antônio Castro Costa, em 2009, foi aprovado no Mestrado Acadêmico em Políticas Públicas e Sociedade, pela Universidade Estadual do Ceará, com a dissertação **O Direito do Consumidor no Âmbito das Políticas Públicas no Brasil: conquistas e impasses**. Na pesquisa realizada pelo autor, colheram-se diversos artigos da grande imprensa que questionavam a implantação do direito do consumidor, por meio de artigos dos intelectuais que expressavam o ponto de vista das empresas, da indústria, do comércio e do serviço. Para ele, o movimento social da defesa do consumidor procurou ampliar suas conquistas na Assembleia Nacional Constituinte. Nos momentos seguintes a este, até a sanção do Código de Defesa do Consumidor, em 1990, houve uma reação dos intelectuais das entidades empresariais, pois "setores do empresariado mais arcaicos também buscavam sensibilizar as parcelas da empresa e de alguns constituintes de que a Lei de proteção ao consumidor apresentava-se bastante rigorosa e que não seria possível a sua implementação por parte do poder público" (COSTA, 2009: 68).

As entidades ligadas ao capital, em nome da autonomia da vontade e da livre concorrência, começaram a questionar as disposições do Projeto do Código de Defesa do Consumidor, exatamente porque tocavam em situações jurídicas emblemáticas para o pensamento conservador. Por exemplo, o caso da inversão do ônus da prova, passando para o fornecedor tal responsabilidade por disposição legal, modificava a base do direito processual civil que previa que o ônus da prova era de quem alegava a matéria. Agora não, de pronto, a nova legislação passava para o fornecedor tal responsabilidade, até porque era ele quem tinha os principais documentos para elucidar tal questão na Justiça. Observando isso, Josué Rios disse que:

> Nessas discussões, as grandes entidades empresariais da indústria e do comércio, por exemplo, manifestavam-se contrárias às propostas de interesse do consumidor, apresentadas e apoiadas pelas entidades civis, pelos PROCONS e por outros componentes do CNDC ligados aos interesses dos consumidores (RIOS, 1998: 59).

No mesmo sentido, Marco Antônio Castro Costa disse que:

> Mesmo após aprovado o anteprojeto do Código, no âmbito do CNDC, o qual foi publicado no Diário Oficial de 04/01/89, expressivos setores empresariais ainda se articulavam contra o anteprojeto. Neste sentido, podemos observar, a partir de matéria vinculada no jornal Folha de São Paulo, no editorial do dia 13/02/89: "O projeto do Código de Defesa do Consumidor elaborado pelo governo contém disparates jurídicos e econômicos que, caso venham a ser convertidos em lei, poderão criar um clima de intranquilidade e incertezas entre os agentes econômicos. A proposta inicial, de autoria do Conselho Nacional de Defesa do Consumidor, caracteriza-se pela ideia absurda da inversão do ônus da prova". Em outro trecho, referindo-se à aprovação em lei o editorial acrescenta: "O Estado não deve se imiscuir nas transações privadas, exercendo tarefas próprias

> dos agentes privados. Ao contrário, deve manter-se acima dos diversos segmentos da sociedade, fiscalizando as transações econômicas sem turvar o funcionamento do mercado com medidas policialescas". Esta não foi uma bandeira da Folha de São Paulo. Conforme seu editorial, no Correio Brasiliense, edição de 22/04/89, sob o título *"Comércio paulista critica novo código"*, também se corrobora com os questionamentos levantados, desta vez pelo setor comercial, ao texto aprovado do CNDC: "Os dois projetos do Código de Defesa do Consumidor que estão sendo atualmente discutidos no Ministério da Justiça e no Congresso Nacional padecem do defeito básico de serem excessivamente radicais e inadequados à realidade brasileira e se esta face radical dos projetos vingar a sociedade como um todo sairá vencida". Este foi o pronunciamento a respeito de um amplo estudo doutrinário realizado pela Associação Comercial de São Paulo, do seu presidente, Romeu Trussardi Filho, enviado ao autor do projeto, deputado Geraldo Alckim Filho, autor do projeto em exame pelo Congresso Nacional (COSTA, 2009: 68-9).

Como se pode verificar acima, não foi fácil a implantação do direito do consumidor no Brasil, com reação das entidades representativas do capital, que não queriam nenhuma codificação, principalmente a que foi aprovada, que trazia várias novidades jurídicas. A ideia de uma regulamentação estatal e de uma política pública para as relações de consumo implicava a intervenção do Estado na economia e na violação dos princípios da livre iniciativa e do princípio da autonomia da vontade. Como dito antes, era essa a antítese à tese da defesa do consumidor, qual seja, nenhuma legislação sobre a matéria que violaria a liberdade econômica, pensamento que acabou não vingando adiante.

3.7. AGENDA PÚBLICA DO CONSUMO

Apesar da pressão de diversos setores da sociedade brasileira, a partir da década de setenta do século passado, o Brasil não tinha uma política pública para as relações de consumo. A compra de bens e a contratação de serviços estavam no bojo da produção capitalista estabelecida pela lei da oferta e da procura, que "naturalmente" definia o preço justo dos produtos ou dos serviços. No entanto, pouco a pouco, os representantes da sociedade civil e os políticos perceberam que o mercado não era suficiente para regulamentar o consumo, daí haver a necessidade da intervenção pública para equilibrar as relações, em que o consumidor era considerado hipossuficiente em relação ao fornecedor. Com isso, havia um reequilíbrio nas relações jurídicas entre as partes, na procura de uma verdadeira igualdade frente à desproporcionalidade das forças entre um consumidor e um grande magazine, por exemplo. As políticas públicas das relações de consumo passaram a ser uma atividade do Estado, em colaboração com associações e movimentos de defesa do consumidor, para definir a proteção deste e para estabelecer as regras para solucionar os conflitos de interesse entre as partes, começando a exigir atenção da agenda pública.

O Conselho Nacional de Defesa do Consumidor (CNDC), na presidência de Flávio Flores da Cunha Bierrenbach, constituiu Comissão com o objetivo de apresentar Anteprojeto de Código de Defesa do Consumidor, antes mesmo da promulgação da Constituição de 1988. Esse grupo contou com os seguintes juristas: Ada Pellegrini Grinover, como coordenadora, Daniel Roberto Fink, José Geraldo Brito Filomeno, Kazua Watanabe e Zelmo Denari, além da assessoria de Antônio Herman de Vasconcellos e Benjamin, Eliana Cáceres, Marcelo Gomes Sodré, Mariângela Sarrubo, Nelson Nery Júnior e Régis Rodrigues Bonvicini. Aproveitou-se também os trabalhos anteriores no âmbito do Conselho Nacional de Defesa do Consumidor, elaborados por Fabio Konder Comparato, Waldemar Mariz de Oliveira e Cândido Dinamarco. Essas propostas acabaram sendo apresentadas ao então Ministro da Justiça Paulo Brossard como primeiro Anteprojeto, que foi amplamente divulgado e debatido, recebendo críticas e sugestões. Dessa discussão, houve um novo Anteprojeto, publicado no Diário Oficial da União em 04.01.1989, com Parecer da Comissão, justificando o acolhimento ou a rejeição das propostas recebidas (GRINOVER, 2011: 1).

A influência principal do Código de Defesa do Consumidor foi a Resolução da Assembleia Geral da Organização das Nações Unidas (ONU) nº 39/248, de 09.04.1985, mas a maior influência intelectual foi o *Projet de Code de La Consommation*, redigido por Jean Calais-Auloy. Recebeu influência ainda da *Ley General para la Defensa de los Consumidores y Usuarios*, Lei nº 26, de 1984, da Espanha; a legislação de defesa do consumidor, Lei nº 29/81, de 22 de agosto, de Portugal; a *Ley Federal de Protección al Consumidor*, de 05.02.1976, do México, e a *Loi sur Protection du Consommateur*, da Província do Quebec, no Canadá, de 1979 (GRINOVER, 2011: 7).

Houve influência do direito comunitário europeu, como no caso da Diretiva nº 84/450, sobre publicidade, e como da Diretiva nº 85/374, sobre a responsabilidade civil pelos acidentes de consumo. No caso da discussão sobre o controle das cláusulas legais de contratação, foram influentes o Decreto-Lei nº 446/1985, de 25 de outubro, de Portugal, e a *Gesetz sur Regelung des Rechts der Allgemeinen Geschaftsbedingungen – AGB Gesetz*, de 09.12.1976, da Alemanha. A importância do direito norte-americano foi dupla: a) indiretamente, através do direito comunitário europeu sobre defesa do consumidor, que recebeu inspiração nos *cases* e *statutes* daquele direito; b) diretamente, por meio da análise do sistema legal de proteção ao consumidor, nos Estados Unidos, como a *Federal Trade Commission Act*, o *Consumer Product Safety Act*, o *Truth in Lending Act*, o *Fair Credit Reporting Act* e o *Fair Debt Collection Practices Act* (GRINOVER, 2011: 8).

Ocorreu muita discussão na tramitação do Código de Defesa do Consumidor, a começar pela qualificação como "código". Isso decorreu do *lobby* dos empresários, especialmente da construção civil, dos consórcios e dos supermercados, ao preverem a derrota de suas propostas nos plenários do Senado Federal e da Câmara dos Deputados. O *lobby* procurou, por meio de manobra no processo legislativo, impedir a votação do texto ainda na legislatura em discussão, afirmando que sua tramitação não tinha sido a de "código", mas de lei, que tinha seu processo legislativo mais simples e menos formal. Assim, apesar de previsto como Código, na verdade, tratou-se da Lei Federal nº 8.078, de 11.09.1990, uma lei ordinária, e não uma lei complementar, como pretendido na época (GRINOVER, 2011: 6).

Na pesquisa de mestrado de Marco Antônio Castro Costa, a respeito da reação conservadora à implantação do Código de Defesa do Consumidor, de 1990, principalmente de entidades representativas do capital, em São Paulo, disse que:

> O mesmo posicionamento contrário à aprovação do CDC ocorreu por ocasião das realizações das audiências públicas pela Comissão Temporária do Código de Defesa do Consumidor, criada no Senado. Os representantes das poderosas (*sic*) Confederação Nacional do Comércio, Alberto Vieira Ribeiro; e Confederação da Indústria, Nicolau Jacob Neto, reiteraram o posicionamento dessas entidades, que eram de total contrariedade contra o projeto advindo do CNDC. Nesse sentido, relata a Ata da V Reunião Ordinária da Comissão, publicada pelo Diário do Congresso Nacional, de 01/07/89, em pronunciamento pelo representante da Confederação do Comércio: "A nossa posição no Conselho - CNDC - no tocante à elaboração desse Código divergiu da maioria dos membros desse Conselho e estivemos numa posição paralela à das entidades sindicais, representativas do setor empresarial [...] o anteprojeto proposto pelo CNDC firmou um preconceito de haver o interesse social apenas numa das partes, devendo a outra parte - produtores, distribuidores, comerciantes, propagandistas - ser objeto de suspeita em princípio. Em consequência, alvo de vigilância policialesca. [...] fazia sérias restrições à maioria das suas propostas porque, como disse, elas tendem a assumir uma posição primitiva e policialesca, antes de mais nada, cerceando o setor produtor, distribuidor e intermediária de armadilhas de todos os lados". Na citada edição do Diário do Congresso,

> de 01/07/89, também se reportou o representante da Confederação da Indústria, Nicolau Jacob Neto, dizendo: "o código parece inibidor da livre empresa. Ele inibe novos lançamentos de produtos, novos programas. Ele inibe pela forma como são aplicadas as cláusulas penais...". Conforme se denota do acima discorrido, a tramitação para aprovação da defesa do consumidor, tanto na previsão constitucional quanto da análise do projeto da própria Lei, não foi pacífica, encontrando fortes reações nos setores que estavam normalmente qualificados como os fornecedores de produtos ou de serviços. Esses, bastante articulados, pois se tratavam de federações nacionais da indústria, comércio e publicidade, e tentavam imprimir, principalmente na imprensa, suas ideais contrárias visando à sensibilização tanto de parte da sociedade quanto de setores representativos desses segmentos na classe política (COSTA, 1998: 69-71).

Depois da promulgação da Constituição de 1988, o movimento social continuou pressionando para a elaboração do Código de Defesa do Consumidor, que tinha sido previsto para ser aprovado em cento e oitenta dias, pelo art. 48, do Ato das Disposições Constitucionais Transitórias. Não foi realizado em tal prazo, mas, menos de dois anos depois, foi aprovada a Lei Federal nº 8.078, de 11.09.1990, que estabeleceu a "Política Nacional de Relações de Consumo", no seu Capítulo II. Esta foi estampada no art. 4º, cujo **caput** teve a redação dada pela Lei Federal nº 9.008, de 21.03.1995, prevendo que a política de consumo "tem por objetivo o atendimento das necessidades dos consumidores, o respeito a sua dignidade, saúde e segurança, a proteção de seus interesses econômicos, a melhoria da sua qualidade de vida, bem como a transferência e harmonia das relações de consumo".

Após a promulgação da Constituição de 1988, começaram as entidades a divulgar a necessidade de elaboração do Projeto do Código de Defesa do Consumidor, frente à reação conservadora, em favor da manutenção das regras básicas do Código Civil, de 1916, e do Código Comercial, de 1850, sobre o consumo, com o argumento em favor da liberdade de contratar. No entanto, como J. M. Othon Sidou observou:

> Daí a necessidade que sente o Estado de reduzir a liberdade contratual, de intervir nas disposições do pacto e da vida do próprio pacto, impedindo a celebração de determinadas obrigações, escrevendo-lhes cláusulas assecuratórias, negando valor a objetivos ilícitos, exigindo certas contraprestações e sofreando certas preferências. O *negotio iuris* dos romanos - proclama Josserand - tornou-se ao mesmo tempo ato privado e ato público, tendo a liberdade perdido sua função de regulador supremo dos contratos, e assim porque, tal como o justifica o insigne Kelsen, toda norma jurídica significa atividade do Estado de criar a situação prevista ou contemplada por aquela. O contrato tornou-se, assim, um ato de participação estatal (SIDOU, 1977: 63).

O Conselho Nacional de Defesa do Consumidor, antes mesmo da promulgação da Constituição de 1988, começou a preparar Anteprojeto do Código de Defesa do Consumidor. Este foi integrado por vários juristas, como já foi mencionado anteriormente, que acabaram publicando o Anteprojeto no Diário Oficial da União de 04.01.1989, acompanhado de Parecer da Comissão. A publicação ocorreu exatamente para que se discutisse amplamente e se pudesse melhorar suas disposições, o que acabou ocorrendo antes do envio do Anteprojeto do Código de Defesa do Consumidor ao Poder Legislativo.

No Congresso Nacional, com base no art. 48, do Ato das Disposições Constitucionais Transitórias, foi constituída Comissão Mista destinada a elaborar o Projeto do Código de Defesa do Consumidor. O Senador José Agripino Maia presidiu a Comissão Mista, tendo, ainda, como Vice-Presidente o Senador Carlos Patrocínio e, como Relator o Deputado Joaci Góes. O Senador José Agripino Maia acabou convidando, para assessorar a referida Comissão, Ada Pellegrini Grinover, Antônio Herman de V. e Benjamim e Nelson Nery Júnior, dentre outros membros da Comissão do Conselho Nacional de Defesa do

Consumidor. Estes deviam preparar uma nova versão contendo os trabalhos legislativos elaborados, com os pontos comuns e os divergentes do Anteprojeto e também dos Anteprojetos do Código de Defesa do Consumidor do Senador Michel Temer, hoje Vice-Presidente da República, e do Deputado Geraldo Alckmim Filho, atual Governador do Estado de São Paulo. Observe-se, ainda, que Antônio Herman de V. Benjamim é atualmente Ministro do Superior Tribunal de Justiça.

Na Comissão Mista, houve muitos debates e audiências públicas, para se apreciar as várias sugestões de diversos segmentos da sociedade, inclusive as entidades representativas da indústria, do comércio, dos serviços e da agricultura. Além disso, houve a participação de órgãos públicos, de instituições do Ministério Público, da Ordem dos Advogados do Brasil (OAB) e de entidades representativas do movimento social de defesa do consumidor. Nunca antes tinha havido, salvo da Assembleia Nacional Constituinte de 1987 e 1988, tal discussão e abertura no processo de elaboração de uma lei no Brasil. Finalmente, em 4 de dezembro de 1989, a Comissão Mista publicou o Projeto de Código de Defesa do Consumidor, que acabou tramitando no Congresso Nacional. Em sessão extraordinária, realizada em julho de 1990, o Código foi aprovado no Senado Federal e enviado para sanção presidencial, sendo sancionado com vetos parciais e publicado em 12.09.1990, como a Lei Federal nº 8.078.

O Código de Defesa do Consumidor constituiu-se em um novo direito e em um novo campo de atuação dos órgãos jurisdicionais. Foi prevista a Política Nacional das Relações de Consumo, nos incisos do art. 4º, nos seguintes termos:

> I - reconhecimento da vulnerabilidade do consumidor no mercado de consumo; II - ação governamental no sentido de proteger efetivamente o consumidor: a) por iniciativa direta; b) por incentivos à criação e desenvolvimento de associações representativas; c) pela presença do Estado no mercado de consumo; d) pela garantia dos produtos e serviços com padrões ade-

quados de qualidade, segurança, durabilidade e desempenho. III - harmonização dos interesses dos participantes das relações de consumo e compatibilização da proteção do consumidor com a necessidade de desenvolvimento econômico e tecnológico, de modo a viabilizar os princípios nos quais se funda a ordem econômica (art. 170, da Constituição Federal), sempre com base na boa-fé e equilíbrio nas relações entre consumidores e fornecedores; IV - educação e informação de fornecedores e consumidores, quanto aos seus direitos e deveres, com vistas à melhoria do mercado de consumo; V - incentivo à criação pelos fornecedores de meios eficientes de controle de qualidade e segurança de produtos e serviços, assim como de mecanismos alternativos de solução de conflitos de consumo; VI - coibição e repressão eficientes de todos os abusos praticados no mercado de consumo, inclusive a concorrência desleal e utilização indevida de inventos e criações industriais das marcas e nomes comerciais e signos distintivos, que possam causar prejuízos aos consumidores; VII - racionalização e melhoria dos serviços públicos; VIII - estudo constante das modificações do mercado de consumo.

O direito do consumidor passou a proteger, através de vários princípios e garantias, aquele que consumia bens ou serviço adquirido no mercado. Em favor deste, o fornecedor estava obrigado a várias determinações, que invertiam a ordem jurídica tradicional. Por exemplo, houve o reconhecimento da hipossuficiência com o favorecimento processual do consumidor, como a inversão do ônus da prova, que passava para a responsabilidade do fornecedor a apresentação dos meios de esclarecer o processo judicial. No mesmo sentido, foi prevista a anulação das cláusulas abusivas e das cláusulas de surpresa, bem como vetada a propaganda enganosa.

Em observação de Mirla Morales, comentando os princípios da Política Nacional das Relações de Consumo, foi dito que:

Como el proprio artículo 4º numera I de la ley Brasileña explica, la política nacional de las relaciones de consumo, esta orientada a atender las necesidades de los consumidores, el respeto a su dignidad, salud

> *y seguridad, así como a la busque da de la protección de sus intereses económicos, su calidad de vida y la transparência de las relaciones de consumo, basandos e em varios principios. Dentro de tales principios cobra relavancia para el encuadre de la figura del consumidor el reconocimiento de la vulnerabilidad del consumidor en el mercado de consumo. Faciles concluir que el espiritu de la norma consiste en otorgar protección a la parte mas débil de la relación, reconociendo estado de vulnerabilidad en la persona del consumidor dentro del mercado de consumo* (MORALES, 2006: 62-3).

Como dito acima, no Brasil, não existia antes de 1988, um direito que tratasse especificamente do consumidor, nem disposições que o garantissem de forma tão expressiva. A proteção do consumidor abrangia não só o fornecimento de bens como também a prestação de serviços, inclusive, os de natureza financeira ou securitários. Em vez do tradicional direito civil, de influência romana, ou do direito comercial, de influência pré-capitalista, surgiu um direito que favorecia o mais fraco, não só nas disposições materiais, como também em proteções processuais. Esse ramo do direito logo começou a ser aplicado por meio dos Juizados Especiais, dos Procons, do Ministério Público e da Defensoria Pública.

No Código de Defesa do Consumidor de 1990, no art. 5º, previram-se algumas instituições jurídicas para efetuar a Política Nacional de Relações de Consumo, quanto aos meios de sua gestão, nos seguintes termos:

> Art. 5° Para a execução da Política Nacional das Relações de Consumo, contará o poder público com os seguintes instrumentos, entre outros: I - manutenção de assistência jurídica, integral e gratuita para o consumidor carente; II - instituição de Promotorias de Justiça de Defesa do Consumidor, no âmbito do Ministério Público; III - criação de delegacias de polícia especializadas no atendimento de consumidores vítimas de infrações penais de consumo; IV - criação de Juizados Especiais de Pequenas Causas e Varas Especializadas para a solução de litígios de consumo; V - concessão de estímulos à criação e desenvolvimento das Associações de Defesa do Consumidor.

A proteção do consumidor constituiu-se em um direito que tinha aplicação cotidiana, inclusive, na consciência daqueles que consumiam no mercado, pelo menos no aspecto jurídico. Esse direito era efetuado através de diversos órgãos de realização da Justiça, como dos aparelhos do Judiciário e do Ministério Público, bem como nas instituições de defesa dos mais pobres. Houve a mudança na mentalidade do consumidor e também do fornecedor, que passou a ter novas condições quanto à liberdade de contratar, para evitar a exploração dos juridicamente necessitados. Além do aspecto pedagógico, também ocorreu o acesso a novos meios de resolução dos conflitos de interesses, de origem mais popular e com ritos processuais simples, adequados às demandas cotidianas das relações de consumo. Ao analisar as disposições do art. 4º, do Código de Defesa do Consumidor, de 1990, sobre a Política Nacional das Relações de Consumo, Carlos Alberto Bittar disse que se pode observar que, basicamente, na delineação desse Código, foi assentada a tutela do consumidor sob o tríplice controle: a) do Estado; b) do consumidor; c) de suas entidades de representação e do próprio fornecedor, prevendo-se ações de ordem privada e também públicas para a garantia e a efetivação de seus direitos (BITTAR, 2011: 28).

Deve-se dizer que não foi fácil a aprovação do direito do consumidor no Brasil, frente à reação das entidades representativas do capital, dos meios de comunicação e dos órgãos colegiados federais que eram contrários a tal medida. Argumentavam que se violaria a liberdade de contratar e, assim, agredir-se-ia a própria cidadania civil. No entanto, a antítese à tese em favor da criação do direito do consumidor consistia, exatamente, em argumentos em favor de que não se criasse a codificação pretendida. Em torno do processo dialético de implantação de tal direito, acabou resultando na vitória do movimento social da defesa do consumidor, que viu o triunfo de seus argumentos quanto ao Código de Defesa do Consumidor.

3.8. DEFESA DO CONSUMIDOR NO BRASIL

A defesa do consumidor, no Brasil, decorreu da articulação e da ação de intelectuais, de juristas e de entidades de defesa do consumidor, para que constasse de disposição na Constituição de 1988. Isto acabou sendo conseguido, mas com algumas limitações ao texto aprovado na Comissão Temática de Soberania dos Direitos e Garantias do Homem e da Mulher e na Comissão da Ordem Econômica. Mais difícil, sem dúvida, foi a aprovação do Código de Defesa do Consumidor, em 1990, quando o capital articulou-se com seus intelectuais, seus juristas e seus representantes institucionais, para tentar brecar o Projeto que saiu do Conselho Nacional de Defesa do Consumidor, instituição criada em 1985. Houve uma reação dialética à proposta inicial, ainda que o resultado final tenha ficado aquém da proposta inicial na íntegra, em sua maior parte foram aprovadas as pretensões do movimento social em prol da defesa do consumidor.

A defesa do consumidor - ao contrário do que diziam os intelectuais, os dirigentes e os juristas ligados ao capital, de que havia erros grosseiros na aprovação desse novo direito, com base em novos princípios, como a inversão do ônus da prova e a desconsideração da personalidade jurídica das empresas - não impediu a liberdade de contratar, nem prejudicou a iniciativa privada. Na observação de Carlos Alberto Bittar, em **Direitos do Consumidor**, um clássico sobre a matéria:

> [...], nesse campo, notório é o desequilíbrio existente - e percebido mesmo em épocas primitivas - em razão da força de que dispõem as empresas, que usam seu poderio econômico no mundo negocial, gerando preocupações à luz da preservação dos interesses dos consumidores, ou seja, dos destinatários finais de seus produtos (como adquirentes ou usuários de bens ou de serviço). Daí a ocorrência de práticas comerciais lesivas: condicionamento do fornecimento de um produto à aquisição de outro; inobservância de norma técnicas de produção; deflagração de publicidade enganosa do produto ou do serviço, ausência ou insuficiência de informações aos consumidores

> ou, ainda, divulgação indevida de informações (depreciativa de ação do consumidor); inclusão de cláusulas contratuais abusivas (como a de perda de numerário; exoneração de responsabilidade; excesso de garantias e outras); colocação no mercado de produtos ou de serviços viciados (como os casos de diferença de qualidade e de quantidade; de ausência de componente essencial e outros). Resultantes de um sistema econômico competitivo, em que nem sempre se respeitam os valores éticos que embasam a sua estruturação, essas práticas atingem os consumidores, pessoal ou patrimonialmente, causando-lhes danos os mais diversos, conforme o caso, à vida, à saúde, à privacidade, a interesses econômicos, ou a bens outros (BITTAR, 2011: 3).

Por conta da própria consciência da necessidade de se estabelecer uma legislação específica para a defesa dos consumidores, além de movimento ativo de vários juristas e da atuação efetiva do Instituto Brasileiro de Política e Direito do Consumidor (IBDC), foi instituída a Lei Federal nº 8.078, de 11.09.1990. O Código de Defesa do Consumidor (CDC) estabeleceu os direitos básicos do consumidor, no art. 6º, nos seguintes termos:

> I - a proteção da vida, saúde e segurança contra os riscos provocados por práticas no fornecimento de produtos e serviços considerados perigosos ou nocivos; II - a educação e divulgação sobre o consumo adequado dos produtos e serviços, assegurados a liberdade de escolha e a igualdade nas contratações; III - a informação adequada e clara sobre os diferentes produtos e serviços, com especificação correta de quantidade, características, composição, qualidade e preço, bem como sobre os riscos que apresentem; IV - a proteção contra a publicidade enganosa e abusiva, métodos comerciais coercitivos ou desleais, bem como contra práticas e cláusulas abusivas ou impostas no fornecimento de produtos e serviços; V - a modificação das cláusulas contratuais que estabeleçam prestações desproporcionais ou sua revisão em razão de fatos supervenientes que as tornem excessivamente onerosas; VI - a efetiva prevenção e reparação de danos patrimoniais e morais, individuais, coletivos e difusos; VII - o acesso aos órgãos judiciários e administrativos

> com vistas à prevenção ou reparação de danos patrimoniais e morais, individuais, coletivos ou difusos, assegurada a proteção jurídica, administrativa e técnica aos necessitados; VIII - a facilitação da defesa de seus direitos, inclusive com a inversão do ônus da prova, a seu favor, no processo civil, quando, a critério do juiz, for verossímil a alegação ou quando for ele hipossuficiente, segundo as regras ordinárias de experiências; IX - (Vetado); X - a adequada e eficaz prestação dos serviços públicos em geral.

De acordo com o art. 7°, da mesma legislação acima, os direitos previstos não excluíram outros decorrentes de tratados ou convenções internacionais de que o Brasil fosse assinante, da legislação interna ordinária, de regulamentos expedidos pelas autoridades administrativas competentes e dos que derivassem dos princípios gerais do direito, da analogia, dos costumes e da equidade. Estabeleceu ainda esse artigo que, tendo mais de um autor a ofensa, todos responderiam solidariamente pela reparação dos danos previstos nas normas de consumo. Tratou-se de disposição marcante no direito brasileiro, pelo grau de consciência de suas disposições entre os consumidores das diversas classes sociais, bem como pela efetiva defesa nos órgãos jurisdicionais, através de instituições de defesa, do Ministério Público e agora também da Defensoria Pública. Existem, também, os órgãos administrativos de fiscalização, em especial os Procons, de efetiva participação no problema, de modo a se dizer que há realmente políticas públicas de defesa do consumidor no Brasil.

Em menos de dois anos, depois da promulgação constitucional, em 5 de outubro de 1988, como já comentado, surgiu o referido Código de Defesa do Consumidor, em 1990. Tratou-se de lei que "pegou", porque logo as Câmaras Municipais e as Assembleias Legislativas começaram a elaborar leis locais e estaduais, respectivamente, sobre a matéria. Dispôs ainda sobre a obrigação dos estabelecimentos comerciais ou de prestação de serviço terem um exemplar da codificação à disposição do consumidor. Logo, as pessoas começaram a tomar conhecimento da lei e a buscar seu socorro, que era limitado antes dessa nova ordem constitucional, por ausência de serviços de assistência judiciária efetivos. A Lei Federal nº 8.078, de 11.09.1990, no seu art. 3º, dispôs que as operações comerciais estavam submetidas ao direito do consumidor, de modo a vincular o contrato ao Código de Defesa do Consumidor, em substituição ao princípio de que o contrato era lei entre as partes (MARQUES, 2003: 79).

A dinâmica do direito e da vida moderna, especialmente com o surgimento dos chamados contratos de adesão, introduziu alterações profundas na denominada teoria clássica dos contratos. Os tribunais brasileiros, consoantes robustos julgamentos, vieram demonstrando a inadequação da teoria clássica, cristalizada no aforismo de que o contrato era lei entre as partes, face à moderna prática contratual. Humberto Theodoro Júnior, enaltecendo o instituto liberal, criticou o direito do consumidor e afirmou que:

> Do princípio da autonomia da vontade decorre naturalmente o princípio da força obrigatória daquilo que o consenso dos contratantes estipulou. [...] Fora desse quadro, o contrato é ato jurídico perfeito, cuja força, no direito brasileiro, é protegida por garantia constitucional (CF, art. 5º, nº XXXVI), ficando imune de qualquer dos contratantes, seja do juiz até mesmo do legislador. [...] O enfraquecimento do contrato, com a facilidade das revisões judiciais por motivo de equidade, salvo raríssimas exceções, contribuiria para debilitar o comércio jurídico e jamais para incentivá-lo ou incrementá-lo (THEODORO JÚNIOR, 1993: 25-7).

Fez necessário levar-se em consideração as situações em que havia onerosidade excessiva para uma das partes, com evidente desequilíbrio entre os contratantes, diante de transformações no campo das relações de consumo. Foi, nessa matéria, que atuou o Código de Defesa do Consumidor de 1990, visando a reequilibrar as partes contratantes dentro da relação de consumo estabelecida. A Lei Federal nº 8.078, de 11.09.1990, em seu artigo 3º, § 2º, conceituou serviço como qualquer atividade fornecida no mercado de consumo mediante remuneração, inclusive, as de natureza bancária, financeira, de crédito e securitária, salvo as decorrentes das relações de caráter trabalhista.

A legislação, ao fazer referência explícita às atividades bancárias, financeiras, de créditos e securitárias como serviços, enquadrou-as no conceito de serviço dado pelo Código de Defesa do Consumidor. Demonstrou-se que o legislador quis afastar a possibilidade de uma interpretação que pudesse excluir do conceito geral as atividades de grande movimentação de consumo, como as relacionadas aos bancos e às seguradoras. A doutrina entendeu como caracterizada a vulnerabilidade pela imposição de um contrato pré-elaborado e pela possibilidade de, em nome do contratante, preencher-se as cláusulas contratuais em branco.

Não houve nenhuma dúvida de que a superioridade econômica e técnica que possuía a empresa em relação à maioria de seus clientes tratava-se de um fato importante, que devia ser levado em consideração pela lei na defesa da posição inferiorizada. Foram caracterizados os contratos firmados como contratos de consumo, estes se enquadrando na moldura legal traçada pelo Código de Defesa do Consumidor. Por ele, esses contratos devem ser regidos, estando presentes na relação contratual os princípios da transparência e da boa-fé, além de outros constantes nesta codificação, dentre os quais, a inversão do ônus da prova.

No Brasil, nos termos da Lei Federal nº 8.078, de 11.09.1990, no **caput** do art. 2º, o consumidor foi descrito como toda pessoa física ou jurídica que adquire ou utiliza produto ou serviço como destinatário final, como já mencionado antes. Por outro lado, equiparou-se ao consumidor à coletividade de pessoas, ainda que indetermináveis, que houver intervindo nas relações de consumo. Foram descritas, como consumidoras, as pessoas de todas as classes sociais, em especial, os proprietários, a classe média e os trabalhadores de carteira assinada. Compreendiam, portanto, os que iam ao mercado para satisfazer suas necessidades, fosse para alimentação sua e de sua prole, fosse para o luxo ou o consumismo.

Contrapondo-se aos consumidores, no art. 3º, **caput**, da lei acima, o fornecedor foi descrito como toda pessoa física ou jurídica, pública ou privada, nacional ou estrangeira, bem como os entes despersonalizados, que desenvolviam atividades de produção, de montagem, de criação, de construção, de transformação, de importação, de exportação, de distribuição ou de comercialização de produtos ou prestação de serviços. No mesmo sentido, o produto foi entendido como qualquer bem, móvel ou imóvel, material ou imaterial.

Existiam dificuldades evidentes entre os consumidores de classe média, quando tinham um produto com problema ou quando ele não fosse entregue. Para os trabalhadores assalariados, tal situação era pior ainda, por se tratar de um assunto em que não possuíam pleno domínio, além da dificuldade financeira e de tempo para resolver os problemas. De modo geral, suas causas não interessavam aos advogados, mesmo os que faziam a advocacia mais simples nas periferias das cidades. Os trabalhadores não recebiam informações sobre seus direitos, nem sobre os procedimentos a serem tomados com as dificuldades na entrega do produto ou na prestação do serviço. Pior, se tivessem informação, não recebiam renda para a iniciativa pessoal, nem havia prestação de serviço público para garantir o acesso à Justiça. Havia o esvaziamento da possibilidade do consumidor se defender ou mesmo de acionar as grandes empresas e suas filiais.

O consumidor tinha, como maior problema, o fato de não ter informações sobre nada – não sabia quais direitos poderiam apoiar-lhe o pleito, não conhecia as normas que lhe permitiria discutir a matéria e não tinha como ingressar judicialmente, salvo através dos Juizados Especiais ou por meio de Defensor Público. A desinformação nas relações de consumo levou, muitas vezes, o consumidor a achar natural ser discriminado, humilhado ou espoliado, dentro da lógica de que o contrato era a lei entre as partes, velha máxima do Código Civil, de 1916. Assim, o consumidor ou desistia de continuar reclamando ou se conformava com acordos desfavoráveis, mas tudo isso mudou com a Constituição de 1988 e com o direito dos consumidores.

Essa transformação foi perceptível na atuação da Defensoria Pública, pois esta instituição passou a tratar de questões que inicialmente não eram de sua alçada. De modo geral, ficava essa instituição limitada ao direito penal dos acusados e ao direito de famílias de mulheres abandonadas por seus maridos. Todavia, tal quadro logo mudou, com os consumidores pobres passando a procurar a instituição para lhes proteger nas relações jurídicas em que eram prejudicados pelos fornecedores. O sucesso que se começou a obter na proteção daqueles logo fez com que a demanda por tais serviços públicos aumentasse e, em consequência, a própria Defensoria Pública crescesse como órgão público e ampliasse seu poder de atuação. Inclusive, passou a ter competência para propor ação civil pública quanto às relações de consumo, por meio da Lei Federal nº 11.448, de 15.01.2007.

O direito do consumidor, então, passou a fazer parte do cotidiano das pessoas, ao balizar suas relações de consumo, inclusive, influenciando a própria conduta do fornecedor, que começou a se interessar em respeitar e em conquistar aquele que consumia. Ainda que o mercado, na sociedade capitalista, exercesse forte influência naquele que consumia, a partir da aparência do bem ou do serviço, existia a possibilidade de o consumidor também efetuar suas escolhas e determinar sua moda ou seu gosto do ponto de vista pessoal. Apesar do seu condicionamento pela propaganda e pelas estratégias de *marketing*, surgiu uma consciência crítica em potencial no consumidor, que este pode desenvolver ou não, conforme estivesse mobilizado politicamente ou não.

O Código de Defesa do Consumidor com base nas disposições constitucionais, passou a indicar um consumo influenciado não só pelo mercado, mas também pelas necessidades reais do consumidor. Para tanto, além dos órgãos judiciais de apoio, principiou a tratar da educação do mercado, para que o ato de consumir implicasse a preservação de recursos naturais e o respeito à dignidade, à saúde e à garantia do bem-estar do consumidor. É possível deduzir-se, na Política Nacional das Relações do Consumo, instituída pelo Código, de que há a indicação legal para que se adote o consumo sustentável. Este deve ser entendido como o consumo que se limita às necessidades essenciais da humanidade, sem destruir o meio ambiente, conforme as recomendações da Organização das Nações Unidas, em 2003.

Ao analisar a formulação da Política Nacional das Relações de Consumo, José Geraldo Brito Filomeno disse que:

> Dentro ainda da perspectiva da política nacional das relações de consumo, cabe ao Estado não apenas desenvolver atividades nesse sentido, mediante a instituição de órgãos públicos de defesa do consumidor, como também incentivando a criação de associações civis que tenham por objeto referida defesa. [...] No campo da ação efetiva no mercado, cabe ao Estado regulá-lo, quer mediante a assunção de faixas de produção não atingidas pela iniciativa privada, quer intervindo quando haja distorções, sem falar-se no zelo pela qualidade, segurança, durabilidade e desempenho dos produtos e serviços oferecidos ao público consumidor (FILOMENO, 2011: 74-5).

Depois do Código de Defesa do Consumidor, surgiu a Lei Federal nº 8.137, de 27.12.1990, que passou a punir, dentre outros, os crimes contra as relações de consumo, no seu art. 7º. Para tanto, foram previstos os tipos penais "favorecimento indevido a freguês", "venda de bem com embalagem em desacordo com as prescrições legais cabíveis", "mistura indevida de produtos" e "fraude em preços", com pena de detenção de dois a cinco anos, ou multa. Veio, ainda, a organização do Sistema Nacional de Defesa do Consumidor (SNDC), de acordo com o Decreto Federal nº 861, de 09.07.1993, bem como a alteração do Código de Defesa do Consumidor, pela Lei Federal nº 8.703, de 06.09.1993, com a instituição de multa administrativa dentre suas punições.

Agora, bem recente, por iniciativa do Instituto Brasileiro de Política e Direito do Consumidor (Brasilcom), foi constituída "Comissão de Juristas Código de Defesa do Consumidor", que apresentou Projeto de Lei junto ao Senado Federal, em 2012. Dentre outras matérias, merecem destaque as disposições sobre comércio eletrônico. Previu-se a criação de uma Seção VII, exclusivamente sobre esta matéria, com a instituição dos arts. 45-A a 45-E, além de alterar outras matérias. A crescente complexidade das relações de consumo demanda a previsão de disposições que tratam do comércio eletrônico, que cada vez mais altera o mercado de consumo. Se antes era difícil para o consumidor fazer valer seus direitos, com esse novo comércio fica mais difícil, ainda, pela distância física, em vários casos com fornecedores internacionais.

A participação do movimento social, no processo de elaboração da Constituinte de 1988 e do Código de Defesa do Consumidor de 1990, resultou de que o direito do consumidor teve efetividade na consciência social e nos órgãos do Judiciário. Essa mudança fez com que, através do seu estudo e de sua pesquisa, pudesse se compreender o processo de produção de normas jurídicas de natureza crítica e democrática. Ao mesmo tempo, indicou a necessidade da realização de um consumo que estivesse relacionado com a proteção do meio ambiente e com a real necessidade social e pessoal dos que consomem no que se chama de consumo consciente. Por fim, por conta do movimento social, foi estabelecida política pública de consumo, no Brasil, no final do século XX.

Capítulo IV

Política Pública de Consumo

Ementa: 4.1. Consumidor e Proteção ao Hipossuficiente; 4.2. Política das Relações de Consumo; 4.3. Princípio da Boa-Fé Objetiva; 4.4. Cláusula Abusiva e de Surpresa; 4.5. Lesão e Contrato de Adesão; 4.6. Proteção à Saúde e à Segurança; 4.7. Oferta do Produto e Propaganda; 4.8. Direito Processual e Consumidor; 4.9. Associação e Ação Coletiva; 4.10. Educação e Informação do Consumidor; 4.11. Consumo e Proteção Ambiental.

4.1. CONSUMIDOR E PROTEÇÃO AO HIPOSSUFICIENTE

A Constituição de 1988 estabeleceu o primado do direito do consumidor e, com isto, as bases para a definição de política de consumo. Foi uma revolução no meio jurídico brasileiro, pois se tratava de um novo direito com base na consideração de que o consumidor era hipossuficiente e, por conta disto, precisava ser protegido do fornecedor. A defesa do consumidor principiou a ser uma política importante do Estado brasileiro, porque passou a definir os limites que o mercado podia estabelecer suas próprias regras. O Estado, então, assumiu a responsabilidade de regulamentar e de mediar os conflitos de interesses nas relações de consumo.

A Constituição de 1988, no art. 5º, XXXII, prevê, como direito e garantia individual, o direito do consumidor. Pelo art. 24, ela dispõe que compete à União, aos Estados e ao Distrito Federal legislar concorrentemente sobre responsabilidade por dano ao meio ambiente, ao consumidor, a bens e direitos de valor artístico, estético, histórico, turístico e paisagístico. Tratou-se de inovação importante para regular o comércio e a prestação de serviço, no final do século XX, como já comentado no capítulo anterior. Ficou evidente, com isso, como observou Ingo Wolfgang Sarlet, que:

> Importante é, pois, ter sempre em mente que mesmo uma Constituição de um Estado social e democrático de Direito não poderá jamais negligenciar o patamar de desenvolvimento social, econômico e cultural da comunidade, sob pena de comprometer seriamente sua força normativa e suas possibilidades de atingir uma plena efetividade (SARLET, 1999: 121).

As competências classificam-se em privativa, concorrente e comum. Na presença da competência concorrente, as entidades da Federação podem legislar, mas, havendo um conflito entre as leis de diferente competência, prevalece a da União sobre a do Estado-membro ou a do Município e, ainda, prevalece a lei dos Estados-membros sobre a dos Municípios. A Constituição de 1988, em seu art. 24, apenas estabeleceu a competência concorrente entre a União, os Estados-membros e o Distrito Federal, estando excluídos os Municípios de tais competências concorrentes expressas. As Constituições anteriores à atual não tinham, salvo em matéria tributária, previsão para competência comum ou concorrente, sendo uma inovação no constitucionalismo brasileiro do final do século passado. A ideia é a de que as competências de diferentes entidades federadas funcionam como um sistema coordenado e, não, como uma fonte de conflitos. No caso, União, Estados-membros e Distrito Federal têm competência para legislar sobre responsabilidade por dano ao consumidor.

É facilmente observável que a demanda social e econômica acabam influenciando a proteção do consumidor, como comentou Maria Antonieta Zanardo Donato:

> Merecem, contudo, destaque as preocupações demonstradas pelos sociólogos ao constatar que o consumo tem sido sempre um dos três maiores fatores na economia, justificando a produção e a distribuição. Ainda assim, o consumo tem se mantido pessoal. Os consumidores permanecem isolados e desunidos, não podendo, sequer, discutir os termos de um contrato com os gigantes da economia. Ou por outras palavras, os consumidores têm estado à mercê dos produtores e distribuidores. O crescimento da consciência do consumidor tem se mostrado evidente. É cedo para falar-se em consumerismo como um movimento social, ou em uma revolução de classes, mas o palco está montado. Vê-se que a preocupação em torno da vulnerabilidade do consumidor e sua necessária tutela não se encontra adstrita à ciência jurídica (DONATO, 1993: 45).

Em consequência da constitucionalização do direito do consumidor, veio o Código de Defesa do Consumidor de 1990 dispondo sobre a matéria, como comentou Cláudia Lima Marques:

> No Brasil, antes do CDC, não fazia mesmo sentido se falar em proteção contratual do consumidor, já que este, assim denominado, inexistia como entidade jurídica com perfil próprio. Havia, isso sim, já um esforço da jurisprudência no sentido de mitigar o rigor do nosso Código Civil e o apego descomedido da doutrina a certos princípios que, diante da sociedade de produção e consumo em massa, gritavam por reforma. Quando falamos em *contrato no Código de Defesa do Consumidor,*

> estamos, efetivamente, cuidando de contratos de consumo. E, quando estudamos os contratos de consumo ou sobre eles legislamos, assim o fazemos em razão de algo que poderíamos denominar de *vulnerabilidade contratual do consumidor.* É esse fenômeno jurídico - mas também econômico e social - que leva o legislador a buscar formas de proteger o consumidor. [...] Na vida do mercado, busca-se tutelar o consumidor principalmente em dois aspectos: na sua integridade físico-psíquica e na sua integridade econômica (MARQUES, 2011: 11).

Na verdade, passou mais de um quarto de século da promulgação da Constituição de 1988 e até agora não se encontrou uma questão em que houvesse um antagonismo incruento entre a União e os Estados-membros ou o Distrito Federal. Cabe-lhes, assim, legislar de forma concorrente sobre a responsabilidade por dano ao consumidor. Essa matéria encontra-se disposta, basicamente, na Lei Federal nº 7.347, de 24.7.1985, e no Decreto Federal nº 1.306, de 09.11.1994, sobre a ação civil de responsabilidade por danos causados ao consumidor, ou seja, a competência sobre política de consumo.

4.2. POLÍTICA DAS RELAÇÕES DE CONSUMO

A Lei Federal nº 8.078, de 11.09.1990, no seu art. 3º, dispôs que as operações de consumo estavam submetidas ao direito do consumidor, de modo a vincular o contrato ao Código de Defesa do Consumidor, em substituição ao princípio do *pacto sunt servanda*. O Código Civil de 1916, no seu art. 115, considerava ilícitas as cláusulas contratuais quando uma das partes fosse submetida ao arbítrio da outra, com a observância da vedação a imposições excessivas. Ele estabelecia que eram "lícitas, em geral, todas as condições, que a lei não vedasse expressamente. Entre as condições defesas se incluem as que privarem de todo efeito o ato ou o sujeitarem ao arbítrio de uma das partes". No mesmo sentido, caminha o novo Código Civil, Lei Federal nº 10.406, de 10.02.2002, no seu art. 122, em que estabelece que "são lícitas, em geral, todas as condições não contrárias à lei, à ordem pública ou aos bons costumes; entre as condições defesas se incluem as que privarem de todo efeito o negócio jurídico, ou o sujeitarem ao puro arbítrio de uma das partes". Consolida-se a questão no âmbito também do direito civil, da proteção do mais fraco nas relações jurídicas, ainda que mitigada pela prevalência da liberdade contratual.

A importância do direito do consumidor está prevista na Constituição de 1988, no art. 5º, XXXII, como também em várias outras disposições constitucionais, bem como no Código de Defesa do Consumidor. Sobre política de consumo, pode-se afirmar que:

> A disciplina juridicamente predisposta no *Código do Consumidor* oferece meios tanto para uma política de auxílio à regulação social (sintetizável na aspiração à melhora da qualidade de vida das pessoas) como para uma política de auxílio à regulação econômica (ou seja, das atividades diretamente ligadas ao funcionamento do mercado, tais como o controle dos preços oligopólicos ou monopólicos, da expansão do crédito, da qualidade da informação, e da preservação da estrutura concorrencial). Pode-se dizer, igualmente, com todo o cuidado, que o modelo normativo do Código de Proteção do Consumidor "*politiza*" os seus agentes de aplicação: a instrumentalização das estruturas legais faz com que estas percam de maneira explícita a sua costumeiramente propalada "neutralidade" (relembre-se a norma do art. 47 do *Código do Consumidor*). A promoção de metas pré-discriminadas *funcionaliza* a lei àquelas metas e aos interesses correlativos. No caso do direito do consumidor, trata-se de *reduzir o desequilíbrio de poder* que se verifica entre os parceiros econômicos que são os fornecedores e os consumidores. Procura-se diminuir as debilidades e as lacunas do sistema de mercado, debilidades e lacunas estas que são as fontes do desequilíbrio fundamental que caracteriza as relações de consumo *em estado puro*, num mercado inegavelmente distante do modelo de concorrência perfeita. A lei a isto se refere como "princípio da vulnerabilidade do consumidor" (art. 4º, inc. I) (TOMASETTI JÚNIOR, 1995: 30).

Para Fábio Ulhoa Coelho, com a entrada em vigor do Código Civil de 2002 alterou-se uma vez mais a divisão dos regimes contratuais de direito privado. Esse Código adotou a tese da uniformização do direito das obrigações, eliminando as diferenças, já que eram sutis e de pouca relevância, entre os regimes de direito civil e de direito comercial. Hoje, o direito privado dos contratos se biparte em dois regimes: a) cível; b) tutela dos consumidores. Em termos genéricos e ainda um tanto imprecisos, o regime cível disciplina as relações contratuais entre contratantes iguais - dois empresários ou dois não empresários, por exemplo -, e o de tutela dos consumidores cuida das relações entre contratantes desiguais - um empresário e um não empresário, por exemplo. Tecnicamente falando, porém, a definição do regime jurídico a aplicar se encontra no conceito legal das relações de consumo. Quando caracterizada esta, o contrato se submete ao Código de Defesa do Consumidor de 1990 e quando não, ao Código Civil de 2002 (COELHO, 2002: 165).

Fábio Ulhoa Coelho, sobre o novo direito do consumidor e seu âmbito de atuação, disse que:

> Com a entrada em vigor do Código Civil de 2002, altera-se uma vez mais a divisão dos regimes contratuais de direito privado. Este Código adotou a tese da uniformização do direito das obrigações, eliminando as diferenças - que eram já sutis e de pouca relevância - entre os regimes civil e comercial. Hoje, o direito privado dos contratos se biparte em dois regimes: o cível e o de tutela dos consumidores. Em termos genéricos e ainda um tanto impreciso, o regime cível disciplina as relações contratuais entre contratantes iguais (dois empresários ou dois não empresários, por exemplo), e o consumidor cuida das relações entre contratantes desiguais (um empresário e um não empresário, por exemplo). Tecnicamente falando, porém, a definição do regime jurídico a aplicar se encontra no conceito legal das relações de consumo. Quando caracterizada esta, o contrato se submete ao Código de Defesa do Consumidor: quando não, ao Código Civil de 2002 (COELHO, 2002: 165).

Em posição contrária encontrava-se Arnaldo Wald, pois, para ele, devia-se distinguir entre o consumo próprio ou impróprio e o consumo físico ou econômico. Diferenciava, ainda, os bens de consumo propriamente ditos, que eram integralmente consumíveis e que se deterioravam pela utilização, e os bens relativamente consumíveis, conhecidos como bens de uso, que se deterioram gradativamente com o correr do tempo. Para o autor, a expressão "relação de consumo" referia-se, apenas, aos bens de consumo adquiridos para uso próprio, dentro do conceito de destinatário final. Concluiu, ainda, que se viu, portanto, que o consumo e a poupança não apenas se distinguiam como também eram diametralmente opostos. Um era antinomia do outro, sendo de todo incabível, consequentemente, a tentativa de enquadramento da relação oriunda de um investimento como a poupança no Código de Defesa do Consumidor, de 1990 (WALD, 2002: 285-6), no que o autor se mostrou equivocado.

Nem todos mantinham essa posição extremada, em favor da liberdade contratual, passando alguns a considerarem que existiam dois contratos nas relações bancárias: a) em um ocorria a proteção da tutela da Lei Federal nº 8.078, de 11.09.1990, principalmente, na prestação de serviços típicos, nas operações bancárias acessórias, como transpasso bancário ou cobrança simples; b) ao passo que, no mútuo que envolvia o empréstimo de dinheiro, nas operações bancárias ativas, não haveria tal vínculo. Para tais autores, estariam submetidas às regras do consumo apenas as operações em que havia prestação de serviço propriamente dito, não ocorrendo o mesmo com as operações de concessão de crédito, por envolverem outro bem econômico diverso. O Supremo Tribunal Federal, em meados de 2006, rejeitou as teses acima, declarando constitucionais as disposições do Código de Defesa do Consumidor sobre os contratos bancários nas operações ativas, conforme a Adi nº 2591, como já comentado antes.

José Geraldo Brito Filomeno disse o seguinte:

> Consoante se verifica, referidas ponderações não resistem à simples constatação de que, afora serem as atividades bancárias previstas, expressamente, pelo Código do Consumidor como atividades econômicas e de relações de consumo, constituem-se bem basicamente duas operações principais: *concessão de crédito, cujo produto é "dinheiro", e assim é tratado além de apregoado pelos responsáveis pelas instituições financeiras; e prestações de serviços aos consumidores, quer no recolhimento de tributos ou outros pagamentos a crédito de terceiros, quer no próprio exercício de sua atividade precípua* (FILOMENO, 2011: 56).

A Resolução do Conselho Monetário Nacional nº 2.878, de 26.07.2001, com o título de Código de Defesa do Cliente Bancário (HILDEBRAND, 2001: 13), fixou, em seu art. 1º, que eram seus princípios: a) a transparência nas relações contratuais, preservando o cliente e o usuário de prática não equitativa ao se exigir prévio e integral conhecimento da cláusula contratual; b) a resposta tempestiva às consultas, às reclamações e aos pedidos de informações dos clientes; c) a clareza e o formato que permita fácil leitura dos contratos celebrados com clientes; d) a recepção pelos clientes de cópia do contrato; e) a efetiva prevenção e reparação de danos patrimoniais e morais, causados aos clientes e aos usuários. A disposição acima foi complementada e modificada pela Resolução do Conselho Monetário Nacional nº 2.892, de 27.09.2001.

Discutindo o Código de Defesa do Cliente Bancário, Carlos Alberto Hagström disse que:

> A Resolução não define "cliente" e "público em geral". Cliente, na acepção vulgar, traduz a noção de um relacionamento, geralmente comercial, habitual. Em se tratando do relacionamento com as instituições financeiras, pensamos ser apropriado entender como cliente a pessoa (física ou jurídica) que mantém com a instituição financeira relações contratuais "permanentes", isto é, continuadas, duradouras, (*v.g.*: contrato de depósito, qualquer que seja a sua modalidade). Sob a denominação

> de "público em geral" deve-se entender os usuários das instituições financeiras, ou seja, todos aqueles não enquadrados na categoria de clientes e que, independente da existência de relação contratual com a instituição, dela se utilizam (por exemplo: aqueles que a ela se dirigem para pagar tributos ou tarifas públicas, para receber benefícios previdenciários ou cheques emitidos por clientes, para efetuar depósito em conta de cliente etc.) (HAGSTRÖM, 2003: 74-5).

Reynaldo Andrade de Silveira entendeu que o Código de Defesa do Cliente Bancário, na verdade, nem revogou, nem inovou; simplesmente, o que valiam eram as disposições do Código de Defesa do Consumidor, nos seguintes termos:

> A conclusão inexorável a que se chega a termo é que a atividade bancária é serviço, nos termos do Código de Defesa do Consumidor, sendo o usuário/cliente, *consumidor*, nos termos da lei, bem como os bancos, as instituições financeiras e de crédito, além das companhias de seguro, *fornecedores*. Ademais, a relação estabelecida entre tais entes e os consumidores deve ser considerada como uma tradicional relação de consumo, inclusive por decorrência do fenômeno denominado "bancarização". A Resolução Bancen 2.878/2001 e ainda sua consequente - Resolução 2.892/2001 - não revogam nenhum princípio, norma ou regra inserida no Código de Defesa do Consumidor, até porque o Banco Central do Brasil não tem competência legislativa para dispor sobre as relações de consumo (SILVEIRA, 2004: 149).

É necessário levar em consideração as situações em que existe onerosidade excessiva para uma parte, havendo evidente desequilíbrio entre os contratantes ou transformação radical no campo sócio-econômico. Trata-se de área em que atua o Código de Defesa do Consumidor, visando reequilibrar as partes contratantes dentro da relação de consumo estabelecida. Este, em seu art. 3º, § 2º, conceitua serviço como qualquer atividade fornecida no mercado de consumo mediante remuneração, inclusive, as de natureza bancária, financeira, de crédito e securitária, salvo as decorrentes das relações de caráter trabalhista.

A legislação, ao fazer referências explícitas às atividades bancárias, financeiras, de créditos e securitárias como serviços, enquadra-as no conceito de serviço dado pelo Código de Defesa do Consumidor. Isso demonstra que o legislador quis afastar a possibilidade de uma interpretação que pudesse excluir do conceito geral atividade de grande movimentação de consumo, como as relacionadas aos bancos, dispondo expressamente a matéria em um parágrafo, como se quisesse ensinar a nova regra. A doutrina entende como caracterizada a vulnerabilidade pela imposição de um contrato pré-elaborado e pela possibilidade de, em nome do contratante, preencherem-se cláusulas contratuais.

Ao se analisar a relação entre o banco e o cliente, não é difícil perceber a relação entre o fornecedor e o consumidor, além do texto expresso do Código de Defesa do Consumidor. Sobre a matéria, Cláudia Lima Marques disse que:

> Na análise da nova realidade contratual massificada, denominamos um fenômeno que já se observa no mercado brasileiro atual, de contratos cativos de longa duração. [...] Esta posição de dependência ou, como aqui estamos denominando, de "catividade", só pode ser entendida no exame do contexto das relações atuais, onde determinados serviços prestados no mercado asseguram (ou prometem) ao consumidor e sua família *status*, "segurança", "crédito renovado", "escola ou formação universitária certa e qualificada", "moradia assegurada" ou mesmo "saúde" no futuro. [...] Um dos exemplos principais destes contratos cativos de longa duração são as novas relações banco-cliente e sobre estas quero agora concentrar minha análise, apresentando alguns aspectos novos, que podem ser encontrados também nas relações e contratos de uso de cartão de crédito, nos seguros em geral, nos serviços de organização e aproximação de interessados (como os exercidos pelas empresas de consórcios), nos serviços de transmissão de informação e de investimento de numerário alheio, de representação e compra de ações etc. (MARQUES, 2011: 19-20).

Não há nenhuma dúvida de que a superioridade econômica e técnica que possuem as empresas em relação à maioria dos seus clientes é um fato importante levado em consideração pela legislação na defesa da posição inferiorizada do consumidor. Caracterizados os contratos firmados como contratos de consumo, estes se enquadram na moldura legal traçada pelo Código de Defesa do Consumidor. Por ele devem ser regidos, estando presentes na relação contratual o princípio da transparência e da boa-fé, além de outros constantes nessa codificação, dentre os quais a inversão do ônus da prova, que, desde então, pode ser requerida pelo consumidor em desfavor do fornecedor.

Ao analisar os princípios do direito do consumidor, Cristiane Derani afirmou que:

> Os princípios são normas jurídicas, mas não são confundidos com prescrições individualizadas de comportamento. Eles orientam o comportamento. Quando tratamos especificamente dos princípios da Ordem Econômica, tratamos de princípios que orientam as Políticas Econômicas. [...] Nos processos interpretativos, princípios diferentes se encontram e formam seu conteúdo pelo intercâmbio de sentido que empreendem. O conteúdo dos princípios, sua real dimensão e alcance com todos os matizes da ideia que encerram, só é plenamente possível de ser determinado ao ser invocado sua aplicação num determinado contexto. Os princípios desenvolvem seu próprio conteúdo somente quando compõem uma dinâmica conjunta de recíproca complementação e limitação. Portanto, a construção de uma Política das Relações de Consumo não traduz mera concretização do princípio da defesa do consumidor, mas é o resultado da composição de todos os princípios da Ordem Econômica, como por exemplo, o princípio da livre iniciativa e da livre concorrência (DERANI, 1999: 37-8).

Isto é, a harmonização dos interesses dos participantes das relações de consumo e a compatibilização da proteção do consumidor com a necessidade do desenvolvimento econômico e tecnológico existem de modo a viabilizar os princípios nos quais se funda a ordem econômica, sempre com base na boa-fé e no equilíbrio nas relações entre os consumidores e os fornecedores. Desse modo, a educação e a informação de fornecedores e de consumidores, quanto aos seus direitos e seus deveres, são vistas como a melhoria do mercado de consumo. José Geraldo Brito Filomeno, quanto aos direitos básicos do consumidor, esclareceu que:

> Resta mais do que evidente que o consumidor, sobretudo quando se dispõe não exatamente a defender um interesse ou direito seu (por exemplo, um grave defeito de fabricação de um produto, ou então um medicamento com fator de risco maior do que o seu fator de benefício), procura resolver a pendência pelos meios menos custosos e, por que não dizer, menos traumáticos, mas, quando frustrados, muitas vezes se queda inerte, não apenas pelos custos da justiça comum, e sua notória e irritante morosidade, como também em face do que irá enfrentar, ou seja, o poder econômico, incontestavelmente mais bem aparelhado e treinado para referidas questões. Daí porque se parte do princípio da fraqueza manifesta do consumidor no mercado para conferir-lhe certos instrumentos para melhor defender-se (FILOMENTO, 2011: 74).

Ocorre o incentivo à criação pelos fornecedores de meios eficientes de controle de qualidade e de segurança de produtos e de serviços, assim como de mecanismos alternativos de solução dos conflitos de consumo. Resulta em coibição e em repressão eficientes a quase todos os abusos praticados no mercado de consumo; inclusive, a concorrência desleal e a utilização indevida de inventos e de criações industriais das marcas e dos nomes comerciais e dos signos distintivos que possam causar prejuízos aos consumidores. A racionalização e a melhoria dos serviços públicos significa o estudo constante das modificações do mercado de consumo.

Quanto ao direito do usuário – o consumidor dos serviços públicos –, prevê o art. 37, § 3º, da Constituição de 1988, por força da Emenda Constitucional nº 19, de 04.06.1998, que:

> A lei disciplinará as formas de participação do usuário na administração pública direta e indireta, regulando especialmente: I - as reclamações relativas à prestação dos serviços públicos em geral, asseguradas a manutenção de serviço de atendimento ao usuário e a avaliação periódica, externa e interna, da qualidade dos serviços; II - o acesso dos usuários a registros administrativos e as informações sobre atos do governo, observado o disposto no art. 5º, X e XXXIII; III - a disciplina da representação contra o exercício negligente ou abusivo de cargo, emprego ou função na administração.

O art. 175 da Constituição de 1988 diz que "incumbe ao Poder Público, na forma da lei, diretamente ou pelo regime de concessão ou permissão, sempre através de licitação, a prestação de serviços públicos. Parágrafo único. A lei disporá sobre: [...]; II - os direitos dos usuários; [...]". Pode ocorrer, para melhor funcionar a economia, que haja a intervenção nas empresas privadas que prestem serviços públicos. Os serviços podem ser públicos quando, por sua essencialidade, são executados pelo próprio Estado ou quando são serviços de utilidade pública, em que há predomínio do interesse público, ainda que não lhe seja essencial, como o transporte público. Os serviços de utilidade pública podem ser permitidos ou concedidos, sempre através de licitação, com o regime das empresas concessionárias ou permissionárias de serviço público e com o caráter especial de seu contrato e de sua prorrogação. Devem ser observados, ainda, os direitos dos usuários, a política tarifária e a obrigação de manter o serviço adequado. Enquanto essa codificação acerca dos direitos dos usuários não vem, prevalecem as normas da legislação de defesa do consumidor.

O regime de concessão e de permissão da prestação de serviços públicos encontra-se previsto na Lei Federal nº 8.987, de 13.02.1995. Por outro lado, a outorga e a prorrogação das concessões e das permissões de serviços públicos estão na Lei Federal nº 9.074, de 07.07.1995. Previu-se que a concessão e a permissão devem ser precedidas de licitação, que consiste no processo pelo qual o Estado seleciona as melhores propostas para obras ou serviços de seu interesse. Na verdade, trata-se da institucionalização de uma conduta corrente entre os particulares, de verificarem a melhor proposta de um determinado processo, que muitas vezes implica pesquisa de preço e comparações entre eles. O objetivo do Estado consiste em efetuar um determinado contrato, sendo a licitação o meio pelo qual se examina a melhor proposta para o interesse da Administração Pública. As licitações e suas modalidades estão previstas na Lei nº 8.666, de 21.06.1993, e nas modificações.

O regime das empresas concessionárias e permissionárias de serviços públicos tem caráter especial no seu contrato e na sua prorrogação; bem como as condições de caducidade, fiscalização e rescisão da concessão ou permissão são matérias de interesse público, em que deve prevalecer a vontade do Estado, ficando, portanto, tudo estabelecido unilateralmente. Cabe aos empresários, apenas, discutir o aspecto econômico do contrato ou decreto, se interessa e se tem viabilidade. Nesses contratos, devem constar, também, os direitos dos usuários, mesmo que projetos a respeito do Código de Defesa do Usuário ainda estejam em tramitação no Congresso Nacional. O Projeto de Lei (PL) nº 6.953/2003, no art. 1º, § 1º, dispôs que "considera-se usuário a pessoa física ou jurídica que, direta ou indiretamente, utiliza efetiva ou potencialmente os serviços públicos prestados pela administração direta e indireta da União, diretamente ou sob o regime de concessão, permissão, autorização ou qualquer outra forma delegação por ato administrativo, contrato ou convênio".

O Governo estabelece a política tarifária, fixando, de acordo com as condições dos usuários, o valor previsto na planilha de preço e, ainda, o lucro para o empresário, também na obrigação de a empresa concessionária e permissionária para que ele se interesse pelo negócio. Existe, hoje, o princípio da eficiência, transcrito atualmente no **caput** do art. 37, da Constituição de

1988, que se traduz em se manter serviço adequado aos usuários do serviço público, como os usuários de serviços públicos frequentemente reclamam, seja em transporte, em saúde ou em educação, entre outros.

O art. 22 do Código de Defesa do Consumidor de 1990 dispôs que os órgãos públicos, por si ou por suas empresas, concessionárias, permissionárias ou sob qualquer outra forma de empreendimento, são obrigados a fornecer serviços adequados, eficientes, seguros e, quanto aos essenciais, contínuos. Nos casos de descumprimento, total ou parcial, das obrigações referidas nesse artigo, devem ser as pessoas jurídicas compelidas a cumpri-las e a reparar os danos causados, na forma prevista na codificação acima. Trata-se, portanto, de avanço considerável na proteção do consumidor e no estabelecimento de sua política pública, que prevalece enquanto não aprovado o Código de Defesa do Usuário pelo Congresso Nacional.

4.3. PRINCÍPIO DA BOA-FÉ OBJETIVA

A boa-fé consiste em uma expressão que tem muitos significados, estando relacionada com a ideia de lealdade, de confiança e de honestidade (BAPTISTA, 2003: 29). No entanto, podem-se estabelecer alguns parâmetros, como: a) ausência de malícia ou intuito lesivo; b) obediência à letra e ao espírito do contrato; c) motivação ou causa da prática do ato; d) inexigibilidade de outra conduta e razoabilidade. A ausência de malícia ou de ideia de provocar lesão implica a previsibilidade do ato jurídico praticado, ao passo que a obediência às disposições contratuais resulta na fidelidade ao espírito do contrato. A motivação da prática do contrato deve ser justa, pois, do contrário, caracteriza-se a má-fé. Na sua prática, não se pode exigir outro comportamento do praticante do ato, que também precisa ser razoável, ou seja, não se pede outro comportamento que não seja aquele esperado.

A boa-fé é norma de conduta, justificadora da intervenção estatal nos negócios jurídicos por seu superior valor, como fixa o Código de Defesa do Consumidor no art. 4º, III. Em especial, prevê que a relação de consumo tem, dentre seus princípios, que haja a "harmonização dos interesses dos participantes das relações de consumo e compatibilização da proteção do consumidor com a necessidade de desenvolvimento econômico e tecnológico, art. 170 da Constituição de 1988, sempre com base na boa-fé e equilíbrio nas relações entre consumidores e fornecedores".

Ocorre a massificação dos contratos, que passam a ser pré-elaborados pelos fornecedores, a indicar concentração da força econômica e a resultar dos capitais e dos monopólios na sociedade de consumo. Isso origina um desequilíbrio evidente nas relações contratuais, que começam a clamar por políticas públicas por parte do Estado, por meio de elaborações de ações e de normas para proteger a parte mais fraca no contrato civil tradicional. O Código de Defesa do Consumidor veio com o objetivo de reequilibrar as relações de consumo, com harmonia e com transparência, e solucionar os conflitos sociais e econômicos no mercado de consumo brasileiro.

Dispôs, no mesmo sentido, a Lei Federal nº 8.078, de 11.09.1990, no art. 51, IV, quanto à nulidade de pleno direito das cláusulas contratuais relativas ao fornecimento de produto e serviço, que "estabeleçam obrigações consideradas iníquas, abusivas, que coloquem o consumidor em desvantagem exagerada, ou seja, incompatíveis com a boa-fé ou a equidade". No mesmo caminho, o Código Civil de 2002 dispõe sobre a matéria, no art. 422, quando estabelece que "os contratantes são obrigados a guardar, assim na conclusão do contrato, como em sua execução, os princípios da probidade e da boa-fé, seguindo os passos da política de defesa do consumidor.

Ruy Rosado de Aguiar Júnior, sobre o princípio da boa-fé no contrato, observou que:

> [...], devo dizer que a boa-fé aparece aqui como princípio orientador da interpretação e não como cláusula geral para a definição das regras de conduta. Expressa fundamental exigência que está à base da sociedade organizada, desempenhando função de sistematização das demais normas positivadas e direcionando sua aplicação. É um marco referencial para a interpretação e aplicação do Código, o que seria até de certo modo dispensável, pois não se concebe sociedade organizada com base na má-fé, não fosse a constante conveniência de acentuar sua importância. [...] Isso quer dizer que a boa-fé não serve tão-só para a defesa do débil, mas também atua como fundamento para orientar interpretação garantidora da ordem econômica, compatibilizando interesses contraditórios, onde eventualmente poderá prevalecer o interesse contrário ao do consumidor, ainda que a sacrifício deste, se o interesse social prevalente assim o determinar (AGUIAR JÚNIOR, 1995: 22-3).

Consta, ainda, no Código de Defesa do Consumidor o dever da informação, previsto nos arts. 30 e 31. Foram fixadas as seguintes regras: a) toda informação ou publicidade, suficientemente precisa, veiculada por qualquer forma ou meio de comunicação com relação aos produtos e serviços oferecidos ou apresentados, obriga o fornecedor que o fizer veicular ou dela se utilizar e integra o contrato que vier a ser celebrado; b) a oferta e a apresentação de produtos ou de serviços devem assegurar informações corretas, claras, precisas, ostensivas e em língua portuguesa sobre suas características, qualidades, quantidades, composição, prelo, garantia, prazos de validade e origem, entre outros dados, bem como os riscos que apresentam à saúde e à segurança dos consumidores.

Cabe lembrar que, em época anterior, não existia uma norma no direito positivo brasileiro que obrigasse o princípio da boa-fé. Porém, com o Código de Defesa do Consumidor houve a positivação desse princípio objetivo. Para tanto, dispõe que deve haver: a) a proteção do consumidor; b) o desenvolvimento econômico e tecnológico; c) a observância dos princípios da ordem econômica; d) a base na boa-fé e no equilíbrio. Além de prevalecer a intenção sobre a literalidade, compreende-se ou interpreta-se o contrato segundo os ditames da lealdade e da confiança entre os contratantes, já que não se pode aceitar que um contratante tenha firmado o pacto de má-fé, visando locupletar-se injustamente às custas do prejuízo do outro. O dever de lealdade recíproca acha-se explícito no Código Civil Alemão de 1896 (BGB) e prevalece doutrinariamente em todo o direito de origens romanas.

Nas condições gerais dos contratos e da ordem pública econômica, por iniciativa dos tribunais e da doutrina, passou-se a concluir que a boa-fé, como norma de conduta em sentido objetivo, é justificadora da intervenção estatal nos negócios jurídicos que se apresentam excessivamente onerosos. Por outro lado, consta na Lei Federal nº 8.078, de 11.09.1990, a vedação para que se estabeleçam obrigações iníquas ou abusivas, que coloquem o consumidor em desvantagem exagerada, ou seja, incompatíveis com a boa-fé. De modo geral, tem ocorrido que os devedores firmam contratos de adesão, nos quais existe a cobrança de índices inconstitucionais e ilegais de correção de forma implícita, sem que eles tenham pleno conhecimento da verdadeira intenção do banco, qual seja, o lucro abusivo ou desproporcional.

Observou Nelson Nery Júnior sobre a matéria acima que:

> O comportamento das partes de acordo com a boa-fé tem como consequência a possibilidade de revisão do contrato celebrado entre elas, pela incidência da possibilidade de revisão do contrato celebrado entre elas, pela incidência da cláusula *rebus sic stantibus*, a possibilidade de arguir-se a *exceptio doli*, a proteção contra as cláusulas abusivas enunciadas no art. 51, do CDC, entre outras aplicações do princípio. [...] No que respeita ao aspecto contratual das relações de consumo, objeto de nossa análise nesta Introdução, verifica-se que a boa-fé na conclusão do contrato de consumo é requisito que se exige do fornecedor e do consumidor (art. 4º, nº III, CDC), de modo a fazer com que haja "transparência e harmonia nas relações de consumo"

> (art. 4º, caput, CDC), mantido o equilíbrio entre os contratantes (NERY JÚNIOR, 2011: 438).

Mais ainda, em todo o corpo normativo do Código de Defesa do Consumidor existe uma série de deveres anexos às relações contratuais. No Código Civil de 2002 está relacionado em seu art. 104, II, como já dito, que se exige para a validade do negócio jurídico o objeto lícito. Para Miguel Reale, sobre a matéria:

> Já a boa-fé objetiva, apresenta-se como uma *exigência de lealdade*, modelo objetivo de conduta, arquétipo social pelo qual impõe o poder-dever que cada pessoa ajuste a própria conduta a esse arquétipo, obrando como obraria uma pessoa honesta, proba e leal. [...] Donde se conclui que quando o art. 104 dispõe sobre a validade do negócio jurídico, referindo ao objeto lícito, neste está implícita a sua configuração conforme à boa-fé, devendo ser declarado ilícito todo ou parte do objeto que com ele conflite (REALE, 2003: 12-3).

É possível demonstrar se existe ou não a boa-fé, pois a relação contratual é um contrato social - um contrato na sociedade que une e vincula as pessoas - em que não podem ser esquecidos ou desrespeitados os deveres gerais de conduta e os deveres de atuação conforme a boa-fé e o direito. Esses deveres de conduta obrigam a todos, durante o prazo de vigência da operação, nas relações extracontratuais e, muito mais, nas relações contratuais. Para Luiz Eduardo da Silva, portanto, a boa-fé, na relação de consumo, procura dar equilíbrio ao contrato, afastando a prevalência, nas cláusulas, da vontade de um em detrimento do outro, restabelecendo a posição de equivalência entre o fornecedor e o consumidor. Para eles, diz respeito à consciência das partes contratantes, à sua intenção. Visa, por consequência, limitar os desvios na relação contratual de consumo. No caso de instituição financeira, surge como expressão máxima no contrato, podendo, inclusive, ser declarada nula a cláusula que ferir este preceito - a boa-fé (SILVA, 2004: 36).

Liberar os contratantes de cumprir seus deveres gerais de conduta significa afirmar que, na relação contratual, os indivíduos encontram-se autorizados a agir de má-fé, a desrespeitar os direitos do contrato, a não agir lealmente, a abusar com seus direitos contratuais, fazer excessos por conta de sua posição preponderante, autorizar vantagem excessiva ou provocar lesão do parceiro contratual. Tudo isso, apenas, porque as partes firmaram um contrato, escolhendo-se mutuamente de maneira livre no mercado. Concluiu Izner Hanna Garcia que "este conceito, vago em sua própria essência, enseja controvérsias e interpretações várias que somente podem ser solucionadas mediante a discricionariedade do aplicador do Direito, que, na aferição do caso concreto, deve cotejar se os contratantes agiram com probidade, dentro dos ditames da honestidade" (GARCIA, 2000: 28).

Nos dias de hoje, a relação obrigacional não se encontra mais vista de forma estática e parada; pelo contrário, tem-se, como processo, o vínculo concebido em seu dinamismo como ordem de cooperação, com base no adimplemento. Ao se observar o vínculo em seus planos de criação e de desenvolvimento, ao final voltado para o plano do adimplemento, surge daí a compreensão dos chamados deveres anexos ou secundários de conduta (MARTINS-COSTA, 1992: 141). Estes deveres resultam da incidência, na relação contratual, dos princípios do ordenamento jurídico, em especial, do princípio da boa-fé objetiva a impor aos contratantes o crescimento de novos deveres por conta desse vínculo jurídico.

4.4. CLÁUSULA ABUSIVA E DE SURPRESA

O instituto das cláusulas abusivas não se confunde com o abuso de direito, previsto no direito civil, pois, como disse Nelson Nery Júnior, "podemos tomar a expressão 'cláusulas abusivas' como sinônimo de cláusulas opressivas, cláusulas vexatórias, cláusula onerosas ou, ainda, cláusulas excessivas" (NERY JÚNIOR, 2011: 570). A cláusula abusiva consiste na manifestamente desfavorável à parte mais fraca na relação contratual, a qual se trata do consumidor. A existência de cláusula abusiva no contrato de consumo torna inválida a relação das partes por conta da violação do princípio do equilíbrio entre elas, como se encontra previsto nos contratos de adesão. No entanto, as cláusulas abusivas não ocorrem apenas nesses contratos, mas se aplicam a todo e qualquer contrato de consumo, seja escrito, seja verbal, precisando apenas que exista o desequilíbrio contratual dos contratantes.

O art. 39 do Código de Defesa do Consumidor veda ao fornecedor de produtos ou serviços, dentre outras as práticas abusivas as seguintes condições:

> I - condicionar o fornecimento de produto ou de serviço ao fornecimento de outro produto ou serviço, bem como, sem justa causa, a limites quantitativos; II - recusar atendimento às demandas dos consumidores, na exata medida de suas disponibilidades de estoque, e, ainda, de conformidade com os usos e costumes; III - enviar ou entregar ao consumidor, sem solicitação prévia, qualquer produto, ou fornecer qualquer serviço; IV - prevalecer-se da fraqueza ou ignorância do consumidor, tendo em vista sua idade, saúde, conhecimento ou condição social, para impingir-lhe seus produtos ou serviços; V - exigir do consumidor vantagem manifestamente excessiva; VI - executar serviços sem a prévia elaboração de orçamento e autorização expressa do consumidor, ressalvadas as decorrentes de práticas anteriores entre as partes; VII - repassar informação depreciativa, referente a ato praticado pelo consumidor no exercício de seus direitos; VIII - colocar, no mercado de consumo, qualquer produto ou serviço em desacordo com as normas expedidas pelos órgãos oficiais competentes ou, se normas específicas não existirem, pela Associação Brasileira de Normas Técnicas ou outra entidade credenciada pelo Conselho Nacional de Metrologia, Normalização e Qualidade Industrial (Conmetro); IX - recusar a venda de bens ou a prestação de serviços, diretamente a quem se disponha a adquiri-los mediante pronto pa-

gamento, ressalvados os casos de intermediação regulados em leis especiais; X - elevar sem justa causa o preço de produtos ou serviços; XII - deixar de estipular prazo para o cumprimento de sua obrigação ou deixar a fixação de seu termo inicial a seu exclusivo critério; XIII - aplicar fórmula ou índice de reajuste diverso do legal ou contratualmente estabelecido.

Pelo art. 40 do Código de Defesa do Consumidor, o fornecedor de serviço é obrigado a entregar ao consumidor orçamento prévio discriminando o valor da mão de obra, dos materiais e dos equipamentos a serem empregados e as condições de pagamento. No mesmo sentido, as datas de início e de término dos serviços. Salvo estipulação em contrário, o valor orçado tem validade pelo prazo de dez dias, contado de seu recebimento pelo consumidor. Uma vez aprovado pelo consumidor, o orçamento obriga os contraentes e somente pode ser alterado mediante livre negociação das partes. O consumidor não responde por quaisquer ônus ou acréscimos decorrentes da contratação de serviços de terceiros não previstos no orçamento prévio. No caso de fornecimento de produtos ou de serviços sujeitos ao regime de controle ou de tabelamento de preços, os fornecedores devem respeitar os limites oficiais, respondendo pela restituição da quantia recebida em excesso, monetariamente atualizada. Pode o consumidor exigir, à sua escolha, o desfazimento do negócio, sem prejuízo de outras sanções cabíveis.

Arruda Alvim, ao discutir sobre as cláusulas abusivas e seu controle no direito brasileiro, disse que:

> Portanto, a vontade, a liberdade e o tratamento dispensado aos indivíduos, e, a atividade criadora destes, por sua vontade, num âmbito de quase que irrestrita liberdade, foram sendo realidades (representativas do ambiente contratual pressuposto para contratação) crescentemente redimensionadas, negando-se efeito à vontade contra de normas de ordem pública, em crescente número e, nesse sentido, com o atrofiamento da vontade do contratante havido como o mais forte. E, mercê disto, com diminuição da liberdade do mais forte, justamen-

> te em setores de estrangulamento do fraco, pelo forte, na vida contratual, isto ocorreu porque se passou a considerar os indivíduos concretamente, e, tais como inseridos nas relações civis e comerciais, estabelecendo-se segmentos e categorias, que haveriam de ser protegidos pelo direito. Descartou-se a ideia de igualdade de todos, pois essa ideia, na sua pureza originária, pretendendo visualizar a sociedade exaurientemente, sob os ângulos formal e substancial, não veio enxergar que substancialmente inexistia igualdade. [...] Corretamente, havia de se redefinirem os limites onde atuava de fato a vontade do contratante mais forte e não atuava a do mais fraco, por impotência, restringindo-se a liberdade onde operava essa vontade do mais forte, com o que abriu-se espaço á satisfação de interesses do mais fraco. [...] Portanto, e, em última análise, as cláusulas abusivas configuram e representam aquilo que o consumidor não podia querer por obra de sua própria vontade individual (ALVIM, 1996: 36-7).

Pelo § 1° do art. 51 do Código de Defesa do Consumidor, presume-se exagerada, entre outros casos, a vontade que: a) ofender os princípios fundamentais do sistema jurídico a que pertence; b) restringir os direitos ou as obrigações fundamentais inerentes à natureza do contrato, de tal modo a ameaçar seu objeto ou equilíbrio contratual; c) mostrar-se excessivamente onerosa para o consumidor, considerando-se a natureza e conteúdo do contrato, o interesse das partes e outras circunstâncias peculiares ao caso. A nulidade de uma cláusula contratual abusiva não invalida o contrato, exceto quando de sua ausência, apesar dos esforços de integração, decorrendo ônus excessivo a qualquer das partes. Faculta-se a qualquer consumidor ou entidade que o represente requerer ao Ministério Público que ajuíze a competente ação para ser declarada a nulidade de cláusula contratual que contrarie o disposto na Lei Federal n° 8.078, de 11.09.1990, ou que de qualquer forma não assegure o justo equilíbrio entre direitos e obrigações das partes.

No Código de Defesa do Consumidor, no art. 52, o fornecimento de produtos ou de serviços que envolva outorga de crédito ou concessão de financiamento ao consumidor, o fornecedor deve, entre outros requisitos, informá-lo prévia e adequadamente sobre: a) o preço do produto ou serviço em moeda corrente nacional; b) o montante dos juros de mora e da taxa efetiva anual de juros; c) os acréscimos legalmente previstos; d) o número e a periodicidade das prestações; e) a soma total a pagar, com e sem financiamento. As multas de mora decorrentes do inadimplemento de obrigações no seu termo não podem ser superiores a dois por cento do valor da prestação, com a redação da Lei Federal nº 9.298, de 01.08.1996. É assegurado ao consumidor a liquidação antecipada do débito, total ou parcialmente, mediante redução proporcional dos juros e dos demais acréscimos.

Pelo art. 53 da Lei Federal nº 8.078, 11.09.1990, nos contratos de compra e venda de móveis ou imóveis, mediante pagamento em prestações, bem como nas alienações fiduciárias em garantia, consideram-se nulas de pleno direito as cláusulas que estabeleçam a perda total das prestações pagas em benefício do credor, que, em razão do inadimplemento, pleitear a resolução do contrato e a retomada do produto alienado. Nos contratos do sistema de consórcio de produtos duráveis, a compensação ou a restituição das parcelas quitadas, tem descontado, além da vantagem econômica auferida com a fruição, os prejuízos que o desistente ou inadimplente causar ao grupo. Os contratos devem ser expressos em moeda corrente nacional.

A origem do conceito de abuso de direito decorre da modificação na concepção de direito subjetivo. Quando esse direito deixa de ser concebido como resultado absoluto e intangível da vontade, exige-se a necessidade de se equilibrar a posição das partes, até que se estabeleçam algumas limitações ao exercício da vontade. Essa criação é moderna, não estando presente no direito romano, que tinha como máxima *qui iure suo utitur neminem dedit*. Às diversas teorias que procuram explicar o abuso de direito, desde as negativistas até as mais aceitas nos dias de hoje, sempre se vincula à ideia de direito subjetivo. A principal teoria atual implica admitir que há um vislumbre de desvirtuamento da função precípua que a ordem jurídica confere aos direitos subjetivos (SILVA, 1998: 48).

No Código de Defesa do Consumidor, no Capítulo VI, "Da Proteção Contratual", contém a Seção II, "Das Cláusulas Abusivas" (CAMARGO SOBRINHO, 2000: 153). Dentre os inúmeros tipos previstos no art. 51, dessa codificação, destacam-se o inciso IV e o inciso XII, como relativos ao direito bancário, em especial. Previu, desse modo, que:

> Art. 51. São nulas de pleno direito, entre outras, as cláusulas contratuais relativas ao fornecimento de produtos e serviços que: I - impossibilitem, exonerem ou atenuem a responsabilidade do fornecedor por vícios de qualquer natureza dos produtos e serviços ou impliquem renúncia ou disposição de direitos. Nas relações de consumo entre o fornecedor e o consumidor pessoa jurídica, a indenização poderá ser limitada, em situações justificáveis; II - subtraiam ao consumidor a opção de reembolso da quantia já paga, nos casos previstos neste código; III - transfiram responsabilidades a terceiros; IV - estabeleçam obrigações consideradas iníquas, abusivas, que coloquem o consumidor em desvantagem exagerada, ou sejam incompatíveis com a boa-fé ou a equidade; VI - estabeleçam inversão do ônus da prova em prejuízo do consumidor; VII - determinem a utilização compulsória de arbitragem; VIII - imponham representante para concluir ou realizar outro negócio jurídico pelo consumidor; IX - deixem ao fornecedor a opção de concluir ou não o contrato, embora obrigando o consumidor; X - permitam ao fornecedor, direta ou indiretamente, variação do preço de maneira unilateral; XI - autorizem o fornecedor a cancelar o contrato unilateralmente, sem que igual direito seja conferido ao consumidor; XII - obriguem o consumidor a ressarcir os custos de cobrança de sua obrigação, sem que igual direito lhe seja conferido contra o fornecedor; XIII - autorizem o fornecedor a modificar unilateralmente o conteúdo ou a qualidade do contrato, após sua celebração; XIV - infrinjam ou possibilitem a violação de normas ambientais; XV - estejam em desacordo

com o sistema de proteção ao consumidor; XVI - possibilitem a renúncia do direito de indenização por benfeitorias necessárias.

No entender de Nelson Nery Júnior, "a proteção contra cláusulas abusivas é um dos mais importantes instrumentos de defesa do consumidor, importância que se avulta em razão da multiplicação dos contratos de adesão, concluídos com base nas cláusulas contratuais gerais" (NERY JÚNIOR, 2011: 452). Lembre-se de que o Decreto-Lei nº 446/1985, de 25 de outubro, em Portugal, regulou as cláusulas abusivas, como absolutamente proibidas, nos arts. 18º e 21º, e relativamente, nos artigos 19º e 22º, linha ideológica que o direito brasileiro em parte seguiu depois, na sua própria codificação, protegendo o consumidor.

Tratando-se de uma relação de negócio continuada, no caso da confissão de dívida, faz-se importante destacar as decisões proferidas por alguns tribunais, quando do julgamento de apelação, admitindo revisão judicial deferida, inclusive, para contratos já quitados. Deve-se levar em conta, porém, a incidência do art. 955 do Código Civil de 1916, agora no art. 394, do Código Civil de 2002, que dispõe que "considera-se em mora o devedor que não efetuar o pagamento e o credor que não quiser recebê-lo no tempo, lugar e forma que a lei ou a convenção estabelece".

Necessita-se atentar que, se os contratos fixam índices, taxas e capitalização de juros fora dos parâmetros legais, por exemplo, eles constituem cláusulas abusivas, portanto, passíveis de declaração de nulidade. Ademais, os contratos celebrados e as amortizações já efetuadas que resultaram em dívida aferida podem estar recheados de ilegalidades e de abusos cobrados pelos fornecedores, em que se tenha utilização de taxas de correção monetária com juros capitalizados embutidos ou juros com correção monetária capitalizada. De modo geral, tudo são juros sobre juros, além de se impor encargo por mora, como comissão de permanência, juros de mora e multa contratual, tornando-se impagável a dívida em boa parte dos casos (SILVA, 1998: 62).

Na compreensão de Rogério Ferraz Donnini, sobre a liberdade no mercado de consumo, pode-se dizer que:

> A liberdade contratual foi limitada pelo Código de Defesa do Consumidor, evitando, dessa forma, os abusos que eram cometidos pela parte mais forte na relação contratual, tratando, ainda, as partes com evidente desigualdade, atingindo uma isonomia real. O princípio da força obrigatória dos contratos também sofreu transformações, visto que foi, relativizado, além de se tornarem expressos os princípios da boa-fé objetiva e da equidade, o que possibilitou a revisão do contrato de consumo celebrado sem a observância desses princípios, que contivessem cláusulas fixando prestações desproporcionais ou excessivamente onerosas (DONNINI, 2004: 43).

Se a prova revelar que, entre o credor e o devedor, estabeleceu-se continuidade no negócio, em que os contratos subsequentes quitavam os anteriores, gerou-se situação jurídica continuada, a possibilitar a revisão da operação em sua globalidade, inclusive, para retirar os juros ilegais dos contratos já quitados. A ilegalidade da cobrança de juros é nulidade que não convalesce. Não obstante, as considerações sobre a autonomia da vontade existem com um lado mais forte do que outro, e a lei deve equilibrar essa relação jurídica.

Para o direito europeu, as disposições sobre cláusula abusiva no contrato estipulado com o consumidor introduzem que é um alto âmbito de aplicação e que resulta muito articulado quanto à disciplina do direito potestativo do produto que modifica unilateralmente o regulamento negociado. Em linha geral, essas disposições versam sobre o efeito e sobre o controle do Judiciário e da administração da cláusula negociada que não fora objeto da negociação individualmente, quando inserir em um contrato estipulado entre um fornecedor e um consumidor.

A arguta observação de Atílio Aníbal Alterini, analisando com precisão a criação do direito do consumidor como forma de evitar a abusividade do fornecedor, foi pronunciada nos seguintes termos:

> No mercado atual o ofertante de bens ou serviços se apresenta firmando uma "vinculação direta" com o consumidor "mediante a propaganda", e existe uma enorme variedade de artigos, os quais dão em tom típico à publicidade, que diferenciam as ofertas próprias das alheias, e auto-atribui qualidades e "bondades" especiais ao que se oferece, as quais nem sempre são reais e, menos ainda, comprováveis; nos comerciais, "a publicidade é o produto", porque a pessoa "o adquire tal como o percebe mediante a publicidade", a qual tende a criar "movimento de opinião para dirigir os contratos". Nessa situação especialmente complexa, a exigência de veracidade é imperiosa, pois o consumidor não está precisando optar simplesmente entre "um Ford ou um Chevrolet", ou "baunilha ou chocolate", como numa não muito remota "época em que as bandeiras eram brancas, os telefones eram pretos e o cheques verdes" (ALTERINI, 1995: 12-3).

A Lei Federal nº 8.078, de 11.09.1990, prevê, em seu art. 46, que "os contratos que regulam as relações de consumo não obrigarão os consumidores, se não lhes for dada a oportunidade de tomar conhecimento prévio de seu conteúdo, ou se os respectivos instrumentos forem redigidos de modo a dificultar a compreensão de seu sentido e alcance". Decorre, daí, no artigo seguinte, que as cláusulas contratuais devem ser interpretadas de maneira mais favorável ao consumidor, de modo a reequilibrar a relação jurídica entre as partes.

Disse Nelson Nery Júnior, com precisão, sobre a correta informação do consumidor, que:

> O fornecedor deverá ter a cautela de oferecer a oportunidade ao consumidor para que, antes de concluir o contrato de consumo, tome conhecimento do conteúdo do contrato, com todas as implicações consequentes daquela contratação, bem como das

> sanções por eventual inadimplemento de algumas prestações a ser assumidas no contrato. Não sendo dada essa oportunidade ao consumidor, as prestações por ele assumidas no contrato, sejam prestações que envolvem obrigação de dar como de fazer ou não fazer, não o obrigarão. Dar oportunidade de tomar conhecimento do conteúdo do contrato não significa dizer para o consumidor ler as cláusulas do contrato de comum acordo ou as cláusulas contratais gerais do futuro contato de adesão. Significa, isto sim, fazer com que tome conhecimento efetivo do conteúdo do contrato (NERY JÚNIOR, 2011: 556).

O inciso V do art. 51 do Código de Defesa do Consumidor foi vetado, excluindo de tratamento expresso as cláusulas de surpresa. Essa disposição tinha sido inspirada no hoje § 305c, nº 1, do Código Civil Alemão de 1896 (BGB). Para Cláudia Lima Marques, "no CDC, porém, outras cláusulas surpresas foram consideradas numa *ex vi lege* e a jurisprudência brasileira aceitou a denominação. Assim, os incisos VII e VIII do art. 51 consideraram nulas as cláusulas que determinem a utilização compulsória da arbitragem e que imponham representante para concluir ou realizar outro negócio jurídico pelo consumidor" (MARQUES, 2003: 931). Pode-se discutir em tais situações a cláusula, e não o contrato como um todo, o que é mais difícil. Em vez de se atacar o contrato como um todo, visa-se combater as cláusulas que violem o Código de Defesa do Consumidor de 1990. Desse modo, não é possível a inserção, de cláusula de surpresa, sob pena de ser declarada nula na Justiça.

4.5. LESÃO E CONTRATO DE ADESÃO

Um dos principais trabalhos teóricos brasileiros sobre a lesão foi o do professor e político piauiense Wilson de Carvalho Brandão, cuja tese sobre lesão e contrato no direito brasileiro foi defendida para obter a cátedra, no final da década de cinquenta do século passado, na Faculdade de Direito. Esta hoje integra a Universidade Federal do Piauí, com quase noventa anos de funcionamento. Foi uma aula magistral, que encantou todos que aqueles que compareceram à sessão de defesa, com o trabalho depois copilado como livro, com o título "Lesão e Contrato no Direito Brasileiro". Foi publicado apenas em 1991, pela Editora AIDE, do Rio de Janeiro, no bojo do lançamento das obras sobre direito do consumidor. Trata-se de pesquisa que lançou o autor na vanguarda da discussão sobre a matéria, que veria, na década de noventa, seu apogeu, depois da Constituição de 1988 e do Código de Defesa do Consumidor.

No entender de Wilson de Carvalho Brandão, lesão e contrato aparentemente são ideias que se repelem, sendo mais fácil demonstrar a incompatibilidade, pois isso atingia o princípio da obrigatoriedade dos contratos, que poderia ser violado através da revisão. O contrato para o direito civil clássico tinha por base a liberdade para expressar uma vontade e a igualdade como as prestações deviam ser repartidas pela obrigatoriedade do cumprimento da avença. Ao se discutir a lesão, estava-se indo de encontro a tal ideia, daí a dificuldade de sua adoção no Brasil, que, apesar de ter hoje um dos melhores ordenamentos jurídicos de defesa do consumidor do mundo, só no final do século XX, conseguiu estabelecer as condições para tal política pública.

Wilson de Carvalho Brandão, ao concluir seu grande trabalho bibliográfico sobre a lesão e o contrato, disse que:

> A consequência natural dessa dispersão conceitual, que tem graves repercussões na legislação, é atribuir-se ao ato lesionário um fundamento também muito mais amplo, de sentido moral, que residiria na exploração dolosa de um pactuante pelo outro. Mas é preciso meditar bem sobre esse elemento de caracterização do procedimento onzenário. Pensamos que ele vem apenas distinguir o ato por que se desfalcou o patrimônio, por liberalidade, daquele que esse patrimônio foi empobrecido nas circunstâncias previstas na lesão. Por outro lado, convém ter em vista que o relevo dado ao aspecto moral é menos tributo pago aos preconceitos da moral tradicional que uma satisfação à

> nova concepção de vida, que censura as desigualdades econômicas. O instituto da lesão afigura-se-nos, pois, uma das peças que dispõe a organização social para equilibrar a distribuição dos bens economicamente considerados. Não nos iludamos: o seu fundamento é econômico e é esse pressuposto que interessa ao direito, primacialmente. Sobretudo em nossos dias, deve ser essa a face da lesão encarada pelo jurista. O preceito que ordenava não se lesasse a ninguém deixou de ser optativo, já não pertence às consciências individuais. Tornou-se mandamento jurídico, coercitivamente imposto pelo próprio poder estatal. E, ao tomar a forma definida de instituto, substituiu o caráter individualístico, que predomina no passado, por um acentuado cunho publicístico. [...] As proibições incontáveis, com as quais o legislador previne, cautelosamente, possíveis e prováveis lesões, evidenciam que o nosso instituto integra a ordem pública. [...] Nem todos os países deram a necessária fixação legal. Sua influência é, porém, universal. E traça os rumos da legislação que virá (BRANDÃO, 1991: 126-7).

Não é preciso dizer que, para a comprovação da abusividade das taxas de juros, interessa a vedação ao aumento arbitrário de lucro. Com efeito, há de se considerar que existe no atual ordenamento jurídico elemento limitador do lucro, constante na Lei da Economia Popular, Lei Federal nº 1.521, de 26.12.1951, art. 4º, alínea *b*, que veda tal prática. Obter ou estipular, em qualquer contrato, abusando da premente necessidade, inexperiência ou leviandade de outra parte, lucro patrimonial que exceda o quinto do valor corrente ou justo da prestação feita ou prometida, é considerado crime, como já comentado anteriormente.

Luís Renato Ferreira da Silva, ao discutir a lesão enorme, observou o vício do negócio favorecendo o fornecedor, nos seguintes termos:

> Assim, tendo em vista tais circunstâncias, cumpre que se veja que o conceito de lesão enorme, de uma simples constatação aritmética, evoluiu para a inclusão de elementos subjetivos que, hodiernamente, não mais podem ser deixados de lado. E ainda que se queira manter o aferrado posicionamento roma-

> nista de se considerar a lesão tão-somente o vício que atinge o contrato quando objetivamente se constata o preço inferior ao da metade, não se pode esquecer que há quem sustente um intuito menos objetivo como adredemente referido na própria legislação romana (SILVA, 1998: 77).

Nesse sentido, definindo o delito de "usura, pecuniária ou real", não descurou a lei a consequência cível da ofensa aos dispositivos. Além de punir com pena pecuniária o infrator, volta sobre a avença e fere de nulidade a estipulação de juros ou lucro usurário. Ao mesmo tempo, o Juiz de Direito decide por equidade, impondo-lhe o dever de ajustá-lo à medida legal ou ordenar a restituição da quantia paga em excesso, com os juros legais a contar da data do pagamento indevido.

Mário de Camargo Sobrinho, discutindo o abuso do fornecedor sobre o consumidor, disse que:

> O dolo de aproveitamento é o abusar daquele estado psíquico da outra parte, para obter a vantagem patrimonial além da tarifada, a apreciação desses elementos tem de ser concomitante ao ajuste, e independente da alteração posterior de valores. Verifica-se o dolo de aproveitamento quando uma das partes contratantes é levada a suportar cláusulas lesionárias em razão de sua própria inexperiência, de uma leviandade ou do estado de necessidade em que se encontrar no momento de contratar (CAMARGO SOBRINHO, 2000: 159).

Consideram-se, como subsídio legal, as disposições previstas nos arts. 20 e 21, da Lei Federal nº 8.884, de 11.06.1994. Consideram-se infrações contra a ordem econômica o aumento arbitrário do lucro e a imposição de preços excessivos ou seu aumento sem a justa causa. Mencionem-se, sobre as disposições supramencionadas, as seguintes conclusões: a) é ilícito o aumento arbitrário do lucro, conforme a Constituição Federal, art. 174, § 3º, bem como a Lei Federal nº 8.884, de 11.06.1994, arts. 20 e 21, e a Lei Federal nº 8.078, de 11.09.1990, art. 39, incisos V e X, e art. 51, inciso IV; b) encontra-se contido, na legislação federal, elemento nuclear limitador do lucro, Lei Federal nº 1.521, de 26.12.1951, art. 4º, *b*, Lei da Economia Popular.

Assim sendo, há de se considerar lesivo o negócio jurídico que permita obtenção de lucro superior a um quinto, ou vinte por cento, do proveito econômico ou vantagem sobre o valor patrimonial da coisa envolvida na transação. Considerando as premissas acima, tem-se que os bancos e outros fornecedores praticam o *spread*[25] notoriamente excessivo e injustificável, indubitavelmente se constitui em abuso do poder econômico. Não se pode ultrapassar o limite fixado. Evidencia-se, assim, por conta de margem obscena de lucro, flagrante lesão aos clientes, configurando ilícito o aumento arbitrário do lucro. Mesmo que não se considere o que dispõe a legislação acima, a Lei da Economia Popular de 1951 pode-se extrair o elemento que delimita o lucro razoável, aplicando-se esse limite, analogicamente, aos negócios jurídicos na novação do contrato.

Pode-se considerar como o exemplo bíblico para a lesão, o tema no qual Esaú vendeu a Jacó os seus direitos do primogênito pela ínfima e desproporcional prestação de um prato de lentilhas. Fez isso, apenas, porque tinha fome, estando em necessidade extrema, sem condições de exercer sua liberdade da vontade integralmente. Mesmo na época, esse comportamento era condenável pelos princípios hebreus para um contrato entre irmãos. É certo que o instituto desenvolvido, no Brasil, apareceu apenas na segunda metade do século passado, perto de seu final, juntamente com a defesa do consumidor.

A partir do partir do exemplo acima, Luís Renato Ferreira da Silva construiu um adequado conceito de lesão, ao afirmar que:

---

[25] *Spread* é a diferença percentual de juros entre o que o banco paga para captar recursos financeiros, por meio de depósitos, e o que cobra para emprestar tais recursos, através de empréstimos, descontos, antecipação ou outros contratos de financiamentos (FORTUNA, 2005: 168).

> O conceito de lesão encontra defensores e detratores na modernidade, assim como já os houvera no decurso da longa evolução histórica do mesmo. Entre os civilistas pátrios, desponta, entre os do segundo grupo, ORLANDO GOMES. Segundo o civilista baiano, confundem os ordenamentos a figura da lesão e da usura. Afirma ele que o instituto enquanto permeado por elementos subjetivos, daria origem ao conceito de lesão qualificada que, em verdade, nada mais seria que a própria usura. E desta confusão conceitual tira o mote para repudiar o instituto, julgando-o ultrapassado. [...] Assim, tendo em vista tais circunstâncias, cumpre que se veja que o conceito de lesão, de uma simples constatação aritmética, evoluiu para a inclusão de elementos subjetivos que, hodiernamente, não mais podem ser deixados de lado. E ainda que se queira manter o aferrado posicionamento romanista de se considerar a lesão tão-somente o vício que atinge o contrato quando objetivamente se constata o preço inferior ao da metade, não se pode esquecer que há quem sustente um instituto menos objetivo como adredemente referido na própria legislação romana. [...] De tudo que se vem expondo, pode-se diz que o conceito de lesão não se mantém, por força do seu desenrolar histórico, como um simples vício oriundo de constatação fática, mas que perquire alguma carga de elementos subjetivos (quando menos não seja, e ainda que equivocamente). Portanto, um esboço de conceituação deve, no mínimo, considerar uma desproporção entre preço e valor que não seja fruto do normal tráfico jurídico, de agir do sujeito passivo da lesão e das circunstâncias em que se encontrava o sujeito passivo do mesmo (SILVA, 1998: 77-8).

Correlato ao problema da lesão, existe a questão do contrato de adesão. A partir do século XIX, o princípio da liberdade entre as partes do contrato passou a ser modificado pela necessidade da revolução econômica que levou ao capitalismo industrial, nesse século, e ao capitalismo financeiro, no século XX. Surgiu, no começo daquele século, o contrato de adesão como instrumento de contratação em massa, como já afirmado no presente capítulo. Em tais contratos, as condições gerais de contratação eram predeterminadas e predispostas por uma das partes, não tendo a parte aderente a liberdade de discutir ou questionar o conteúdo do documento (CAMARGO SOBRINHO, 2000: 47-8). Isso foi desenvolvido pela doutrina alemã, em relação ao Código Civil Alemão de 1896 (BGB), sendo logo seguido pelos outros países de direito romano, como o Brasil.

A definição de contrato de adesão foi criticada especialmente por Orlando Gomes, a partir de reflexão de que esses contratos seriam limitados aos casos em que haveria impossibilidade de se rejeitarem as cláusulas uniformes pré-estabelecidas, como no caso de fixação unilateral pelo Estado. Propôs, então, a denominação "contrato por adesão", passando a significar estipulações unilaterais, cujas cláusulas não fossem irrecusáveis pelos futuros aderentes. Contudo, não foi o caminho seguido pela legislação, que acabou optando pela forma tradicional. Analisando a matéria, Nelson Nery Júnior afirmou que, "nessa definição, estão abrangidas ambas as formas de contratação vislumbradas por Orlando Gomes como sendo contrato de adesão e contrato por adesão, de modo que não foi olvidada nenhuma das facetas daquele fenômeno, não havendo, por conseguinte, prejuízo para a dogmática do Direito Contratual. A discussão da doutrina e a proposição do saudoso civilista baiano restaram superadas, em face da superveniência do conceito legal de *contrato de adesão* pelo art. 54 do CDC" (NERY JÚNIOR, 2011: 529).

A Lei Federal nº 8.078, de 11.09.1990, foi a primeira disposição brasileira a tratar expressamente da matéria (OLIVEIRA, 2003: 321), em seu art. 54, **caput**, que diz que contrato de adesão é aquele cujas cláusulas tenham sido aprovadas pela autoridade competente ou estabelecidas unilateralmente pelo fornecedor de produtos ou serviços, sem que o consumidor possa discutir ou modificar substancialmente seu conteúdo. A colocação da cláusula no formulário não modifica a natureza de adesão do contrato. Neste pode ser admitida cláusula resolutiva, desde que a escolha caiba ao consumidor. No § 3º do artigo acima, dispõe-se que "os contratos de adesão escritos serão redigidos em termos claros e com caracteres ostensivos e legíveis, de modo a facilitar sua compreensão pelo consumidor". No mesmo sentido, as cláusulas que implicam limitação ao direito do consumidor devem ser escritas com destaque, possibilitando a imediata e fácil compreensão.

Depois, o novo Código Civil, Lei Federal nº 10.406, de 10.01.2002, previu em seu art. 423, que, "quando houver no contrato de adesão cláusula ambígua ou contraditória, dever-se-á adotar a interpretação mais favorável ao aderente". Em complementação, o artigo seguinte prevê que, nesses contratos, são nulas as cláusulas que estipulem a renúncia antecipada do aderente ao direito resultante da natureza do negócio. A influência foi claramente do direito italiano, especialmente do art. 1.370 do Código Civil Italiano, além da própria evolução positiva do direito brasileiro.

Observou Luiz Eduardo da Silva, sobre o desequilíbrio entre as partes no contrato de consumo, que:

> Se em regra as vantagens são para o fornecedor, a parte mais forte na relação direta, as desvantagens, logicamente, são para o contratante-consumidor que se vê na contingência de assumir uma obrigação ou contrato cujas condições gerais foram determinadas, com exclusividade, pela outra parte, o contratante-fornecedor. Nessa posição é que se justifica a intervenção do Estado para limitar ou coibir o possível abuso da parte contratante mais forte no tocante a estipulação e previsão das cláusulas, impondo-se a obrigação de dar prévio conhecimento ao aderente do conteúdo e das demais condições contratuais através daquilo que já tratamos, ou seja, a transparência que vai se efetivar via correta informação e divulgação (SILVA, 2004: 55).

Aceita-se em bloco ou recusa-se na sua totalidade a cláusula contratual. Dispõe o Código de Defesa do Consumidor, no seu art. 46, que "os contratos que regulam as relações de consumo não obrigarão os consumidores, se não lhes for dada a oportunidade de tomar conhecimento prévio de seu conteúdo, ou se os respectivos instrumentos forem redigidos de modo a dificultar a compreensão de seu sentido e alcance". Por conseguinte, os contratos devem ser escritos em termos claros e com caracteres ostensivos, pois deve ser dada a oportunidade ao consumidor de ter conhecimento prévio do conteúdo das cláusulas impressas. Em parecer, Raimundo Gomes de Barros disse que:

> [...], os contratos que regulam relação de consumo não se revestem de obrigatoriedade, se não tiver sido dada a oportunidade ao consumidor adequadamente de tomar conhecimento prévio de seu conteúdo. Explique-se: um contrato adesivo de prestação de serviço que imponha ao consumidor aderente um longo período de duração, sem que aquela cláusula tenha sido precedentemente levada ao real conhecimento da parte, como no caso dos condomínios, sua eficácia poderá ser desconstituída judicialmente (BARROS, 2004: 347).

Desse modo, pode-se dizer que o contrato de adesão vem a ser aquele cujas cláusulas tenham sido aprovadas pelas autoridades competentes ou estabelecidas unilateralmente pelo fornecedor de produtos ou serviços, sem que o consumidor discuta ou modifique seu conteúdo, de acordo com a regra estabelecida pelo art. 54 da Lei Federal nº 8.078, de 11.09.1990. Os contratos que regulam as relações de consumo não obrigam os consumidores se não lhes for dada a oportunidade de tomar conhecimento prévio de seu conteúdo, ou se os respectivos instrumentos foram redigidos de modo a dificultar a compreensão de seu sentido e alcance.

Definiu, ademais, o contrato de adesão como sendo aquele "cujas cláusulas tenham sido aprovadas pela autoridade competente ou estabelecidas unilateralmente pelo fornecedor de produtos ou serviços, sem que o consumidor possa discutir ou modificar substancialmente seu conteúdo", segundo o art. 54 do Código de Defesa do Consumidor. Culmina este com a nulidade de cláusulas abusivas, através do art. 51 do mesmo diploma legal. A disposição dessa legislação positiva, por conseguinte, é muito clara, exigindo uma interpretação mais favorável ao aderente, nos termos do art. 47 da codificação acima.

Por conta do caráter aderente é que o contrato precisa ser julgado de forma a equilibrar a relação jurídica entre as partes contratantes. De acordo com a lei e com a vasta jurisprudência pátria sobre o assunto, devem as cláusulas dos contratos adesivos ser interpretadas favoravelmente ao aderente, no objetivo de que seja estabelecido o equilíbrio do contrato e efetivada a justiça. Completou o raciocínio Humberto Theodoro Júnior, afirmando que "esses inconvenientes têm sido contornados pelo dirigismo contratual, tanto no plano legislativo como no jurisprudencial" (THEODORO JÚNIOR, 1993: 34).

No contrato, as cláusulas podem ser essenciais, quando constituem seu núcleo ou quando especificam o fim do contrato, de modo que sem o qual não tem nenhum sentido. Ao lado destas, há as cláusulas acessórias, nas quais quase sempre se colocam as cláusulas leoninas. Afirmou J. M. Oton Sidou, indo além da visão geral sobre as cláusulas acessórias do contrato de adesão, que:

> As cláusulas acessórias, cuja utilidade seria uniformizar diretivas complementares naquilo em que o direito positivo se omite ou deixe à vontade mútua das partes instituir, são, via de regra, nos contratos de adesão, ditames postos no interesse exclusivo do ofertante, ou parte mais forte e melhor organizada - a empresa - reduzindo consideravelmente a já reduzida margem de liberdade individual. Não raro, essas cláusulas, aninham-se sub-repticiamente, desafiando a argúcia do oblato, o qual, prevenido fosse ou se estivesse em condições de discutir, jamais aceitaria (SIDOU, 1984: 197).

A massificação que ocorreu nas relações econômicas e sociais, de algum tempo para cá, tornou necessário o contrato de adesão. Não se trata de uma imposição apenas dos detentores do poder econômico, mas isso decorre da situação criada pela própria sociedade de consumo, em especial, por conta dos consumidores ávidos por produtos e por novidades, presas fáceis para o mercado. Todavia, não se pode permitir que os fornecedores façam o que querem fazer, sem nenhum controle. O Estado passou a proteger os consumidores, criando mecanismos de superação de tais situações, para diminuir o poder econômico das empresas (NASCIMBENI, 2002: 94).

4.6. PROTEÇÃO À SAÚDE E À SEGURANÇA

O Código de Defesa do Consumidor fixa a proteção de direitos relativos à personalidade humana, como à vida, à saúde e à segurança, prevendo-se que se imponham limites à colocação de bens e de serviços que possam afetar a pessoa e seu patrimônio. Fica vedada a colocação dos bens e dos serviços que apresentem alto grau de nocividade ou de periculosidade. Desse modo, esses bens e serviços não podem trazer riscos à vida, à saúde e à segurança dos consumidores, com exceção daqueles resultantes de situações normais e previsíveis por força de sua natureza e sua fruição. Porém, mesmo em tais casos, é preciso que haja informações necessárias e adequadas sobre seu funcionamento e sua composição.

Pelo art. 8° da Lei Federal n° 8.078, de 11.09.1990, os produtos e os serviços colocados no mercado de consumo que não acarretem riscos à saúde ou à segurança dos consumidores, exceto os considerados normais e previsíveis em decorrência de sua natureza e fruição, obriga os fornecedores, em qualquer hipótese, a dar as informações necessárias e adequadas a seu respeito. Em se tratando de produto industrial, ao fabricante cabe prestar as informações, através de impressos apropriados que devam acompanhar o produto. O fornecedor de produtos e serviços potencialmente nocivos ou perigosos à saúde ou à segurança tem de informar, de maneira ostensiva e adequada, a respeito da sua nocividade ou periculosidade, sem prejuízo da adoção de outras medidas cabíveis em cada caso concreto.

Os bens e os serviços perigosos, ou potencialmente nocivos à saúde, têm de conter informes ostensivos sobre sua condição, em rótulos, bulas, manuais e mensagens publicitárias que os acompanhem, além de outras medidas que se façam necessárias. A regra é não colocar no mercado tais bens, mas, se o fizerem, necessita-se que sejam apresentados como nocivos, perigosos ou geradores de riscos. Para Carlos Alberto Bittar, "percebe-se, pois, que a tônica é a do respeito aos valores fundamentais da personalidade humana, que, por sua índole, se sobrepõem a todos os demais, constituindo-se a sistemática do Código em edição, de regras de prevenção de danos ou de inibição de condutas tendentes a lesar os consumidores" (BITTAR, 2011: 31-2).

A Diretiva Europeia 92/59/EC, de 29.06.1992, sobre a segurança geral do produto e sua transposição para os Estados-membros, veio modificar o panorama na União Europeia, mas que teve também repercussão em todo o mundo e indiretamente no Brasil. Esta Diretiva envolve a segurança geral do produto em dois objetivos complementares: a) o primeiro deles é preventivo; b) o segundo, corretivo. Quanto aos preventivos, eles foram objetivados para estabelecer, em campo de segurança, uma estrutura comunitária, mediante dispositivos harmônicos, que devem ser respeitados tanto pelos Estados-membros como pelos fabricantes e pelos fornecedores. Por meio de definição de exigência de segurança geral e da implantação de medidas concretas, a Diretiva acima deu espaço para que o mercado europeu criasse uma condição geral de segurança de bens e de serviços (MANIET, 2002: 9).

Na União Europeia, também, houve a discussão sobre a segurança alimentar, que tem preocupação dominante em qualquer lugar, principalmente quanto aos abates clandestinos e aos insumos que compõem os produtos. O regime de segurança alimentar estabeleceu sua observância em todo o território europeu, prevendo que não podem ser colocados produtos que não sejam seguros, entendido isso como não prejudicais à saúde ou impróprios para consumo humano. Ao se determinar que um gênero alimentício não é seguro, leva-se em conta as condições normais de utilização de gêneros pelos consumidores e em todas as fases da produção, transformação e distribuição. No mesmo sentido, precisa haver informações fornecidas ao consumidor, inclusive, constando nos rótulos ou em outras partes, para alertar os efeitos dos alimentos na saúde humana (FROTA, 2002: 68-9).

Ao comentar a matéria, sobre segurança e saúde nos direitos do consumidor, Zelmo Denari disse que:

> Dando fecho a estes comentários, é preciso ter presente que, quando o legislador, preocupado com a saúde e a segurança dos consumidores, alude a *defeitos dos produtos, rectius vicius do produto,* é preciso distinguir os *defeitos intrínsecos* dos *extrínsecos.* Defeitos ou vícios intrínsecos são aquelas imperfeições que afetam em sua essência ou composição os produtos colocados no mercado de consumo. Defeitos ou vícios extrínsecos são aqueles que afetam a apresentação do produto derivados da falta ou da insuficiência de informações relativas à utilização, conservação e vida útil (prazo de validade) do produto (DENARI, 2011: 181-2).

Pelo art. 10 do Código de Defesa do Consumidor, o fornecedor não pode colocar no mercado de consumo produto ou serviço que sabe ou deveria saber apresentar alto grau de nocividade ou periculosidade à saúde ou à segurança. O fornecedor de produtos e serviços que, posteriormente à sua introdução no mercado de consumo, tiver conhecimento da periculosidade que apresentem, deve comunicar o fato imediatamente às autoridades competentes e aos consumidores, mediante anúncios publicitários. Esses anúncios publicitários devem ser veiculados na imprensa de modo geral, sobretudo, no rádio e na televisão, à custa do fornecedor do produto ou do serviço. Sempre que tiverem conhecimento de periculosidade de produtos ou serviços à saúde ou à segurança dos consumidores, a União, os Estados-membros, o Distrito Federal e os Municípios precisam informá-los a respeito, como política pública de consumo.

4.7. OFERTA DO PRODUTO E PROPAGANDA

Depois da revolução na indústria, que foi seguida pela revolução tecnológica, pode-se observar o nascimento da sociedade de consumo, com seu sistema de produção e de distribuição em massa. Houve o declínio da concepção tradicional do contrato e sua substituição por outra concepção, voltada para os efeitos do contrato na sociedade. Essa nova ideia atentou para o dado novo de que, por conta da política interventiva do Estado atual, o contrato devia servir para responder à dimensão social dos conflitos jurídicos relativos à mesma. O Código de Defesa do Consumidor de 1990 disciplina o instituto da oferta, para organizar a produção e o consumo de massa, vinculando o ofertante ao produto ou ao serviço oferecido.

Sílvio Luís Ferreira da Rocha, ao tratar da oferta e da propaganda realizadas pelo fornecedor, disse que:

> A novidade do tema é o tratamento disciplinado ao instituto a partir da realidade massificada de uma sociedade industrializada e de consumo. Em consequência, o contorno do instituto foi alargado para alcançar os métodos, técnicas e instrumentos de divulgação dos produtos e serviços colocados no mercado, abrangendo a apresentação do produto, a publicidade e a oferta *stricto sensu*. Preocupou-se a Lei 8.078 com a oferta ao público e equiparou a apresentação do produto, a informação e publicidade suficientemente precisa à oferta *stricto sensu*, tradicionalmente concebida no Direito Civil. A essas novas modalidades são atribuídas todas as características já apontadas, e, principalmente, a obrigatoriedade da proposta (ROCHA, 1994: 59-60).

Pelo art. 30 da Lei Federal nº 8.078, de 11.09.1990, toda informação ou publicidade deve ser suficientemente precisa, veiculada por qualquer forma ou meio de comunicação com relação a produtos e serviços oferecidos ou apresentados. Assim, obriga o fornecedor que a fizer veicular ou dela se utilizar e integrá -la o contrato que vier a ser celebrado. A oferta e a apresentação de produtos ou de serviços necessitam assegurar informações corretas, claras, precisas, ostensivas e em língua portuguesa sobre suas características, qualidades, quantidade, composição, preço, garantia, prazos de validade e origem, entre outros dados, bem como sobre os riscos que apresentam à saúde e à segurança dos consumidores. Essas informações, nos produtos refrigerados oferecidos ao consumidor, devem ser gravadas de forma indelével. Além disso, os fabricantes e os importadores precisam assegurar a oferta de componentes e de peças de reposição enquanto não cessar a fabricação ou a importação do produto. Encerradas a produção ou a importação, a oferta será mantida por período razoável de tempo.

A oferta hoje encontra dominada pelo *marketing*, que o Código de Defesa do Consumidor examina sob três aspectos: a) sob o aspecto pré-contratual, quando são preenchidos certos requisitos, conferindo efeito vinculante à oferta; b) o *marketing* ocorre na própria estrutura interior do contrato, sobrepondo-se às cláusulas que se proponham a negar a vinculação, direta ou indiretamente; c) por fim, existe o momento pós-contratual ou meta contratual, acarretando o direito de indenizar, na hipótese de dano ao consumidor. No entanto, como observou Antônio Herman de V. e Benjamim:

> *Marketing* e defesa do consumidor não são valores incompatíveis. Ambos visam ao consumidor, ou melhor, a satisfação do consumidor. Ambos são reflexos e dependem do comportamento do consumidor. Não obstante tantas semelhanças, nem sempre tem sido fácil o relacionamento entre o Direito e o *marketing*, principalmente quando este se desvia substancialmente do *marketing concept* (BENJAMIN, 2011: 268).

Em termos de defesa do consumidor, com a simples oferta ao público o fornecedor se vincula aos termos da proposta, conforme acima expresso. Isso ocorre independentemente da presença do consumidor no estabelecimento comercial. Desde a proposta, e enquanto tiver ela validade, o fornecedor deve garantir suas condições, não podendo revogá-las, nem alterar o preço. Existe, no caso, sem dúvida, uma evolução com relação às teorias clássicas do direito civil quanto à liberdade da vontade. Precisa o fornecedor atender aos interesses no limite do estoque previamente anunciado, sob pena de responsabilidade (VENOSA, 1993: 87).

Na Lei Federal nº 8.078, de 11.09.1990, no art. 33, em caso de oferta ou de venda por telefone ou por reembolso postal, deve constar o nome do fabricante e o endereço na embalagem, a publicidade e em todos os impressos utilizados na transação comercial. É proibida a publicidade de bens e de serviços por telefone, quando a chamada for onerosa ao consumidor que a origina. O fornecedor do produto ou serviço é solidariamente responsável pelos atos de seus prepostos ou representantes autônomos. Se o fornecedor de produtos ou de serviços recusar cumprimento à oferta, à apresentação ou à publicidade, o consumidor pode, alternativamente e à sua livre escolha: a) exigir o cumprimento forçado da obrigação, nos termos da oferta, apresentação ou publicidade; b) aceitar outro produto ou prestação de serviço equivalente; c) rescindir o contrato, com direito à restituição de quantia eventualmente antecipada, monetariamente atualizada, e a perdas e danos.

É comum que alguns países adotem uma mistura de regulamentação pública e privada, com diversas espécies de autorregulamentação, desde formas puras, até a obrigatória, por conta de regulamentações estatais. A regulamentação da publicidade indica a forma jurídica moderna, em que o direito público e o direito privado se confundem. Ocorre a necessidade de uma resposta contínua, que não pode ser encontrada em regras rígidas aplicadas pelo Judiciário. Alguns autores veem isso como uma forma de corporativismo, enquanto outros descrevem a autorregulamentação como resultante de um interesse privado do Governo.

Quanto à publicidade falsa e enganosa, tem-se aceito como regra geral, a necessidade da regulamentação pública, uma vez que as perdas econômicas causadas pela publicidade enganosa são um exemplo de situações em que as perdas do consumidor são pequenas, individualmente, embora grandes, se acumuladas. As limitações dos recursos governamentais e o potencial para falhas regulatórias têm estimulado o interesse da iniciativa privada, através de mecanismos, como as ações coletivas. Na época da elaboração do Código de Defesa do Consumidor, previa-se que não chegariam a ter um desenvolvimento significativo, por conta do custo de manter tais ações pelos consumidores (RAMSAY, 1992: 31). Apesar das dificuldades com o manejo das ações coletivas, no lado das demandas individuais, aquelas são meio para a defesa do interesse ou do direito do consumidor ou mesmo no interesse de toda a sociedade.

A publicidade deve ser veiculada de tal forma que o consumidor, fácil e imediatamente, identifique como tal. O fornecedor, na publicidade de seus produtos ou serviços, mantém, em seu poder, para informação dos legítimos interessados, os dados fáticos, técnicos e científicos que dão sustentação à mensagem. É proibida toda publicidade enganosa ou abusiva. No mesmo sentido, é enganosa qualquer modalidade de informação ou de comunicação de caráter publicitário, inteira ou parcialmente falsa, ou, por qualquer outro modo, mesmo por omissão, capaz de induzir em erro o consumidor a respeito da natureza, características, qualidade, quantidade, propriedades, origem, preço e quaisquer outros dados sobre produtos e serviços. Também, é abusiva, dentre outras, a publicidade discriminatória de qualquer natureza, a que incite à violência, explore o medo ou a superstição, aproveite-se da deficiência de julgamento e de experiência da criança, desrespeite valores ambientais, ou que seja capaz de induzir o consumidor a se comportar de forma prejudicial ou perigosa à sua saúde ou segurança. Para os efeitos da legislação de defesa do consumidor, a publicidade é enganosa por omissão quando deixar de informar sobre dado essencial do produto ou serviço.

Vai ser no campo da restrição e da repressão eficiente de abusos ou de desvios publicitários que devem ser situadas as propostas a serem apresentadas, as quais não podem deixar de ser, pois guardam relação com os princípios inerentes ao direito do consumidor. Busca-se, porém, o estabelecimento, em favor da defesa do consumidor e de outras restrições à publicidade, bem como o resgate de algumas das normas vetadas quando da edição do Código de Defesa do Consumidor de 1990, que estabeleciam os mecanismos eficientes de repressão aos desvios diários na publicidade. Em especial, é preciso observar um maior controle da publicidade de produtos comprovadamente nocivos à saúde (ALMEIDA, 1997: 110).

A publicidade, pelas razões acima, liga-se ao direito, como no caso das publicações de leis ou de outros atos normativos, sendo esta a forma de dar conhecimento delas à sociedade, portanto, em favor desta. No entanto, quando ocorre a publicação de informações enganosas, abusivas, que sejam tendentes a provocar o logro do consumidor ou por meios de dominação subliminar, aí aparece o aspecto negativo, de agressão aos interesses da mesma sociedade acima falada. Em tais casos, deve ser punida a propaganda enganosa e lesiva aos interesses dos consumidores, como base de política pública sobre as relações de consumo.

4.8. DIREITO PROCESSUAL E CONSUMIDOR

O Código de Defesa do Consumidor tratou no caso, da defesa processual *stricto senso*, sobre as possíveis exceções opostas pelo consumidor, mas a atividade é desenvolvida em juízo, tanto na posição do réu como na do autor, seja a título individual, seja pelos entes com legitimidade para as ações coletivas. Pode-se resumir dizendo que se trata da tutela judiciária dos direitos e dos interesses do consumidor. A preocupação dos autores do Projeto do Código acima foi com a efetividade do processo destinada à proteção do consumidor, com a simplificação no acesso à justiça. Ocorre o fortalecimento da posição do consumidor dentro do processo, dando um novo sentido à equidade entre as partes, pois existe o favorecimento do mais fraco, no caso, o consumidor. Adiante, foram estabelecidas as ações coletivas, destinada a ter uma amplitude maior do que as ações individuais.

Ao analisar o processo judicial na codificação do consumo, em especial a ação coletiva, Ada Pellegrini Grinover afirmou que:

> Entre as inovações processuais mais relevantes do Código, inscreve-se a ação coletiva ressarcitória dos danos pessoalmente sofridos pelos consumidores ou pelas vítimas dos produtos ou serviços. Trata-se da introdução em ordenamento do Direito romano-germânico, dos *tortmass cases* ou *classactions for damages* do sistema de *common Law*. Tudo, enfim, dentro da ótica da necessária reestruturação dos esquemas processuais clássicos, para sua adaptação aos conflitos emergentes, próprios de uma sociedade de massa, de que os decorrentes das relações de consumo representam um ponto nodal. E tudo, ainda, dentro da ideia maior, já esboçada há mais de três décadas, segundo a qual a chamada *crise do Direito* talvez apenas encobrisse "a dificuldade de dominar com categorias jurídicas substancialmente pré-capitalistas a fenomenologia de uma sociedade industrial" (GRINOVER, 2011: 2-3).

Em relação à produção de provas, existem dois aspectos: a) um trata da regra que se dirige ao Juiz de Direito como destinatário final da norma; b) outro, da repartição da falta de provas entre as partes. O primeiro aspecto é de fácil comprovação, mas de elevada importância, pois precisa fixar a quem cabe a jurisdição sobre a matéria para o fim de evitar a demora na prestação jurisdicional. O segundo trata do encargo de produzir provas como um dever, pelo qual se precisa estabelecer uma sanção pelo abstencionismo, por conta do princípio dispositivo (BORTOWSKI, 1993: 101). No processo civil em geral, cabe a carga de provar ao autor, mas excepcionalmente se admite ao réu, como ocorre no direito do consumidor, para o fim de proteger este, que acaba não tendo meios, tempo ou recursos para produzir a prova correta.

Apesar da consolidação do instituto da inversão do ônus da prova, para Mauro Pinto Marque:

> [...] não há que falar em *inversão* do *ônus* de provar, pois que não há *troca* de posições em relação à *carga*. Haverá, isto sim, um proposital desequilíbrio, "privilegiando" (palavra usada com parcimônia, já que a CF/88 abominou qualquer privilégio) o *pequeno*, menor na relação jurídica, que fica livre do *peso*. A outra parte vive situação igual (sempre precisou provar *seus* fatos, tanto constitutivos quanto os que porventura desconstituírem) a não ser o conhecimento antecipado de que se não pode justificar suficientemente os fatos jurídicos que sustentam o seu direito, a questão fica resolvida, uma vez que ao juiz outro caminho não sobra que o de ignorar sua *pretensão* ou alegação (MARQUES, 1997: 152).

O Juiz de Direito pode desconsiderar a personalidade jurídica da sociedade quando, em detrimento do consumidor, houver abuso de direito, excesso de poder, infração da lei, fato ou ato ilícito ou violação dos estatutos ou contrato social. A desconsideração também é efetivada quando houver falência, estado de insolvência, encerramento ou inatividade da pessoa jurídica provocada por má administração. As sociedades integrantes dos grupos societários e as sociedades controladas são subsidiariamente responsáveis pelas obrigações decorrentes da legislação do consumidor, assim como as sociedades consorciadas são solidariamente responsáveis pelas obrigações decorrentes da legislação de defesa do consumidor, mas as sociedades coligadas só respondem por culpa. Também pode ser desconsiderada a pessoa jurídica sempre que sua personalidade for, de alguma forma, obstáculo ao ressarcimento de prejuízos causados aos consumidores.

Trata-se de discussão importante no processo do direito do consumidor a questão da desconsideração da personalidade jurídica. Quando existe desvio de função da pessoa jurídica, ocorre que, se houver o reconhecimento pleno da autonomia da pessoa jurídica, acaba ocorrendo a negação da ideia de Justiça ou mesmo a frustração dos princípios do processo. Assim, os sócios da pessoa jurídica fornecedora podem se esconder na impessoalidade de sua condição para negar responsabilidade patrimonial e pessoal pelos danos causados aos consumidores. A desconsideração da pessoa jurídica se constitui em uma técnica jurídica para solucionar desvio das funções das pessoas jurídicas para evitar que os responsáveis por ela evitem o ressarcimento do dano causado (AMARO, 1993: 173).

O sócio ou o gerente de uma sociedade limitada, bem como o diretor de uma sociedade anônima, podem responder, diretamente e solidariamente, pelos débitos da sociedade ou perante a sociedade por atos praticados por culpa ou dolo em relação aos atos praticados contra a lei ou o contrato. Diga-se que, qualquer que sejam as sociedades, estas respondem ilimitadamente pelas obrigações que assumirem, ao passo que os sócios respondem de forma subsidiária e solidariamente pelas obrigações assumidas pela sociedade por conta dos contratos de consumo (ALBERTON, 1993: 10-1). Aliás, o mesmo ocorre nas ações trabalhistas e nas ações tributárias movidas pelo Estado, como política fiscal. O magistrado pode desconsiderar a personalidade jurídica quando sua autonomia for usada para a realização de fraude ou abuso de direito, com o responsável pelo mau uso da personalidade jurídica ficando diretamente comprometido com a obrigação.

4.9. ASSOCIAÇÃO E AÇÃO COLETIVA

Quando um grupo de indivíduos une-se para uma finalidade específica e eles ficam coesos em razão de procedimentos, rotinas e também sanções que aceitam e aprovam de forma consciente e racional, essa união acaba resultando em uma associação, também chamadas de sociedade, como movimento social. Os grupos organizados para a realização de um interesse ou um grupo de interesses comuns correm para um processo de unificação das pessoas envolvidas no processo social. As associações, em sentido estrito, procuram fins específicos, prestando-se em todas as áreas, como culturais, econômicas, políticas, religiosas, sociais, cívicas, esportivas e outras, nas quais também está a defesa do consumidor (RIOS, 1998: 91).

Existem três características importantes das associações: a) elas são formadas a fim de promover algum interesse comum a todos os membros; b) a participação que elas estimulam é voluntária no sentido de que não se mostra obrigatória, nem adquirida por nascimento; c) elas existem independentemente do Estado ou dos órgãos públicos. A expansão das associações está relacionada com a distribuição de renda e com a ampliação da classe média. Isto já tinha sido observado por Aléxis de Tocqueville, em **A Democracia na América**, no século XIX, no seguinte texto:

> Uma associação consiste unicamente, na adesão pública que certo número de indivíduos dá a tais ou quais doutrinas e no compromisso que contrai de concorrer de certa maneira para fazê-los prevalecer. O direito de se associar, assim, confundese quase com a liberdade de escrever; já, porém, possui a associação mais poder que a imprensa. Quando uma opinião é representada por uma associação, é ela obrigada a tomar forma mais nítida e mais precisa. Conta os seus partidários e os compromete na sua causa. Estes aprendem por si a conhecer uns aos outros e o seu ardor cresce com o seu número. A associação enfeixa os esforços dos espíritos divergentes e os impele com vigor para uma única finalidade claramente indicada por ela (TOCQUEVILLE, 1977: 147).

Ao longo da história, as associações revelam grande mobilidade, transformando-se e mudando-se em organizações públicas ou privadas, o que acaba exigindo um nível de maior complexidade, padronização de comportamento e rituais, hierarquias e disciplinas, maior coesão e permanência. A multiplicação delas na vida moderna é fenômeno da maior relevância, com as diversidades de participações dos indivíduos nas suas fileiras, relativas também aos interesses sociais comuns. As associações são formas de expressão do movimento social, do qual as associações de defesa dos interesses dos consumidores muito se desenvolveram, no Brasil, no final do século XX, inclusive, começando a discutir o consumo consciente.

Pelo art. 4º do Código de Defesa do Consumidor, a Política Nacional das Relações de Consumo tem por objetivo o atendimento das necessidades dos consumidores, o respeito à dignidade, à saúde e à segurança, bem como a proteção de seus interesses econômicos e a melhoria da sua qualidade de vida, a transparência e a harmonia das relações de consumo. Atenda-se aos seguintes princípios: "II - ação governamental no sentido de proteger efetivamente o consumidor: [...] b) por incentivos à criação e desenvolvimento de associações representativas". O próprio Estado induz a criação de associações de defesa do consumidor para atuar no campo das relações de consumo, por meio das ações coletivas.

A Lei Federal nº 8.078, de 11.09.1990, no art. 5°, sobre a execução da Política Nacional das Relações de Consumo, dispõe que conta o Estado com os seguintes instrumentos, entre outros: "[...] V - concessão de estímulos à criação e desenvolvimento das Associações de Defesa do Consumidor". Por outro lado, no art. 81, dessa mesma lei, a defesa dos interesses e dos direitos dos consumidores e das vítimas pode ser exercida em juízo individualmente, ou a título coletivo. A defesa coletiva é exercida quando se tratar de: a) interesses ou direitos difusos, assim entendidos, para efeitos do Código acima, os transindividuais, de natureza indivisível, de que sejam titulares pessoas indeterminadas e ligadas por circunstâncias de fato; b) interesses ou direitos coletivos, assim entendidos, para efeitos desse Código, os transindividuais, de natureza indivisível de que seja titular grupo, categoria ou classe de pessoas ligadas entre si ou com a parte contrária por uma relação jurídica base; c) interesses ou direitos individuais homogêneos, entendidos os decorrentes de origem comum.

Pelo art. 82, do Código de Defesa do Consumidor, de 1990, para os fins acima, são legitimados concorrentemente: "IV - as associações legalmente constituídas há pelo menos um ano e que incluam dentre outros: entre seus fins institucionais a defesa dos interesses e direitos protegidos, por este código, dispensada a autorização assembleia". Como se pode ver, a legislação de defesa do consumidor estabelece precedentes judiciais para permitir a legitimidade ativa de associação para propor ação coletiva, além de ação civil pública. Com isto, ganharam importância as associações de defesa dos consumidores.

Depois da Constituição de 1988, houve o crescimento da consciência das pessoas a respeito de sua cidadania e dos direitos que dela resultam, levando-as para as ações coletivas, através de associações e de outros órgãos de auxílio ao consumidor (AGUIAR JÚNIOR, 1995: 28). Os Juizados Especiais também foram instrumento importante, pois tiveram maior receptividade às demandas resultantes de tais ações, postos que versados em um novo direito voltado mais aos interesses sociais do que individuais. Ainda que isso não elimine as desigualdades sociais consolidadas, permite um reequilíbrio nas relações de consumo e, em consequência, o aumento da influência do movimento social de defesa do consumidor. O Ministério Público e, mais recentemente, a Defensoria Pública passaram a ter papel relevante na defesa dos direitos dos consumidores.

Pelo art. 87, nas ações coletivas de que trata o Código de Defesa do Consumidor, não há adiantamento de custas, de emolumentos, de honorários periciais e de quaisquer outras despesas, nem condenação da associação autora, salvo comprovada má-fé, em honorários de advogados, custas e despesas processuais. Em caso de litigância de má-fé, a associação autora e os diretores responsáveis pela propositura da ação devem ser solidariamente condenados em honorários advocatícios e ao décuplo das custas, sem prejuízo da responsabilidade por perdas e danos.

Na Lei Federal nº 8.078, de 11.09.1990, no art. 91, os legitimados ativos de que trata o art. 82 desta podem propor, em nome próprio e no interesse das vítimas ou seus sucessores, ação civil coletiva de responsabilidade pelos danos individualmente sofridos, de acordo com o disposto seguinte, com redação dada pela Lei Federal nº 9.008, de 21.03.1995. Para João Batista de Almeida, "para a propositura estão legitimados o MP, a União, os Estados, o Distrito Federal, os Municípios, suas autarquias, empresas públicas, sociedades de economia mista ou, ainda, as associações (Lei 7.347/85, art. 5º). A legitimação ativa, portanto, é restrita aos órgãos e entidades enumerados" (ALMEIDA, 1999: 10).

No Código de Defesa do Consumidor, no art. 106, o Departamento Nacional de Defesa do Consumidor da Secretaria Nacional de Direito Econômico do Ministério de Justiça, ou órgão federal que venha substituí-lo, é o organismo de coordenação da política do Sistema Nacional de Defesa do Consumidor. Cabe-lhe: "IX - incentivar, inclusive com recursos financeiros e outros programas especiais, a formação de entidades de defesa do consumidor pela população e pelos órgãos públicos estaduais e municipais". Mais uma vez aparece a determinação para que o Estado estimule a criação dessas associações para atuar junto aos órgãos judiciais e também junto aos órgãos públicos para elaborar e executar sobre a matéria.

Pelo art. 107, do Código de Defesa do Consumidor, as entidades civis de consumidores e as associações de fornecedores ou os sindicatos de categoria econômica podem regular, por convenção escrita, relações de consumo que tenham por objeto estabelecer condições relativas ao preço, à qualidade, à quantidade, à garantia e às características de produtos e de serviços, bem como à reclamação e à composição do conflito de consumo. Cabe a tais associações um papel relevante, também, atuando junto às instituições econômicas para discutir a proteção do consumidor.

Precisa-se observar que a ação civil coletiva e a ação civil pública não se confundem, embora sejam utilizadas indistintamente, uma em lugar da outra, apesar de serem ações típicas, distintas e com perfil e procedimento próprios e destinados à proteção de bens diversos, embora possuindo algumas afinidades e muitas distinções. A ação civil pública, prevista na Lei Federal nº 7.347, de 24.07.1985, serve para a defesa coletiva do consumidor e de outros bens tutelados, inclusive, para proteção do meio ambiente. Esses direitos estão enquadrados nas categorias de direitos ou de interesses difusos ou coletivos, por definição de natureza transindividuais e indivisíveis, além dos direitos individuais homogêneos de caráter social, de acordo com os tribunais superiores. Por outro lado, a ação civil coletiva, criada pelo Código de Defesa do Consumidor, destina-se à defesa coletiva unicamente do consumidor, vítimas ou sucessores, mas não de outros bens tutelados. É adequada para a defesa dos interesses ou dos direitos individuais homogêneos de origem comum, divisíveis por natureza, apresentando campo de utilização mais restrito do que a ação civil pública (ALMEIDA, 2000: 89).

Pelo art. 91 da Lei Federal nº 8.078, de 11.09.1990, os legitimados podem propor, em nome próprio e no interesse das vítimas ou seus sucessores, ação civil coletiva de responsabilidade pelos danos individualmente sofridos, conforme redação dada pela Lei Federal nº 9.008, de 21.03.1995. O Ministério Público, se não ajuizar a ação, atua sempre como fiscal da lei. Ressalvada a competência da Justiça Federal, é competente para a causa a Justiça Estadual: a) no foro do lugar onde ocorreu ou deva ocorrer o dano, quando de âmbito local; b) no foro da Capital do Estado-membro ou no do Distrito Federal, para os danos de âmbito nacional ou regional, aplicando-se as regras do Código de Processo Civil, de 1973, aos casos de competência concorrente.

Proposta a ação, publica-se edital no órgão oficial, a fim de que os interessados possam intervir no processo como litisconsortes, sem prejuízo de ampla divulgação pelos meios de comunicação social por parte dos órgãos de defesa do consumidor. Em caso de procedência do pedido, a condenação é genérica, fixando a responsabilidade do réu fornecedor pelos danos causados. A liquidação e a execução de sentença podem ser promovidas pela vítima e por seus sucessores, assim como pelos legitimados. A execução pode ser coletiva, sendo promovida pelos legitimados, abrangendo as vítimas cujas indenizações já tiveram sido fixadas em sentença de liquidação, sem prejuízo do ajuizamento de outras execuções. A execução coletiva faz-se com base em certidão das sentenças de liquidação, na qual deve constar a ocorrência ou não do trânsito em julgado. É competente para a execução o juízo: a) da liquidação da sentença ou da ação condenatória, no caso de execução individual; b) da ação condenatória, quando coletiva a execução.

Como observou Mario Cappelletti, sobre as ações coletivas e as inovações provocadas por elas, nos seguintes termos:

> Centrando seu foco de preocupação especificamente nos interesses difusos, esta segunda onda de reformas forçou a reflexão sobre noções tradicionais muito básicas do processo civil e sobre o papel dos tribunais. Sem dúvida, uma verdadeira "revolução" está-se desenvolvendo dentro do processo civil. [...] A concepção tradicional do processo civil não deixava espaço para a proteção dos interesses difusos. O processo era visto como um assunto entre duas partes, que se destinava à solução de uma controvérsia entre essas mesmas partes a respeito de seus próprios interesses individuais. Direitos que perten-

> cessem a um grupo, ao público em geral ou a um segmento público não se enquadravam bem nesse esquema. As regras determinantes da legitimidade, as normas de procedimento e a atuação dos juízes não eram destinadas a facilitar as demandas por interesses difusos intentados por particulares (CAPPELLETTI, 1988: 49-50).

Pelo art. 99 do Código de Defesa do Consumidor, em caso de concurso de créditos decorrentes de condenação prevista na Lei Federal n° 7.347, de 24.07.1985, e de indenizações pelos prejuízos individuais resultantes do mesmo evento danoso, estas têm preferência no pagamento. Para efeito acima, a destinação da importância recolhida ao fundo, que foi criado por esta última lei, fica sustada enquanto pendentes de decisão de segundo grau as ações de indenização pelos danos individuais, salvo na hipótese de o patrimônio do devedor ser manifestamente suficiente para responder pela integralidade das dívidas. Decorrido o prazo de um ano sem habilitação de interessados em número compatível com a gravidade do dano, podem os legitimados promover a liquidação e a execução da indenização devida, com o produto da indenização devida revertido para o fundo criado. A legislação de defesa do consumidor, como política pública regulatória, procura estimular os rumos do direito sobre a matéria e criar as condições para se ter efetividade nos Juizados e nos Tribunais, quanto à aplicação do direito do consumidor.

4.10. EDUCAÇÃO E INFORMAÇÃO DO CONSUMIDOR

A definição das necessidades básicas de aprendizado e do perfil do desempenho não pode corresponder apenas ao âmbito pedagógico e estar sob a responsabilidade dos educadores. É uma atividade e uma opção fundamentalmente social e política, no que se deve considerar a pluralidade crescente dos âmbitos do desempenho e a incorporação do crescente número de atores sociais. A sociedade civil deve definir o desempenho a que aspiram seus egressos. Os pedagogos e as demais pessoas especializadas têm os encargos de satisfazer ditas demandas de necessidades básicas e de desempenho.

A respeito do consumo existem elementos e realidades contraditórias, pois estudos realizados indicam que as principais determinantes da felicidade na vida não se encontram relacionados de modo algum com o consumo. Mas também se reconhece que, quando não estão disponíveis formas alternativas de realização pessoal, existe a necessidade de ser valorizado e respeitado pelos outros, de ter autoestima e de conseguir aceitação social, tendo relação com a capacidade de consumir. É preciso observar ainda que o consumo não se limita a comprar ou a usar bem ou serviços, mas que fundamentalmente seja uma atitude que influencie e que condicione a relação com a vida moderna, no campo das relações de consumo.

Quando se fala de qualidade de vida, entende-se a satisfação das necessidades básicas de todos os indivíduos ou os grupos a que eles pertencem. Do mesmo modo está a participação aberta para tomar as decisões que afetam como produtores, como consumidores e como cidadãos membros de uma família e de uma sociedade, assim como as satisfações que lhes pedem a identidade cultural. A educação do consumidor está, desse modo, associada à obtenção de qualidade de vida, baseada na liberdade e na equidade, e à possibilidade do comportamento dos indivíduos e dos grupos como consumidores ativos e críticos (RIVERO, 1993: 36).

Como foi antes mencionado, no art. 4º do Código de Defesa do Consumidor a Política Nacional das Relações de Consumo tem por objetivo o atendimento das necessidades dos consumidores, o respeito à sua dignidade, saúde e segurança, a proteção de seus interesses econômicos, a melhoria da sua qualidade de vida, bem como a transparência e a harmonia das relações de consumo, atendidos os seguintes princípios: "IV - educação e informação de fornecedores e consumidores, quanto aos seus direitos e deveres, com vistas à melhoria do mercado de consumo; [...] VIII - estudo constante das modificações do mercado de consumo".

Dentre todos os direitos protegidos pelo Código de Defesa do Consumidor, talvez o mais significativo venha a ser o direito à informação, talvez até o maior, porque só um consumidor totalmente informado pode contratar, em pleno conhecimento de causa com os fornecedores e desempenhar o papel que deve ser seu como de parceiro econômico. No mesmo princípio de que a todo direito deve corresponder a uma obrigação, ao fornecedor, como contraprestação na relação de consumo, cabe o dever de informar sobre os produtos ou sobre os serviços que apresentam no mercado de consumo.

A proteção ao consumidor, com o fim de assegurar o cumprimento do dever de informar, concede ao consumidor e aos entes legitimados, para a sua defesa coletiva, apresentarem a defesa coletiva como meio adequado para a demanda judicial. Para tanto, houve a criminalização do descumprimento de praticamente todos os deveres de informar previstos na codificação acima, passando a punir tanto os comportamentos positivos do fornecedor, por meio de ação, como pelas simples abstenções, como afirmações falsas sobre o produto, do qual sabe a verdade. O direito à informação sobre os produtos e os serviços é elemento fundamental do sistema de proteção do direito do consumidor, além da tutela civil e administrativa, existem ainda os tipos penais que descrevem condutas criminosas dos fornecedores (ZANELLATO, 1993: 92).

Por outro lado, no art. 6º do Código de Defesa do Consumidor, são direitos básicos do consumidor: "II - a educação e divulgação sobre o consumo adequado dos produtos e serviços, asseguradas a liberdade de escolha e a igualdade nas contratações; III - a informação adequada e clara sobre os diferentes produtos e serviços, com especificação correta de quantidade, características, composição, qualidade e preço, bem como sobre os riscos que apresentem". A legislação de defesa do consumidor dispõe exatamente que a educação do consumidor pode ser o instrumento para que o consumidor supere sua alienação e seu fascínio pelo consumo desenfreado.

Em alguns casos, a educação e a informação podem levar para a autorregulamentação, que tem suas vantagens e suas desvantagens. Essa autorregulamentação consiste no domínio específico do regime de corporações, que vigorou no *Ancién Régime*, na França, em que definia a disciplina das profissões, das artes e dos ofícios nas várias vertentes em que se multiplicava (FROTA, 1992: 43). Houve a supressão das corporações, em nome do princípio da liberdade ao trabalho, em que quase todas as profissões ou as atividades eram escolhidas individualmente, ainda que sob o peso da condição social. No entanto, as próprias empresas podem ter mecanismos que permitam se autocontrolar nas atividades diárias e rotineiras, de modo a prevalecer a qualidade na produção, evitando trocas, demandas e sanções administrativas.

A educação permite que o consumidor, e também o trabalhador, possa ter consciência de suas reais necessidade de consumo e que ele não precise comprar em razão do *marketing* ou pela sedução pelo status que o bem ou o serviço possa indicar em uma sociedade fracionada, conflitante e diversificada. A educação permite o autoconhecimento e também melhorar de vida e dadquirir mais produtos do mercado, mas com respeito ao meio ambiente, por exemplo. A educação do consumidor é política pública essencial para o libertar de sua alienação. O consumo consciente é a matéria principal da educação que o consumidor precisa ter no século XX, e, mais ainda, no século XXI.

4.11. CONSUMO E PROTEÇÃO AMBIENTAL

A política orientada pela proteção ao meio ambiente consiste, de um lado, na identificação das origens dos danos ao meio ambiente e, de outro, na adoção de medidas concretas que permitam cortar pela raiz o processo de degradação da natureza. Essa abordagem pede a integração das preocupações ambientais com outras políticas públicas, como em outros setores, como agricultura, energia ou indústria. Por ela, a adoção de tais medidas visa reduzir o esgotamento dos recursos naturais: a) como promover a reciclagem de papel; b) como reduzir os detritos, com a reciclagem dos recipientes de bebidas; c) como diminuir a composição dos produtos com substâncias perigosas; d) como a redução de metais tóxicos nas pilhas; e) como reduzir a poluição causada durante ou depois da utilização de produtos, como a redução de fosfatos dos detergentes (MANIET, 1992: 9).

Ao lado das medidas acima, de políticas públicas regulatórias, apareceu a ideia de encorajar os fornecedores a imaginar e a produzir produtos menos poluentes por uma tecnologia nova, que acaba influenciando a concorrência no mesmo sentido de buscar a pesquisa para novos produtos não poluidores. Para tanto, é preciso que o Estado intervenha do processo, com o fim de influenciar as empresas a desenvolverem novas técnicas e novos empreendimentos. Isso acaba criando também um mercado de consumo de produtos naturais, que inclusive tem maior valor agregado do que a produção com pesticidas ou com outros métodos com degradação do meio ambiente. A experiência, como o defeso da pesca na costa brasileira, bem como outras formas de poupar a natureza, acaba criando uma nova consciência no consumidor.

No art. 37 do Código de Defesa do Consumidor, é proibida toda publicidade enganosa ou abusiva. No mesmo sentido, considera-se abusiva, dentre outras, a publicidade discriminatória de qualquer natureza, a que incite à violência, explore o medo ou a superstição. Do mesmo modo, a propaganda que se aproveite da deficiência de julgamento e experiência da criança, desrespeite valores ambientais, ou que seja capaz de induzir o consumidor a se comportar de forma prejudicial ou perigosa à sua saúde ou segurança. Com isso, pretende-se regular a propaganda para que ela sirva aos interesses do cidadão e do esclarecimento, e não para criar falsas necessidades, ou degradação à natureza.

Por conta da dificuldade de fazer com que os fornecedores se responsabilizem pelos danos provocados na natureza, por conta de sua exploração excessiva ou manejo irresponsável ou ineficaz, é preciso que haja uma política pública dirigindo a economia para condicioná-la pelo princípio de defesa do meio ambiente. Ao mesmo tempo, o consumidor necessita ser esclarecido sobre a forma pela qual aquele produto ou serviço é realizado, pela repercussão danosa na natureza. Precisa, assim, o auxílio da teoria geral, que ajusta o foco para uma solução adequada quanto à tensão entre os interesses dos indivíduos, das empresas e do Estado, para que se estabeleça o significado do que é ser humano (CABANA, 1994: 27).

Pelo art. 51 do Código de Defesa do Consumidor de 1990 são nulas de pleno direito, entre outras, as cláusulas contratuais relativas ao fornecimento de produtos e serviços que: "XIV - infrinjam ou possibilitem a violação de normas ambientais". Por si só, é marcante a presunção do consumo sustentável como uma nova forma de política pública sobre a defesa do consumidor. Porém, ela vai mais além do que a defesa e o controle sobre o dano e sobre o perigo da proibição de cláusula abusiva ou enganadora, pois versa sobre a integridade moral do consumidor, com a criação de instituições para atuação judicial, com a possibilidade de ação coletiva ou de ação civil pública.

O panorama da proteção do consumidor indica que existe um interesse real e amplo de parte dos Governos em diminuir a desigualdade, ainda existentes, entre as pessoas que participam da relação de consumo. A intervenção começa a se dar com políticas públicas de proteção do consumidor, agora, também com a defesa do consumo consciente. O direito do consumidor assegura a segurança, a informação, a educação, a satisfação das necessidades básicas, a indenização e o direito de viver em um meio ambiente saudável. O movimento social por meio de associação de consumidores começa a discutir, como está esboçado no Código de Defesa do Consumidor, o consumo sustentável, que implica o conhecimento e a educação para vencer o consumismo desenfreado. Além disso, ensina consumir só o que realmente necessita e não o que a propaganda recomenda, preservando assim o meio ambiente.

Os direitos previstos no Código de Defesa do Consumidor, no art. 7º, não excluem outros decorrentes de tratados ou convenções internacionais de que o Brasil seja signatário, da legislação interna ordinária ou de regulamentos expedidos pelas autoridades administrativas competentes; bem como dos que derivem dos princípios gerais do direito, analogia, costumes e equidade. Tendo mais de um autor a ofensa, todos respondem solidariamente pela reparação dos danos previstos nas normas de consumo. Com isso, a defesa do consumo consciente encontra-se nos acordos internacionais firmados pelo Brasil, na defesa do meio ambiente ou na defesa do consumidor, inclusive as normas da Organização das Nações Unidas (ONU) e de outros organismos internacionais.

O movimento social de defesa do consumidor dá-se por meio de associações de sua defesa, seja para demandar em ação coletiva, seja, em atos de desobediência civil, por violar seus direitos básicos. O consumo consciente se mostra como o caminho natural que o Código de Defesa do Consumidor levou ao propor a educação para o consumo entre seus direitos, para que se deseje apenas suas reais necessidades de consumo. O *marketing* acabou sendo a forma pela qual o mercado seduz o trabalhador, também consumidor. Este procura o que a propaganda oferece, sem levar em conta suas necessidades reais. É necessário políticas públicas para disciplinar o problema que aumenta dia a dia. O consumo desenfreado está levando à degradação do meio ambiente e, via de consequência, ameaçando a própria existência da espécie humana. Este pode ser objeto de novo movimento social em favor do consumo sustentável como decorrência do consumo consciente, estabelecido como política pública, que é o caminho que deve ocorrer.

Capítulo V

Movimento Social na Defesa Do Consumidor

Na presente obra procurou-se entender se a defesa dos direitos dos consumidores, no Brasil, que passou a ocorrer na década de setenta em diante, no século XX, também trouxe a discussão sobre políticas de consumo consciente e suas implicações. Os novos direitos assegurados permitiram que o consumidor fosse entendido com hipossuficiente e que tivesse maior acesso aos órgãos jurisdicionais. Procurou-se um equilíbrio entre os fornecedores, que integram as classes hegemônicas, e os consumidores, em geral compostos pelas classes médias e pelos trabalhadores, de modo a permitir maior garantia no consumo.

Para responder a algumas dúvidas, especialmente, quanto aos movimentos de defesa do consumidor e também quanto aos processos de formação do texto da Constituição de 1988 e do Código de Defesa do Consumidor, de 1990, pesquisou-se os anais do Congresso Nacional. Foi feito isso por meio de exame do seu *site* oficial, além de outros *sites* referentes a entidades que participaram desse processo de discussão e de mobilização social, para influir nos textos constitucional e legais que foram preparados àquela época. Houve a percepção de que o processo de garantia do direito do consumidor e do reconhecimento da sua hipossuficiência realizou-se de forma dialética, com reação dos setores conservadores ligados ao capital, mas que a participação do movimento social conseguiu assegurar novos direitos que até então não existiam no Brasil, como a defesa do consumidor.

Na presente obra, os capítulos serviram para responder às perguntas como plano de prova para indicar a solução quanto aos questionamentos realizados. Constam como problemas secundários as seguintes dúvidas metodológicas: a) Como se deu a alienação do trabalhador para se tornar um consumidor atual? b) Como ocorreu a formação da sociedade de consumo no Brasil? c) Como se formou o movimento de defesa do consumidor no Brasil? d) Quais são as características do direito do consumidor brasileiro e da Política Nacional das Relações de Consumo? e) Houve participação do movimento social na defesa do consumidor?

Em relação à primeira indagação, pode-se dizer que a alienação do trabalhador para se tornar um consumidor manipulado pelas classes hegemônicas decorre da própria natureza do capitalismo. Este tem como base de produção o trabalho humano, que é explorado pelo empregador por meio da apropriação do excedente de trabalho, denominado mais-valia. Ou seja, o operário labuta suas horas de trabalho, mas só recebe algumas delas, sendo a maioria apropriada pelo capitalista, que, com isso, forma seu lucro, depois reinvestido para se obter mais renda. Para o trabalhador sujeitar-se a esse modo de produção, ele precisa ser convencido de que ainda assim tal modo de trabalhar é melhor para ele, pois existe a possibilidade de se dedicar muito ao emprego e aperfeiçoar-se cada vez mais, para ele próprio chegar a ser também um capitalista ou pelo menos ascender socialmente.

O comportamento do consumidor manifesta-se pela procura, pela compra, pela aplicação, pela avaliação e pela destinação dos produtos e dos serviços que atendam às suas necessidades. Esse comportamento realiza suas decisões conforme os recursos disponíveis, como tempo, dinheiro e esforço, para adquirir itens referentes ao consumo. Daí existe uma motivação quanto ao que comprar, onde comprar e quando comprar, bem como ao que usar e como o avaliar. Porém, é notável o papel da comparação e do *status* social, que significa o poder aquisitivo nas sociedades capitalistas, no final do século XX. Para Leon G. Schiffman e Leslie Lazar Kanuk, analisando o comportamento do consumidor quanto ao *marketing*:

> [...] os indivíduos normalmente comparam suas próprias posses materiais com as de outras pessoas para determinar seu relativo posicionamento social. Isso é especialmente importante em uma sociedade de compra do consumidor (ou o quanto pode ser comprado). Em palavras simples, os indivíduos com maior poder de compra ou com maior capacidade de fazer compras têm maior status. Aqueles que têm maiores restrições quanto ao que podem ou não podem comprar têm menos status. Considerando que as posses visíveis ou conspícuas são fáceis de ser percebidas, elas servem muito bem como marcadores ou indicadores do status de alguém e do de outras pessoas (SCHIFFMAN, 2009: 252).

Ora, o que os autores acima afirmam é que o consumo move a sociedade não só quanto ao dinamismo econômico, mas também quanto ao *status* que a pessoa tem em um dado meio social, com base no que consome ou no que aparenta consumir. O consumo passa a ser o símbolo da posição social que o consumidor ocupa e, com isso, faz com que quem não esteja em melhores condições procure assim ficar, para ostentar tal condição para seus vizinhos, amigos, colegas ou familiares. A alienação do consumidor consiste exatamente quando ele deixa de adquirir o que necessita para comprar o que a propaganda, o *marketing* e a comparação social indicam, fazendo com que seja um trabalhador que pense que pode ascender na vida e mudar de classe social pelo seu próprio esforço como trabalhador.

A redução do conceito de "necessidade" à necessidade econômica constituiu numa expressão da alienação capitalista das necessidades, em uma sociedade na qual o fim da produção não era a satisfação das necessidades, mas sim a valorização do capital. O sistema de necessidades estava baseado na divisão do trabalho e a necessidade só apareceu no mercado, debaixo da forma de demanda. As necessidades podiam ser naturais, como sinônimo de necessidades físicas essenciais, e necessidades socialmente determinadas, como sinônimo de necessidades sociais. No primeiro caso, tratava-se do meio de manutenção da vida humana, com o sentido de autopreservação. Eram necessidades surgidas historicamente e não dirigidas, mas que tinham, no elemento cultural, moral e de costume, formas decisivas de sua satisfação, fazendo parte da vida normal do homem (HELLER, 1978: 33-4).

As necessidades sociais podem ser entendidas como aquelas que nascem do ambiente social e do momento histórico, pois resultam de necessidades que foram desenvolvidas pela conveniência pessoal e pelo *status* que representam. Conseguia-se viver sem elas, no começo dos tempos, mas não no final do século passado, inclusive pelo desenvolvimento tecnológico havido nos últimos anos. Os bens estão sujeitos também à comparação social, para que seu adquirente possa identificar seu posicionamento em dada sociedade de classe – se é rico, pobre ou classe média; ou mesmo, dentre tais classe, se é muito rico, medianamente rico ou um simples rico, por exemplo. Além disso, o capitalismo, com seu dinamismo, permite o acúmulo de bens de forma crescente, por conta da aceleração da produção, além da oferta de novos bens ou serviços em quantidade cada vez maior.

Ora, a criação de novas necessidades sociais foi produto típico do capitalismo e serviu como instrumento para alienar os trabalhadores e, consequentemente, os consumidores. O desejo por novos produtos ou por produtos em maior quantidade fez com que o trabalhador se submetesse à exploração da mais-valia, em troca de possível aquisição de mais e melhores bens e serviços, mesmo que isso nunca acontecesse e fosse apenas um sonho. A alienação pelo fetichismo da mercadoria implicou que o capitalismo era capaz de sobreviver a suas crises e que tinha desafiado aqueles que julgavam que ele teria algum dia um fim, pelo aumento progressivo e constante da produção. O consumo foi o modo pelo qual o capitalismo realizou sua reprodução, sendo a pedra de base de sua continuidade, de modo que não interessou a ele que os consumidores fossem esclarecidos de seus direitos e educados para o consumo consciente.

Quanto à segunda indagação, é preciso observar o processo de formação da sociedade de consumo no Brasil, ao longo dos últimos cinco séculos, especialmente, no século XX. Apesar de não ter havido, aqui, por longo tempo, capitalismo propriamente dito, internamente, fazia a colônia parte do mercado mundial e constituiu-se em um fornecedor de diversos produtos de elevado valor, como açúcar, ouro, diamante e café, dentro outros. Ou seja, no plano externo fazia parte do sistema de trocas internacionais do capitalismo, como fornecedor de matéria prima, destinado aos grandes centros produtivos, especialmente a Inglaterra.

Durante o período colonial, nos três primeiros séculos, a economia brasileira compreendia as grandes lavouras tropicais, como a cana de açúcar, o tabaco, o algodão e o arroz, ao longo do litoral, próximo do mar. Existia ainda a colheita de produtos naturais no Norte, a pecuária no Nordeste e no Sul e a mineração no Sudeste e no Centro-Oeste. A base da economia era a exploração dos recursos naturais de um amplo território em proveito do comércio e da produção europeia. Não se chegou a constituir, na época colonial, uma economia nacional, pois a produção e a distribuição de recursos estavam voltadas para a exportação de matéria-prima. A Coroa e os comerciantes portugueses ficavam com o excedente das exportações e não havia propriamente um mercado de consumo local.

Ao analisar a realidade da economia e da sociedade no período colonial brasileiro, de 1500, quando de seu descobrimento, até 1815, quando formou o Reino Unido com Portugal, Caio Prado Júnior disse que:

> [...] ficara-se, modificando apenas a extensão do processo, nesta exploração comercial de um território virgem em proveito de objetivos completamente estranhos à sua população, e em que essa população não figura senão como elemento propulsor destinado a mantê-la em funcionamento. Este é o traço que sintetiza a economia brasileira no momento em que o país alcança a sua autonomia política e administrativa. Todas as suas atividades giram em torno deste fim precípuo de fornecedor ao comércio internacional alguns produtos tropicais de alto valor mercantil, metais e pedras preciosas (PRADO JÚNIOR, 1983: 102-3).

No século XIX, houve o estabelecimento do Brasil como um Estado independente politicamente, mas ainda dependente da economia europeia. Continuava o país a ser um exportador de matérias-primas, com diversas regiões produzindo produtos extrativistas, charqueados, minerais e pedras preciosas, mas bem menos do que no século anterior. No entanto, surgiu um novo produto – o café –, que se tornou a principal pauta de exportação brasileira, sustentando o Estado, mas também cobrando o sacrifício de toda a população em todo o território, pois submetia o país às oscilações de seu preço internacional. No início, isso se deu no vale do rio Paraíba, no Rio de Janeiro, e depois nas terras roxas de São Paulo, iniciando também o processo de concentração econômica no Sudeste do Brasil. Ainda que o consumo interno tivesse aumentado, com o tímido processo de urbanização, não havia ainda um mercado de consumo brasileiro, com a economia totalmente voltada para a exportação de matéria-prima e para a importação de produtos industrializados.

As elites brasileiras, no século XIX, eram formadas por burocratas, especialmente magistrados, treinadas na tradição do mercantilismo e do absolutismo português, de modo que não colaborava com a formação de um mercado de consumo brasileiro. Como observou José Murilo de Carvalho:

> O ponto crucial da questão era o relacionamento do Estado imperial com a agricultura de exportação de base escravista. Esse relacionamento caracterizava-se pelo que chamamos de dialética da ambiguidade, [...]. Independentemente da elite política, o Estado não podia sustentar-se sem a agricultura de exportação, pois era ela que gerava 70% das rendas do governo-geral via impostos de exportação e importação. [...] O Brasil não era uma economia mercantil, como a portuguesa, que pudesse ser governada pela aliança de um estamento burocrático com comerciantes. Era uma economia de produtores agrícolas com mão-de-obra escrava e de criadores de gado com ou sem escravos (CARVALHO, 2003: 232).

No século XX, não houve uma mudança substancial nesse cenário, ainda que ao longo do tempo tivesse se formado um mercado de consumo brasileiro, com poucos consumindo muito e muitos consumindo pouco. Nesse período, houve três tentativas de modernização no país: duas pela via autoritária - a Revolução de Trinta e o Golpe de 1964 - e uma democrática - a Constituição de 1988. Entre os dois primeiros casos, houve um período democrático, mas instável, chamado de período do clientelismo ou de populismo. Com o fim da II Guerra Mundial, procurou-se dinamizar a economia com base em investimentos de empresas transnacionais, que vinham para produzir para o consumo interno e também para a exportação, por conta dos estímulos fiscais e da mão de obra barata. Por outro lado, o Brasil continuava a ter um papel complementar no capitalismo praticado pelos Estados Unidos, pela Europa Ocidental e pelo Japão, permanecendo ainda como exportador de matérias primas.

A América Latina estava envolvida por um padrão de dominação externa, surgida com a expansão das grandes empresas transnacionais, a maioria nas indústrias leves e pesadas, ainda que também explorassem os serviços, o comércio e as finanças. Essas empresas trouxeram à região um novo estilo de organização, de produção e de *marketing*, com novos padrões de planejamento, de propaganda de massa, de concorrência e de controle interno das economias dependentes pelos interesses externos (FERNANDES, 1981: 18). As empresas representavam o capitalismo corporativo ou monopolista, tornando-se os líderes econômicos, por meio de mecanismos financeiros, por associação com sócios nacionais ou por corrupção, pressão e outros meios de se apoderarem do mercado de consumo local.

Apesar disso, pouco a pouco foi-se formando a sociedade de consumo brasileira, iniciado com o processo de urbanização na década de trinta do século passado, que se consolidou com a implantação de empresas transnacionais modernas, principalmente em São Paulo. Formou igualmente uma elite sindical com seus operários. No entanto, os bolsões de pobreza extrema continuavam a existir em todos os locais, mas, principalmente, no Norte e no Nordeste. Esse mercado de consumo começou a se expandir, em especial, quando principiou a se ampliar a classe média e a elevar o padrão dos produtos vendidos. Quando veio a Constituição de 1988, já existia uma economia urbanizada e dinâmica, ainda que dependente do capital externo, que começava a questionar a forma como o consumidor era tratado pelos fornecedores, no que resultou nas reivindicações em favor da defesa do consumidor.

Em relação à terceira indagação, pode-se dizer que houve a participação do movimento social na formação da defesa do consumidor, no final do século XX, no Brasil. Esse movimento não nasceu do movimento sindical, como nos Estados Unidos, nem de associações de moradores ou de outras entidades populares. O movimento surgiu inicialmente como uma preocupação da classe média que tinha se formado depois da consolidação do processo de urbanização pela qual o país tinha passado, desde a década de trinta do século passado. Além de associações de defesa do consumidor, também houve a participação de entidades públicas, como órgãos do Ministério Público ou como os Procons dos Estados-membros ou dos Municípios. Os professores e os pesquisadores que estudaram o direito do consumidor, principalmente os que residiam em São Paulo e no Rio de Janeiro, em especial, por meio de artigos, de livros, de palestras, de conferências e de aulas de pós-graduação, começaram a formar a consciência social em favor do direito do consumidor.

O movimento social compreende organizações de pessoas movidas por interesse comum, desde questões sociais, como no caso de sindicatos e de associações de sem-terra e de sem-teto; questões econômicas, como as entidades representativas de usuários de serviços públicos, e questões políticos, como as organizações pela ética na política. Houve uma base reivindicatória, que decorria da própria mobilização para pedir direitos e vantagens, por conta das contradições do capitalismo. Não mais só havia o movimento operário, mas diversas outras entidades representativas de classes e de frações de classe com interesses que defendiam por meio de grupos organizados, procurando obter do Estado o reconhecimento de seus direitos e de seus clamores.

As organizações de classe e o processo de formação da consciência social foram centrais no modelo de sociedade que começou a emergir no final do século XX, de modo que não importava muito a diferenciação entre movimento social ou político, ou quanto às associações ou às organizações (GOHN, 2010: 331). De algum modo, tudo fazia parte de mobilização contra o *status quo* vigente e a discussão suscitada era capaz de formar uma nova consciência nos cidadãos pelos dilemas colocados por conta das reivindicações formuladas, capazes de permitir que os trabalhadores pudessem superar a alienação a que estavam submetidos.

Ao analisar o surgimento de novas modalidades de movimentos sociais, no Brasil, no final do século passado, Maria da Glória Gohn disse que:

> Nesse processo, observa-se o desenvolvimento de outras concepções na sociedade brasileira, a de cidadania, tratada agora não apenas como categoria individual, mas coletiva. Trata-se da cidadania de forma ampliada, não restrita apenas aos aspectos jurídicos-formais. [...] O conflito social deixa de ser simplesmente reprimido ou ignorado e passa a ser reconhecido, posto e reposto continuamente em pauta nas agendas de negociações. Uma nova linguagem é criada dessas novas regras de contratualidade social, permitindo a reconstituição do tecido social danificado pelos mecanismos da exclusão e pelas regras antidemocráticas de tratamento da questão social, antes alicerçada exclusivamente na cultura política tradicional-clientelista do favor e da submissão. Resgatam-se regras de civilidade e de reciprocidade ao se reconhecer como detentores de direitos legítimos os novos interlocutores: [...]. Em síntese, assiste-se, na sociedade brasileira, à recriação da esfera pública - o que leva alguns analistas a falarem em reinvenção da república (GOHN, 2010: 302).

O movimento social de defesa do consumidor, na década de oitenta do século XX, apresentou-se como novidade ao tratar a cidadania em termos coletivos, de grupos e de instituições que se legitimavam cobrando novos direitos sociais. Agora não era mais apenas reivindicar, pressionar ou demandar, mas propor uma participação qualificada, principalmente, ao se clamar por novas leis e demandas. O movimento social de defesa do consumidor apresentou-se como um construtor de um novo espaço da cidadania, com leis que garantissem os direitos daqueles que consumiam e que precisavam ser constitucionalizadas, como de fato foram na Constituição de 1988, exatamente pela mobilização social. No momento em que esse movimento se manteve coeso foi capaz de avançar em sua luta e de garantir uma legislação específica sobre a matéria, que tinha como pressuposto principal a proteção do consumidor como hipossuficiente frente às empresas locais e transnacionais.

O movimento social de defesa do consumidor foi capaz de mobilizar a sociedade para o problema das relações de consumo e de construir uma proposta que foi a base para o Código de Defesa do Consumidor, de 1990. Ao mesmo tempo, dialogava com a imprensa e com os meios de comunicação e fazia também pressão junto aos parlamentares federais para que eles aprovassem as propostas apresentadas ou, pelo menos, boa parte delas. Pediu-se também que tudo fosse feito com rapidez, até porque a Constituição de 1988 tinha determinado sua elaboração em cento e vinte dias. Tal não foi obtido, mas em menos de dois anos foi aprovado e sancionado um texto que mudou o direito brasileiro, não só garantido a defesa do consumidor, mas abrindo caminho para políticas públicas regulatórias do consumo consciente.

A quarta indagação diz respeito às características do direito consumidor brasileiro e da Política Nacional das Relações de Consumo. Inicialmente, esclarece-se dizer que esse novo direito operou uma mudança radical na visão jurídica do Brasil, pois contrariava a máxima da igualdade das partes, que acabava perpetuando a diferença de classes e a manutenção do capitalismo vigente. Foi previsto que o consumidor fosse considerado hipossuficiente e, por isso, a legislação tinha de ter instrumentos que permitissem a real igualdade, ao tratar desigualmente os desiguais. Surgiu a desconsideração da personalidade jurídica dos fornecedores, para responsabilizar os proprietários e os controladores das empresas fornecedoras, e também a inversão do ônus da prova, que passou a recair sobre estes.

Na verdade, com a nova legislação procurou-se ampliar o espaço público, que passou a ter competência para tutelar as relações de consumo em um espaço que antes era exclusivamente privado. No direito civil clássico, tinha-se como máxima que o contrato era a lei entre as leis, de modo que a autonomia da vontade precisava ser preservada e afastado o Estado das relações negociais, por ser um campo da liberdade. Nada mais se tratava do que da ideologia do capitalismo que permitia a extração da mais-valia dos trabalhadores e do controle do mercado de consumo pelos fornecedores por meio do mesmo argumento. Para estes, melhor seria um Estado menor, que não chamasse para si a responsabilidade de resolver os conflitos de interesses nas relações de consumo.

Como observou Andrea Semprini, quanto à participação da sociedade em políticas públicas, a ação afirmativa acabou modificando o "modelo operatório que deveria reger uma sociedade liberal". Para ele, a política de cidadania precisava conviver com os sistemas sociais contemporâneos, ainda que submetida a dois tipos de pressão:

> De um lado, uma pressão para a *ampliação* do espaço público, que ficou restrito por muito tempo, se comparado à sua vocação democrática e universalista. Numerosos grupos sociais, considerando terem sido injustamente excluídos deste espaço, exercem atualmente pressão para que tenham pleno direito de participar. Por outro lado, esta ampliação provoca pressões por uma modificação de seu *conteúdo*. O acesso ao espaço público de novas personagens, portadoras de cultura e de reivindicações diversas, desagrega a homogeneidade do espaço e coloca o problema de preservação da continuidade deste, ao mesmo tempo em que aceita sua crescente heterogeneidade. A injeção no seio do espaço público - definido tradicionalmente por parâmetros políticos - de fatores socioculturais abala a distinção entre as esferas privada e pública que havia sido uma das condições da emergência do espaço pública. Certas instâncias que

> uma visão política teria considerado como privadas acham-se projetadas no coração do espaço público e vice-versa. [...] Um outro aspecto que é preciso considerar na definição de um espaço público multicultural é a configuração que aí assumem os conflitos sociais e a questão do poder. Os conflitos não se resumem mais exclusivamente na luta pelo controle dos recursos naturais, dos meios de produção, das riquezas, ou mesmo do poder político tradicional. Eles se localizam mais sobre o controle da produção e da distribuição dos significados e dos símbolos sociais (SEMPRINI, 1999: 131-3).

De modo semelhante, o direito do consumidor, no Brasil, tratou de estabelecer novos princípios e direitos para disciplinar as relações entre os consumidores e os fornecedores, que representavam aqueles que detinham os meios de produção. Significativa foi a introdução do princípio da boa-fé objetiva, pela qual deve existir um vínculo de lealdade nas relações de consumo, em que a vontade inicial precisa ser mantida, prevalecendo isto sobre as artimanhas jurídicas ou sobre os procedimentais escusos. Com tal, foram vetadas tanto as cláusulas abusivas, pelas quais o consumidor era submetido a condições de inferioridade contratual ou de vexações e constrangimentos, bem como as cláusulas de surpresa, pelas quais o consumidor não sabia exatamente as condições em que tinha feito determinada contratação. Houve um cuidado especial também quanto à vinculação da oferta do produto à sua venda, de modo a vetar a propaganda enganosa ou a que subtraia do conhecimento do adquirente o que realmente estava recebendo.

Por outro lado, para fortalecer o consumidor e melhorar sua situação jurídica, ocorreu a de proteção ao consumidor nos processos judiciais em que ele discutia a relação de consumo. Além de algumas garantias, como a inversão do ônus da prova, acima comentado, ocorreu o oferecimento de novos meios processuais, especialmente das ações coletivas que expressavam realmente o significado do consumo como algo social e não apenas como um ato isolado e individual. No mesmo sentido, houve o reconhecimento expresso das associações de defesa do consumidor como entidades participantes das formulações das políticas públicas de consumo. Além disso, foram previstas a educação e a informação como os meios pelos quais o consumidor pudesse se educar para adquirir ou contratar apenas o que realmente precisasse, e não o que a propaganda e o *marketing* indicassem como melhor ou necessário para ele.

O Código de Defesa do Consumidor, dentre outras dispositivos, previu como nulas de pleno direito as cláusulas contratuais relativas ao fornecimento de produtos e de serviços, no art. 51, XIV, que "infrinjam ou possibilitem a violação de normas ambientais". Com isso, procurou-se estabelecer as bases iniciais do consumo sustentável, pois a condição de oferta de um produto ou de um serviço era que ele não produzisse nenhum dano à natureza, não só por ser poluente ou degradante, mas também porque impedia a regeneração da natureza pelo seu uso ou sua exploração.

Por fim, houve o estudo sobre a participação do movimento social na formação da defesa do consumidor no Brasil. Não só se usou a bibliografia sobre a matéria, mas também se pesquisou nos anais do Congresso Nacional, sobre o direito do consumidor na Constituição de 1988 e no Código de Defesa do Consumidor de 1990. Além disso, aplicou-se os conceitos de Maria Glória Gohn sobre movimento social. Pesquisou-se também em jornais de grande circulação sobre as discussões ocorridas então. Em seguida, ocorreu o estudo sobre as características essenciais da política de defesa do consumidor. Analisou-se ainda o pensamento jurídico sobre a matéria, com as obras de J. M. Othon Sidou e Wilson de Andrade Brandão, os pioneiros, e de Ada Pellegrini Grinover, Antônio Herman V. Benjamin e Nelson Nery Júnior, dentre os autores do Anteprojeto do Código acima.

Após a preparação acima, pode-se formular a análise da participação do movimento social na elaboração de políticas públicas, tanto na Constituição de 1988 como no Código de Defesa do Consumidor. O movimento de defesa do consumidor foi o movimento social que colaborou para a difusão da necessidade de se assegurar direitos aos consumidores para que se pudesse garantisse o consumo consciente, no Brasil, no final do século XX. Várias entidades representativas do movimento, tanto de cunho acadêmico, como as associações da defesa de direitos, participaram ativamente da implantação do direito do consumidor, em congressos, artigos na imprensa e chamamentos à sociedade, além de influir os parlamentares federais.

No Brasil, o movimento de defesa do consumidor, com suas especificidades, nasceu timidamente na década de setenta do século passado, especialmente com o Projeto de Lei do Deputado Federal Nina Ribeiro, que apesar de não ter logrado sucesso, foi a primeira semente plantada. Existiam várias normas jurídicas que protegiam os consumidores, no Brasil, ao longo do século XX, como a Lei de Usura de 1933 e a Lei da Economia Popular de 1951, dentre outras, mas ainda no plano da ampla liberdade contratual. Com a iniciativa legislativa acima e a discussão e a cobrança que os Ministérios Públicos estaduais começaram a realizar, para a fixação da defesa do consumidor, houve a criação de órgãos locais com a mesma função, no que passou a ser chamado de Procons. Deve ser registrada a aprovação, ainda, no Estado de São Paulo, da Lei Estadual nº 7.890, de 06.05.1976, que teve por objetivo a elaboração de política de proteção do consumidor.

Na década seguinte, já existiam várias entidades de defesa do consumidor, como o Instituto de Defesa do Consumidor (IDEC), criado em 1987, a Associação de Pais e Alunos das Escolas Particulares e Públicas do Estado do Rio de Janeiro (APAERJ), a Associação dos Participantes dos Planos de Saúde e Previdenciários, a União Nacional dos Consorciados e a Associação das Vítimas de Erros Médicos, dentre outros. Houve a colaboração da Ordem dos Advogados do Brasil (OAB) e também de entidades ligadas ao Ministério Público e aos Procons estaduais e municipais. Diversos juristas discutiram a matéria, tanto em simpósios científicos como na mídia, procurando conscientizar os consumidores brasileiros e também influenciar os parlamentares que iriam tratar da matéria.

Foi importante a aprovação da ação civil pública, por meio da Lei Federal nº 7.347, de 24.07.1985, que disciplinou o procedimento processual em matéria de responsabilidade por danos causados ao meio ambiente, ao consumidor, a bens e direitos de valor artístico, estético, histórico, turístico e paisagístico. Tratou-se de importante instrumento para o Ministério Público cuidar dessas matérias, mas também possível para as associações civis, e mais recentemente para a Defensoria Pública. Outra iniciativa importante para o direito do consumidor foi à edição do Decreto Federal nº 91.469, de 24.07.1985, que criou o Conselho Nacional de Defesa do Consumidor, integrado por diversas instituições públicas e da sociedade civil. Este teve papel relevante em todo o processo legislativo, inclusive sendo o órgão que encaminhou o Anteprojeto do Código de Defesa do Consumidor para o Ministério da Justiça.

A Emenda Constitucional nº 20, de 27.11.1985, aprovou a convocação de Assembleia Nacional Constituinte, dando tal atribuição ao Congresso Nacional formado nas eleições de 1986, para posse no ano seguinte. Por conta disto, em 1987, vários eventos começaram a ocorrer tratando do direito do consumidor, como o VIII Encontro Nacional de Entidades de Defesa do Consumidor, em Brasília. Depois, o Ministério Público realizou seu VII Congresso Nacional, em Belo Horizonte, no mesmo ano acima, também propondo a criação de Promotores de Justiça especializada na proteção do consumidor.

Surgiram diversas obras tratando do direito do consumidor, tanto jurídicas como políticas. No mesmo sentido, a Comissão Afonso Arinos, integrada por um grupo de notáveis, acabou preparando o Anteprojeto da Constituição, incluindo em suas matérias o direito do consumidor. A Assembleia Nacional

Constituinte, instaurada em 1º de fevereiro de 1987, começou seus trabalhos e logo foi pressionado para incluir a defesa do consumidor em seus dispositivos. Tanto a Comissão da Soberania e dos Direitos e Garantias do Homem e da Mulher como a Comissão da Ordem Econômica, em seus relatórios, trataram do direito do consumidor. Tudo isto foi consolidado no relatório da Comissão de Sistematização, especialmente com o Projeto de Constituição do Substitutivo do Relator, de agosto de 1987 (CABRAL, 1987*b*: 29). As diversas versões do Projeto de Constituição sempre preservaram a defesa do consumidor, mas as reações fizeram com que pouco a pouco as disposições fossem diminuídas, especialmente quanto aos serviços públicos e aos direitos dos usuários.

Em sete ocasiões a Constituição de 1988 tratou do consumidor: a) no art. 5º, XXXII, prevendo que o Estado deva promover sua defesa; b) no art. 22, XXIX, ao dispor sobre a competência da União quanto à propaganda comercial; c) no art. 24, VIII, ao tratar da competência concorrente sobre defesa do consumidor da União com os Estados e o Distrito Federal; d) no art. 150, § 5º, ao exigir o esclarecimento dos consumidores quanto aos impostos que incidirem nas mercadorias e nos serviços; e) no art. 170, V, ao colocar como princípio da ordem econômica a defesa do consumidor; f) no art. 175, II, ao prever nos serviços públicos concedidos ou permitidos a existência de direitos dos usuários; g) no art. 48, do Ato das Disposições Constitucionais Transitórias, ao determinar que o Código de Defesa do Consumidor fosse aprovado em cento e vinte dias.

Ao discutir a validade do direito, Robert Alexy, na obra **Conceito e Validade do Direito**, indicou que uma Constituição só existe se for socialmente eficaz, capaz de se impor sob pena de sanção, o que se aplicava às disposições sobre a defesa do consumidor. Como disse Robert Alexy:

> Pressupõe-se da validade de uma constituição que ela seja socialmente eficaz em termos globais. Com essa fórmula, faz-se

> referência à validade social do sistema jurídico como um todo, pois uma constituição só é socialmente eficaz em termos globais quando o sistema jurídico como um todo, estabelecido em conformidade com ela, também for socialmente eficaz em termos globais. Além disso, o conceito de eficácia social em termos globais contém as características - citadas em muitas definições de direito - da coação e da dominância em relação a sistemas normativos concorrentes. Esse conceito contém a característica da coação, porque a eficácia social de uma norma consiste em sua observância ou em punição caso ela não seja observada, e porque a punição em caso de inobservância de normas jurídicas inclui o exercício da coação física, que, nos sistemas jurídicos desenvolvidos, é coação organizada pelo Estado. A característica da dominância em relação a sistemas normativos concorrentes compreende o conceito de eficácia social em termos globais, porque um sistema normativo que não se impõem perante outros em caso de conflitos não é socialmente eficaz em termos globais (ALEXY, 2011: 153).

Por conseguinte, dentre as principais providências determinadas pela Constituição de 1988, para que pudesse ter a eficácia social acima referido, foi previsto que o Código de Defesa do Consumidor fosse elaborado em até cento e vinte dias da promulgação do texto constitucional. Tratou-se de prazo exíguo, que acabou não cumprido, mas que foi um marco para que logo se preparasse um Anteprojeto e que também houvesse rapidez em sua aprovação. Aconteceu logo o enfrentamento entre aqueles que defendiam a codificação e os outros que eram contra, pelo menos nos termos pretendidos inicialmente. Argumentavam os conservadores que a legislação acabaria violando a liberdade de contratar e o princípio da autonomia da vontade, claro discurso ideológico do liberalismo econômico reproduzido no direito.

Antes mesmo da promulgação da Constituição Federal, em 5 de outubro de 1988, o Conselho Nacional de Defesa do Consumidor formou uma Comissão, com o fim de apresentar Anteprojeto do Código de Defesa do Consumidor. Esta teve como coordenadora Ada Pellegrini Grinover e participantes como José Geraldo Brito Filomeno e Kazua Watanabe, além de jovens juristas, mas já então renomados autores. Esse texto foi entregue ao então Ministro da Justiça Paulo Brossard, no final de 1988, que foi publicado no Diário Oficial da União e submetido às críticas e às propostas de professores, cidadãos, associações e outros órgãos representativos do movimento de defesa do consumidor. Por fim, foi concluído o Anteprojeto do Código de Defesa do Consumidor e novamente publicado, em 4 de janeiro de 1989, anexando o Parecer da Comissão que procurou justificar o acolhimento ou a rejeição das propostas recebidas.

O Anteprojeto acima foi convertido em Projeto de Lei e enviado pela Presidência da República ao Congresso Nacional, sendo criada Comissão Mista de Senadores da República e de Deputados Federais. Foi Presidente desta o Senador José Agripino Maia e o Relator o Deputado Joaci Goés, ambos convidando para ajudar a Comissão os juristas Ada Pellegrini Grinover, Nelson Nery Júnior e o Antônio Herman de V. e Benjamin. Coube a estes assessorarem a Comissão Mista para que esta colecionasse o Anteprojeto do Código de Defesa do Consumidor, com os substitutivos e com os outros Anteprojetos do Código, um do então Senador Michel Temer e outro do, na ocasião, Deputado Federal Geraldo Alckmin Filho, além de outras emendas e sugestões apresentadas.

O movimento de defesa do consumidor conduziu o processo de aprovação do Código de Defesa do Consumidor, no Conselho Nacional de Defesa do Consumidor, de onde saiu seu Anteprojeto, e também na Comissão Mista do Congresso Nacional, por meio dos parlamentares, como dos juristas que auxiliavam na comissão. No entanto, não foi pacífica a aprovação das matérias e nem tudo pretendido acabou dando certo. No próprio Conselho Nacional acima, existiam discordâncias entre seus integrantes, principalmente daqueles ligados às classes produtoras, como de industriais e de grandes comerciantes.

Em uma de suas atas, o representante da Confederação Nacional de Indústrias (CNI) Nicolau Jacob Neto disse que "o código é inibidor da livre empresa. Ele inibe pela forma como são aplicadas as cláusulas penais" (RIOS, 1998: 61).

Quando era inevitável a aprovação da nova codificação, as entidades representativas dos capitalistas passaram a negociar com parlamentares e também com o Relator e seus assessores da Comissão Mista, aceitando a legislação, mas ponderando algumas questões e negociando outras. A Lei Federal nº 8.078, de 11.09.1990, foi aprovado em pouco menos de dois anos, muito mais do que os cento e vinte dias previstos no art. 48, do Ato das Disposições Constitucionais Transitórias. Houve competência das pessoas envolvidas no processo de elaboração legislativa da matéria, bem como a devida pressão do movimento de defesa do consumidor, por meio de diversas entidades, algumas já mencionadas anteriormente.

Ao observar o processo legislativo para aprovar o novo texto, Josué Rios compreendeu que o movimento social foi vitorioso, mas que também os representantes dos empresários conseguiram atenuar algumas matérias. Para o autor acima,

> Vemos, portanto, que os consumidores tiveram a iniciativa e um papel de preeminência na conquista da nova legislação de defesa do consumidor que, finalmente, veio a ser introduzida em nossa ordem jurídica. Foi longa a espera. Quase duas décadas de discussões, o que é muito tempo para a dinâmica do mundo moderno, sobretudo em se considerando as consequências deletéricas da agressividade do mercado sobre os consumidores. Mas finalmente adveio o texto constitucional que não frustrou o movimento consumerista. Foram incluídas várias disposições que, direta ou indiretamente, dizem respeito à proteção do consumidor (art. 5º, XVII, XXI, XXXII, art. 24, VIII, art. 150, parág. 5º, art. 175, parág. único, II, art. 220, parág. 4º, art. 221, art. 170, V, art. 48 dos ADCT) (RIOS, 1998: 62).

As disposições sobre o direito do consumidor na Constituição de 1988 e sobre o texto do Código de Defesa do Consumidor, de 1990, foram fundamentais para formar um novo direito no Brasil, sem precedentes até então. No direito do trabalho, já tinha sido previsto na Consolidação das Leis do Trabalho (CLT), de 1943, no processo judicial, o favorecimento ao trabalhador, como forma de compensar a superioridade financeira do empregador. No mesmo sentido procedeu a nova codificação, quando reconheceu a hipossuficiência do consumidor e seu favorecimento no direito processual e no direito material.

O Código de Defesa do Consumidor, no seu art. 4º, tratou da Política Nacional de Relações de Consumo, prevendo dentre outras matérias, como base de políticas públicas sobre a matéria: a) reconhecimento da vulnerabilidade do consumidor; b) ação governamental de proteção do consumidor por iniciativa direta, por incentivos à criação de associações, pela presença do Estado e pela garantia dos produtos e serviços; c) harmonização dos interesses nas relações de consumo e compatibilização com o desenvolvimento econômico e tecnológico, conforme princípios constitucionais de defesa do consumidor e do meio ambiente, com base na boa-fé; d) educação e informação de fornecedores e consumidores; e) incentivo à criação de meios de controle de qualidade e segurança de produtos e serviços; f) coibição e repressão eficientes de todos os abusos praticados no mercado de consumo; g) racionalização e melhoria dos serviços públicos; h) estudo constante das modificações do mercado de consumo.

Não apenas o direito do consumidor foi assegurado no Código de Defesa do Consumidor, mas também o consumo consciente, através de várias disposições espalhadas no seu texto, especialmente a previsão de nulidade de cláusula contratual que "infrinjam ou possibilitem a violação de normas ambientais", no seu art. 51, XIV. Com isto, fica claro que a codificação acima realmente dispôs sobre o direito do consumidor, prevendo também o alicerce para assegurar a existência de política pública que tenha como base o consumo sustentável. Pode-se dizer assim que se trata de uma tendência a defesa do consumo consciente:

> Cabe aos Estados e às sociedades proteger o meio ambiente. Em decorrência dos problemas advindos do crescimento caótico das atividades industriais, o consumismo desenfreado em escala mundial, a consciência capitalista na busca do desenvolvimento, a ignorância das repercussões causadas ao meio ambiente pela atividade econômica e a falsa compreensão de que os recursos naturais seriam infinitos, inesgotáveis e recicláveis por mecanismos automáticos incorporados à natureza (desde a Revolução Industrial), revelam, em escala global, a crescente situação de risco que envolve o planeta. O descompasso entre a chamada modernidade e o meio ambiente, ao provocar danos ambientais, ameaça a vida humana. Porém, tais riscos não estão associados apenas a eventos naturais imprevisíveis, incontroláveis ou involuntários. Dessa maneira, a previsão de instrumentos de prevenção, assim como de controle social e jurídico, pode antecipar a ocorrência desses riscos (KLOCK, 2010: 41).

A luta pela implantação de políticas públicas das relações de consumo enfrentada pelo movimento social de defesa do consumidor representa a antítese à tese estabelecida. Para o capitalismo dependente, como existiu no Brasil, no final do século XX, devia prevalecer as regras básicas do capitalismo, que eram a livre concorrência e a liberdade contratual, pelo o qual o Estado não devia intervir nas relações econômicas, sendo esta a tese. Por fim, o conflito que ocorreu, resultou na vitória do movimento social e da implantação de disposição sobre a defesa do consumidor na Constituição de 1988 e sobre a própria criação do Código de Defesa do Consumidor esta a síntese da dialética.

Pode-se afirmar, depois do estudo bibliográfico, e também da pesquisa nos anais e nas publicações do Congresso Nacional, quanto à Assembleia Nacional Constituinte de 1987 e 1988, que o movimento de defesa do consumidor foi essencial para assegurar política de consumo no final do século XX. A Constituição de 1988 e o Código de Defesa do Consumidor de 1990, introduziram um novo direito, que logo se popularizou e começou a ser exigido cotidianamente, de modo que se pode dizer que teve efetividade (COSTA, 2011: 189). Com ele, o consumidor hipossuficiente tem condições de enfrentar com sucesso, por meio administrativo ou judicial e por pressões populares o fornecedor, para que prevaleça a boa fé, a vedação de cláusulas abusivas ou de surpresa, a proibição da propaganda enganosa e a vinculação com a proposta, dentre outras matérias relevantes.

Não só isso, pois a Constituição de 1988 e o Código de Defesa do Consumidor levaram também para a elaboração de políticas públicas do consumo consciente. Em primeiro lugar, pelo valor da educação no processo de defesa do consumidor, para que este possa se liberar de sua alienação e adquirir apenas o que realmente necessite, sem o fetichismo da mercadoria. Em segundo, pela importância que foi atribuído às associações de defesa e também às ações coletivas para tutelar as relações de consumo, dando uma dimensão social a estas, ainda que praticado individualmente. Em terceiro, a procura pelo controle ou pela modificação no capitalismo implica em que o consumo não seja excessivo de modo a prejudicar a natureza e impedir a manutenção da vida nos próximos séculos. O consumo consciente ameaça em última análise o próprio modo de produção capitalista, ao garantir a consciência do trabalhador pela educação e pela participação associativa, além de assegurar os meios jurídicos necessários para garantir a defesa do consumidor em sua plenitude.

Bibliografia

ABRÃO, Nelson. **Direito Bancário**. 7ª ed. São Paulo: Saraiva, 2001.

ACHBAR, Mark e ABBOTT, Jennifer. **The Corporation** (documentário em DVD). Canadá: 2003.

ADAMS, Ian, e DYSON, W. 50 Pensadores Política Econômica: da Grécia antiga aos dias atuais. Mário Pontes (trad.). Rio de Janeiro: DIFEL, 2006.

ADORNO, Theodor, e HORKHEIMER, Max. **Dialética do Esclarecimento**: fragmentos filosóficos. Guido Antonio de Almeida (trad.). 2ª ed. Rio de Janeiro: Jorge Zahar, 1986.

AGUIAR JÚNIOR, Ruy Rosado de. A Boa-fé na Relação de Consumo. **In: Revista de Direito do Consumidor**. São Paulo: Revista dos Tribunais/ BRASILCOM-Instituto Brasileiro de Política e Direito do Consumidor, 1995, vol. 14.

__________. O Acesso do Consumidor à Justiça no Brasil. **In: Revista de Direito do Consumidor**. São Paulo: Revista dos Tribunais/BRASILCOM-Instituto Brasileiro de Política e Direito do Consumidor, 1995, vol. 16.

ALBERTON, Genacéia da Silva. A Desconsideração da Pessoa Jurídica no Código do Consumidor: aspectos processuais. **In: Revista de Direito do Consumidor**. São Paulo: Revista dos Tribunais/ BRASIL-

COM-Instituto Brasileiro de Política e Direito do Consumidor, 1993, vol. 7.

ALEXY, Robert. **Conceito e Validade do Direito**. Gercélia Batista de Oliveira Mendes (trad.). São Paulo: Martins Fontes, 2011.

ALMEIDA, João Batista. A Ação Civil Coletiva para a Defesa dos Interesses ou Direitos Individuais Homogêneos. **In: Revista de Direito do Consumidor**. São Paulo: Revista dos Tribunais/BRASILCOM-Instituto Brasileiro de Política e Direito do Consumidor, 2000, vol. 34.

________. Publicidade e Defesa do Consumidor. **In: Revista de Direito do Consumidor**. São Paulo: Revista dos Tribunais/ BRASILCOM-Instituto Brasileiro de Política e Direito do Consumidor, 1997, vol. 21.

ALMEIDA, José Antônio. A Ação Civil Pública e a Tutela Jurisdicional do Consumidor. **In: Revista de Direito do Consumidor**. São Paulo: Revista dos Tribunais/BRASILCOM-Instituto Brasileiro de Política e Direito do Consumidor, 1999, vol. 32.

ALTERINI, Atílio Aníbal. Os Contratos de Consumo e as Cláusulas Abusivas. **In: Revista de Direito do Consumidor**. São Paulo: Revista dos Tribunais/ BRASILCOM-Instituto Brasileiro de Política e Direito do Consumidor, 1995, vol. 15.

ALVES, Giovanni. Trabalho e Sindicalismo no Brasil dos Anos 2000: dilemas da era neoliberal. **In**: ANTUNES, Ricardo (org.). **Riqueza e Miséria do Trabalho no Brasil**. São Paulo: Boitempo, 2006.

ALVIM, Arruda. Cláusulas Abusivas e seu Controle no Direito Brasileiro. **In: Revista de Direito do Consumidor**. São Paulo: Revista dos Tribunais/BRASILCOM-Instituto Brasileiro de Política e Direito do Consumidor, 1996, vol. 20.

AMARO, Luciano. Desconsideração da Pessoa Jurídica no Código de Defesa do Consumidor. **In: Revista de Direito do Consumidor**. São Paulo: Revista dos Tribunais/ BRASILCOM-Instituto Brasileiro de Política e Direito do Consumidor, 1993, vol. 5.

AMARAL, Sérgio. Novo Momento de Inserção Internacional do Brasil? **In:** REIS VELLOSO, João Paulo, e MARTINS, Luciano. **O Brasil e a Nova Ordem (Desordem?) Mundial**. Rio de Janeiro: José Olympio, 2006.

Anexo Diretrizes das Nações Unidas para a Proteção do Consumidor. <http://**webcache.googleusercontent.com/search?-q=cache:Mu0Ns0Vw-nUJ:www.terrazul.m2014.net/IMG/doc/Diretrizes_para_protoecao_do_consumidor_ampliadas.doc+&cd=4&hl=pt-BR&ct=clnk&gl=br**>, acesso em: 27.03.2014.

ANDERSON, Perry. Histórias e Lições do Neoliberalismo. **In:** HOULART, François, e POLET, François (coords.). **O Outro Davos**: mundialização de resistência e de lutas. Mariclara Oliveira (trad.). São Paulo: Cortez, 2002.

ARENDT, Hannah. **A Condição Humana.** Roberto Raposo (trad.). 11ª ed. Rio de Janeiro: Forense Universitária, 2010.

__________. **A Promessa da Política**. Pedro Jorgensen Júnior (trad.). 3ª ed. Rio de Janeiro: DIFEL, 2010.

ASSIS, Caio Senni. **Reabilitação e Abalo de Crédito**: teoria, legislação, jurisprudência e prática. São Paulo: Edijur, 2001, vol. 1.

BAPTISTA, Luiz Olavo. A Boa-Fé nos Contratos Internacionais. **In:** WALD, Arnoldo (coord.). **Revista de Direito Bancário, do Mercado de Capital e da Arbitragem**. São Paulo: Revista dos Tribunais, abr.-jun. de 2003, ano 6, nº 20.

BARROS, Raimundo Gomes. Cláusulas em Contrato de Adesão Envolvendo Manutenção de Elevadores. **In: Revista de Direito do Consumidor**. São Paulo: Revista dos Tribunais/Instituto Brasileiro de Políticos e Defesa do Consumidor, out.-dez. 2004, nº 52.

BAUMAN, Zygmunt. **Vida Líquida**. Carlos Alberto Medeiros. 2ª ed. Rio de Janeiro: Zahar, 2009.

BENJAMIM, Antônio Herman de V: Capítulo V. Das Práticas Comerciais. **In:** GRINOVER, Ada Pellegrini. **Código Brasileiro de De-**

fesa do Consumidor: comentado pelos autores do anteprojeto. 10ª ed. Rio de Janeiro: Forense, vol. I, 2011.

BENTO, Leonardo Valles. **Governança e Governabilidade na Reforma do Estado**: entre eficiência e democratização. Barueri: Manole, 2003.

BERNSTEIN, Henry. **Desenvolvimento e Subdesenvolvimento. In:** OUTHWAITE, William, BOTTOMORE, Tom. **Dicionário do Pensamento Social do Século XX**. Renato Lessa e Wanderley Guilherme dos Santos (eds. bras.). Rio de Janeiro: Jorge Zahar, 1996.

BERTONCELLO, Karen Rick Danilevicz. Bancos de Dados e Superendividamento do Consumidor: cooperação, cuidado e informação. **In: Revista de Direito do Consumidor**. São Paulo: Revista dos Tribunais/Instituto Brasileiro de Política e Direito do Consumidor, abr.-jun. de 2004, nº 50.

BETING, Joelmir. Sai o FHC, entra o SHI. **In**: **O Globo**. Rio de Janeiro: 11.09.2001, Economia.

________. Mãos ao Alto! **In: O Globo.** Rio de Janeiro: O Globo, 09.05.2003, Economia.

BITTAR, Carlos Alberto. **Direito do Consumidor**: Código de Defesa do Consumidor. 7ª ed. Rio de Janeiro: Forense, 2011.

__________. **Reparação Civil por Danos Morais**. 3ª ed. São Paulo: Revista dos Tribunais, 1997.

BOBBIO, Norberto. Norberto. **Estado, Governo, Sociedade**: para uma teoria geral da política. Marco Aurélio Nogueira (trad.). 2ª ed. São Paulo: Paz e Terra, 1986.

__________. **O Conceito de Sociedade Civil**. Carlos Nelson (trad.). Rio de Janeiro: Graal, 1982.

BORTOWSKI, Marco Aurélio Moreira. A Carga Probatória Segundo a Doutrina e o Código de Defesa do Consumidor. **In: Revista de Direito do Consumidor**. São Paulo: Revista dos Tribunais/BRASILCOM-Instituto Brasileiro de Política e Direito do Consumidor, 1993, vol. 7.

BOTTOMORE, Tom (ed.). **Dicionário do Pensamento Marxista**. Antonio Monteiro Guimarães (org.). Rio de Janeiro: Jorge Zahar, 1988.

BOURDIEU, Pierre. **O Poder Simbólico**. Fernando Tomaz (trad.). 15ª ed. Rio de Janeiro: Bertrand Brasil, 2011.

__________. **Os Usos Sociais da Ciência**: por uma sociologia clínica do campo científico. Denice Barbara Catani (trad.). São Paulo: UNESP, 2004.

BRANDÃO, Wilson Carvalho. **Lesão e Contrato no Direito Brasileiro**. Rio de Janeiro: AIDE, 1991.

CABANA, Roberto M. López. **Ecología y Consumo. In: Revista de Direito do Consumidor**. São Paulo: Revista dos Tribunais/BRASILCOM -Instituto Brasileiro de Política e Direito do Consumidor, 1994, vol. 12.

CABRAL, Bernardo. **Anteprojetos das Comissões Temáticas e Índice**: junho de 1987. Brasília: Centro Gráfico do Senado Federal, 1987**a**.

__________. **Projeto de Constituição** (B) (2º turno): julho de 1988. Brasília: Centro Gráfico do Senado Federal, 1988**a**.

__________. **Projeto de Constituição** (Substitutivo do Relator): agosto de 1987. Brasília: Centro Gráfico do Senado Federal, 1987**b**.

__________. **Projeto de Constituição** (Substitutivo do Relator – Segundo): setembro de 1987. Brasília: Centro Gráfico do Senado Federal, 1987**c**.

CALDEIRA, Jorge. **Mauá**: empresário do império. São Paulo: Companhia das Letras, 1995.

CALMON, Pedro. **História do Brasil**: o império e a ordem liberal. Rio de Janeiro: José Olympio, 1959, vol. V.

CÂMARA DOS DEPUTADOS. <http://www.camara.gov.br/proposicoesWeb/prop_mostrarintegra?codteor=1092152&filename=Avulso+-PL+70/1971> Acesso em 27/09/2013 às 09h18min.

CÂMARA MUNICIPAL DE SÃO PAULO. <http://www2.camara.sp.gov.br/projetos/1984/00/00/0C/SD/00000CSD0.PDF> Acesso em 27/09/2013 às 09h38min.

CAMARGO SOBRINHO, Mário de. **O Contrato de Adesão e a Necessidade de uma Legislação Específica**. São Paulo: Lex, 2000.

CAPPELLETTI, Mario. **Acesso à Justiça**. Elle Gracie Northfleet (trad.). Porto Alegre: Fabris, 1988.

CARNEIRO, Ricardo. Art. 26. **In:** MILARÉ, Édis, e MACHADO, Paulo Affonso Leme (coords.). **Novo Código Florestal**: comentários à Lei 12.651, de 25 de maio de 2012 e à MedProv 571, de 25.05.2012. São Paulo: Revista dos Tribunais, 2012.

CARDOSO, Adalberto Moreira. Os Sindicatos e a Segurança Socioeconômica no Brasil. **In:** SANTANA, Marco Aurélio, e RAMALHO, José Ricardo (orgs.). **Além da Fábrica**: trabalhadores, sindicatos e a nova questão social. São Paulo: Boitempo, 2003.

CARDOSO, Fernando Henrique. **O Modelo Político Brasileiro e Outros Ensaios**. 5ª ed. Rio de Janeiro: Bertrand, 1993.

CARVALHO, José Murilo. A Construção da Ordem: a elite política imperial. **In:** CARVALHO, José Murilo. **A Construção da Ordem:** a elite política imperial. **Teatro de Sombras**: a política imperial. Rio de Janeiro: Civilização Brasileira, 2003.

__________. **Cidadania no Brasil**: o longo caminho. 14ª ed. Rio de Janeiro: Civilização Brasileira, 2011.

__________. **Mandonismo, Coronelismo, Clientelismo**: uma discussão conceitual. Belo Horizonte: UFMG, 2005.

CARVALHO, José Paulo Netto. **Cotidiano**: conhecimento e crítica. 5ª ed. São Paulo: Cortez, 2000.

CASSETARI, Álvaro Augusto. **Confissão de Dívida Bancária**: novação. Curitiba: Juruá, 2001.

CAVALCANTI, Clóvis. **Sustentabilidade da Economia**: Paradigmas Alternativos de Realização Econômica. **In**: CAVALCANTI, Clóvis (org). **Desenvolvimento e Natureza:** estudos para uma sociedade sustentável. 5ª ed. São Paulo: Cortez: Fundação Joaquim Nabuco, 2009.

CAVALIERI FILHO, Sérgio. Responsabilidade Civil no Novo Código Civil. **In: Revista de Direito do Consumidor**. São Paulo: Revista dos Tribunais/Instituto Brasileiro de Política e Direito do Consumidor, out.-dez. de 2003, nº 48.

CERQUEIRA FILHO, Gisálio. **A "Questão Social" no Brasil**: crítica do discurso político. Rio de Janeiro: Civilização Brasileira, 1982.

CHÂTELET, François, DUHAMEL, Olivier, e PISIER-KOUCHNER, Evelyne. **História das Ideias Políticas**. Carlos Nelson Coutinho (trad.) Rio de Janeiro: Jorge Zahar, 2000.

CHÂTELET, François, e PISIER-KOUCHNER, Evelyne. **As Concepções Políticas do Século XX**: história do pensamento político. Carlos Nelson Coutinho (trad.) Rio de Janeiro: Jorge Zahar, 1983.

CHAUÍ, Marilena. O Discurso Competente. **In:** CHAUÍ, Marilena. **Cultura e Democracia**: o discurso competente outras falar. 3ª ed. São Paulo: Moderna, 1982.

COELHO, Fábio Ulhoa. **Curso de Direito Comercial**. 3ª ed. São Paulo: Saraiva, 2002, vol. 3.

COLLIER, David. **Resumo do Modelo Autoritário - Burocrático. In**: COLLIER, David (org.). **O Novo Autoritarismo na Autoritarismo na América Latina**. Rio de Janeiro: Paz e Terra, 1982.

CÔRTES, Gilberto Menezes. As Contas Externas Pioram em Má Hora. **In**: **Jornal do Brasil**, Rio de Janeiro, 7 maio 2000, Economia.

COSTA, Frederico Lustosa da. **Reforma do Estado e Contexto Brasileiro**: crítica do paradigma gerencialista. Rio de Janeiro: FGV, 2010.

COSTA, Marco Antonio Costa. **O Direito do Consumidor no Âmbito das Políticas Públicas**: conquistas e impasses. Fortaleza: Universidade Estadual do Ceará, 2009.

COSTA, Nelson Nery. **A Banca e o Juro no Direito Brasileiro**. Lisboa: Universidade Lusíada, 2011.

__________. **Ciência Política**. 3ª ed. Rio de Janeiro: Forense, 2012a.

_________. **Direito Municipal Brasileiro**. 5ª ed. Rio de Janeiro: Forense, 2012c.

_________. **Teoria e Realidade da Desobediência Civil**. 2ª ed. Rio de Janeiro: Forense, 2000.

_________. **Vademecum Jurídico**. 3ª ed. Pirassununga: Lawbook, 2013.

COVELLO, Sérgio Carlos. **Contratos Bancários**. 4ª ed. São Paulo: LEUD, 2001.

DENARI, Zelmo. Capítulo IV. Da Qualidade de Produtos e Serviços, da Prevenção e da Reparação dos Danos. **In:** GRINOVER, Ada Pellegrini. **Código Brasileiro de Defesa do Consumidor**: comentado pelos autores do anteprojeto. 10ª ed. Rio de Janeiro: Forense, 2011, vol. I.

DERANI, Cristiane. Política Nacional das Relações de Consumo e o Código de Defesa do Consumidor. **In: Revista do Direito do Consumidor**. São Paulo: Revista dos Tribunais/ BRASILCOM-Instituto Brasileiro de Política e Direito do Consumidor, 1999, vol. 29.

DOBB, Maurice. **A Evolução do Capitalismo**. Manuel do Rêgo Braga (trad.). 8ª ed. Rio de Janeiro: Zahar, 1981.

DOMINGUES, José Maurício. **Aproximações à América Latina**: desafios contemporâneos. Rio de Janeiro: Civilização Brasileira, 2007.

_________. **Ensaios de Sociologia: teoria e pesquisa.** Belo Horizonte: UFMG, 2004.

DONATO, Maria Antonieta Zanardo. **Proteção ao Consumidor**: conceito e extensão. São Paulo: Revista dos Tribunais / Instituto Brasileiro de Política e Direito do Consumidor, 1993.

DONNINI, Rogério Ferraz. Revisão de Contrato Bancário. **In**: WALD, Arnoldo (coord.). **In: Revista de Direito Bancário e do Mercado de Capitais**. São Paulo: Revista dos Tribunais, out.-dez. de 2004, ano 7, nº 26.

DUARTE, Patrícia, e outros. BC Corta os Juros e a Selic é a Menor da História. **In: O Globo**. Rio de Janeiro: O Globo, 20 jul. 2006, Economia.

FAUSTO, Boris. **A Revolução de 1930**. São Paulo: Brasiliense, 1982.

FELIPE, Jorge Franklin Alves. **Contratos Bancários em Juízo**. Rio de Janeiro: Forense, 1999.

FERNANDES, Florestan. **A Revolução Burguesa no Brasil**: ensaio de interpretação sociológica. 3ª ed. Rio de Janeiro: Guanabara, 1987.

FERREIRA, Waldemar Martins. **Instituições do Direito Comercial**: os contratos mercantis e os títulos de crédito. 2ª ed. Rio de Janeiro: Freitas Bastos, 2º vol., 2º tomo, 1948.

FIGUEIREDO, Marcelo. Constitucionalismo Brasileiro: avanços, desafios e perspectivas. **In:** BOGDANDY, Armin Von, PIOVESAN, Flavia, e ANTONIAZZI, Mariela Morales (coords.). **Direitos Humanos, Democracia e Integração Jurídica na América do Sul**. Rio de Janeiro: Lumen Juris, 2010.

FLORES, Moacyr. **Dicionário de História do Brasil**. Porto Alegre: EDIPUCRS, 2001.

FORTUNA, Eduardo. **Mercado Financeiro**: produtos e serviços. 16ª ed. Rio de Janeiro: Qualitymark, 2005.

FOUCAULT, Michel. As Ciências Humanas. **In**: COELHO, Eduardo Prado (org.). **Estruturalismo**: antologia de textos teóricos. Maria Ermantina Galvão (trad.). Lisboa: Portugália, s/d.

FRETAG, Bárbara. **Escola, Estado & Sociedade**. 6ª ed. São Paulo: Moraes, 1986.

FREY, Klaus. **Políticas Públicas**: um debate conceitual e reflexões referentes à prática da análise de políticas públicas no Brasil. **In: Planejamento e Políticas Públicas**. Brasília: Instituto de Pesquisa Econômica Aplicada (IPEA), nº 1, 1989, vol. I.

FROTA, Mario. Auto-regulamentação: vantagens e desvantagens. **In: Revista de Direito do Consumidor**. São Paulo: Revista dos Tribunais/ BRASILCOM-Instituto Brasileiro de Política e Direito do Consumidor, 1992, vol. 4.

________. Segurança Alimentar: imperativo de cidadania. **In: Revista de Direito do Consumidor**. São Paulo: Revista dos Tribunais/ BRASILCOM-Instituto Brasileiro de Política e Direito do Consumidor, 2002, vol. 44.

FURTADO, Celso. **Formação Econômica do Brasil**. 18ª ed. São Paulo: Nacional, 1982.

________. **O Longo Amanhecer**: reflexões sobre a formação do Brasil. 2ª ed. São Paulo: Paz e Terra, 1999.

GARCIA, Izner Hanna. **Ilegalidades nos Contratos Bancários**: doutrina, jurisprudência. Rio de Janeiro: AIDE, 2000.

GASPARINI, Élio. **A Ditadura Envergonhada**. 3ª reimpr. São Paulo: Companhia das Letras, 2002.

________. O Alto Comando da Banca. **In: Folha de São Paulo**. São Paulo: Folha de São Paulo, 8 fev. 2006, Brasil, p. A 9.

GIUSSANI, Paolo. Ricardo e Marx. **In**: BOTTOMORE, Tom (org.). **Dicionário do Pensamento Marxista**. Waltensir Dutra (trad.). Rio de Janeiro: Jorge Zahar, 1988.

GONÇALVES, Rosanna Conceição. Os Direitos Fundamentais Sociais no Constitucionalismo Brasileiro. **In:** GONÇALVES, Cláudia Maria da Costa (coord.). **Direitos Humanos - Vozes e Silêncio**. Curitiba: Juruá, 2011.

GOMES, Orlando. **Introdução ao Direito Civil**. 6ª ed. Rio de Janeiro: Forense, 1979.

GRAMSCI, Antônio. **Maquiavel, a Política e o Estado Moderno**. Luiz Mário Gazzaneo (trad.). 4ª ed. Rio de Janeiro: Civilização Brasileira, 1980.

GRINOVER, Ada Pellegrini. Introdução. **In:** GRINOVER, Ada Pellegrini. **Código Brasileiro de Defesa do Consumidor**: comentado pelos autores do anteprojeto. 10ª ed. Rio de Janeiro: Forense, 2011, vol. I.

GRUPPI, Luciano. **O Pensamento de Lênin**. Carlos Nelson Coutinho (trad.). 3ª ed. Rio de Janeiro: Graal, 1979.

HABERMAS, Jürgen. **O Discurso Filosófico da Modernidade**: doze lições. Luiz Sérgio Repa e Rodnei Nascimento (trads.). São Paulo: Martins Fontes, 2002.

_________. Técnica e Ciência enquanto Ideologia. **In**: ARANTES, Paulo Eduardo (consult.). **Benjamim, Haberman, Horkheimer, Adorno** (Os Pensadores). José Lino Grünnerwald e outros (trads.). São Paulo: Abril Cultural, 1983.

HAGSTRÖM, Carlos Alberto. A Disciplina do Relacionamento entre as Instituições Financeiras e seus Clientes: "Código de Defesa do Cliente Bancário": Comentários às Resoluções 2.878 e 2.892, do CMN (2ª parte). **In**: WALD, Arnoldo (coord). **In: Revista de Direito Bancário, do Mercado de Capitais e da Arbitragem**. São Paulo: Revista dos Tribunais, jan.-mar. de 2003, ano 6, nº 19.

HAMILTON, Alexander. Vantagens de um Executivo Único. **In**: HAMILTON, Alexander, MADISON, James, e JAY, John. **O Federalista**. Heitor Almeida Herrera (trad.). Brasília: Universidade de Brasília, 1984, artigo 70.

HARRIS, David. **Capitalismo Monopolista do Estado**. **In:** BOTTOMORE, Tom (org.). **Dicionário do Pensamento Marxista**. Waltensir Dutra (trad.). Rio de Janeiro: Jorge Zahar, 1988.

HARRISON, Wilfrind. Política (Administração) (**Policy**). **In:** SILVA, Benedicto (coord.). **Dicionário de Ciências Sociais**. S/trad. 2ª ed. Rio de Janeiro: Fundação Getúlio Vargas, 1987.

HARVEY, David. **Condição Pós-Moderna**: uma pesquisa sobre as origens da mudança cultural. Adail Ubirajara Sobral e Maria Stela Gonçalves (trads.). 20ª ed. São Paulo: Loyola, 2010.

HELLER, Agnes. **O Cotidiano e a História**. Carlos Nelson Coutinho e Leandro Konder (trads.) 8ª ed. São Paulo: Paz e Terra, 2008.

HELLER, Ágnes. **Teoria de Las Necesidades en Marx**. P. A. Rovatti (prol.). Barcelona: Península, 1978.

HILDEBRAND, Antonio Roberto. **Código de Defesa do Cliente Bancário**: doutrina, legislação e jurisprudência. Leme: Mundo Jurídico, 2001.

HOLANDA, Sérgio Buarque. Raízes do Brasil. **In:** SANTIAGO, Silviano (coord.). **Intérpretes do Brasil**. Rio de Janeiro: Nova Aguilar, 2002, vol. III.

IANNI, Octavio. **O Colapso do Populismo no Brasil**. Rio de Janeiro: Civilização Brasileira, 1971.

LAKATOS, Eva Maria, e MARCONI, Marina de Andrade. **Metodologia Científica**. São Paulo: Atlas, 1982.

LEAL, Victor Nunes. **Coronelismo, Enxada e Voto**: o município e o regime representativo no Brasil. 5ª ed. São Paulo: Alfa-Ômega, 1978.

LEISERING, Lutz, e LEIBFRIED, Stephan. Caminhos para sair da pobreza: perspectivas sobre uma política ativa. **In**: GIDDENS, Anthony (org.). **O Debate Global sobre a Terceira Via**. São Paulo: UNESP, 2007.

LEITÃO, Míriam. Panorama Econômico: desfazendo o real. **In**: **O Globo.** Rio de Janeiro: 11.09.2001, Economia.

________. Panorama Econômico: números piores. **In**: **O Globo.** Rio de Janeiro: 14.09.2001, Economia.

LÊNIN, Vladimir Ilyshe. O Imperialismo, Fase Superior do Capitalismo. **In:** LÊNIN, Vladimir Ilyshe. **Obras Escolhidas**. S/trad. 3ª ed. São Paulo: Alfa Ômega, 1986, vol. 1.

LIMA, Valéria Ferreira Santos de Almada. Apresentando Referência de Fundamentação das Experiências de Pesquisas Avaliativas. **In**: SILVA, Maria Ozanira da Silva e (org.). **Pesquisa Avaliativa: aspectos teórico-metodológicos**. 2ª Ed. São Paulo: Veras, 2013.

LUZ, Aramy Dornelle da. **Negócios Jurídicos Bancários: o banco múltiplo e seus contratos**. 2ª ed. São Paulo: Juarez de Oliveira, 1999.

MACIEL Lysáneas. Discurso. **In: Anais da Assembleia Nacional Constituinte**. Brasília: Assembleia Nacional Constituinte, 26.05.1987. Disponível em < http://www.senado.gov.br/publicacoes/anais/constituinte/1%20-%20COMISS%C3%83O%20DA%20SOBERANIA%20E%20DOS%20DIREITOS%20E%20GARANTIAS%20

DO%20HOMEM%20E%20DA%20MULHER.pdf > Acesso em 01/10/2013 às 17h32min

MAGALHÃES, João Paulo de Almeida. **Economia**. Rio de Janeiro: Paz e Terra, 1974, vol. II.

MANIET, François. Observações sobre a Segurança Geral dos Produtos na União Europeia. **In: Revista de Direito do Consumidor**. São Paulo: Revista dos Tribunais/ BRASILCOM-Instituto Brasileiro de Política e Direito do Consumidor, 2002, vol. 41.

_________. Os Apelos Ecológicos, os Selos Ambientais e a Proteção dos Consumidores. **In: Revista de Direito do Consumidor**. São Paulo: Revista dos Tribunais/BRASILCOM-Instituto Brasileiro de Política e Direito do Consumidor, 1992, vol. 4.

MANN, Michael. A Crise do Estado-Nação Latino-Americano. Sílvia de Souza Costa (trad.). **In:** DOMINGUES, José Maurício, e MANEIRO, Maria (orgs.). **América Latina Hoje**: conceitos e interpretações. Rio de Janeiro: Civilização Brasileira, 2006.

MARINI, Ruy Mauro. Dialética da Dependência. **In:** SADER, Emir (org.). **Dialética da Dependência**: uma antologia da obra de Ruy Mauro Marini. Petrópolis: Vozes, 2000.

MARQUES, Cláudia Lima. Contratos Bancários em Tempos Pós-Modernos - Primeiras Reflexões. **In: Revista dos Tribunais**. São Paulo: Revista dos Tribunais/ BRASILCOM-Instituto Brasileiro de Política e Direito do Consumidor, 1998, vol. 25.

_________. **Contratos no Código de Defesa do Consumidor**: o novo regime das relações contratuais. 6ª ed. São Paulo: Revista dos Tribunais, 2011.

_________. Diálogo entre o Código de Defesa do Consumidor e o Novo Código Civil: do 'diálogo das fontes' no combate às cláusulas abusivas. **In: Revista de Direito do Consumidor**. São Paulo: Revistas dos Tribunais, jan.-mar. de 2003, nº 45.

MARQUES, Mauro Pinto. Ônus da Prova. Um Enfoque Diferente. **In: Revista de Direito do Consumidor**. São Paulo: Revista dos Tribunais/ BRASILCOM-Instituto Brasileiro de Política e Direito do Consumidor, 1997, vol. 22.

MARSHALL, T. H. **Cidadania, Classe Social e Status**. Meton Porto Gadelha (trad.). Rio de Janeiro: Zahar, 1967.

MARTINS-COSTA, Judith. A Incidência do Princípio da Boa Fé no Período Pré-negocial: reflexões em torno de uma notícia jornalística. **In: Revista de Direito do Consumidor**. São Paulo: Revista dos Tribunais/ BRASILCOM-Instituto Brasileiro de Política e Direito do Consumidor, 1992, vol. 4.

__________. Do inadimplemento das obrigações. **In**: TEIXEIRA, Sálvio de Figueiredo (coord.). **Comentários ao Novo Código Civil**: arts. 389 a 420. Rio de Janeiro: Forense, 2003, vol. V, t. II.

MARTINS, Marcos Francisco. **Marx, Gramsci e o Conhecimento:** ruptura ou continuidade? Campinas: Autores Associados; Americana: Unisal, 2008.

MARX, Karl. **O Capital**. Livro Primeiro: crítica da economia política. Regis Barbara e Flávio R. Kothe (trads.). 2ª ed. São Paulo: Abril Cultural, 1983.

__________. **Grundrisse**. Mario Duayer e Nélio Schneider (trads.). São Paulo: Boitempo, 2011.

__________. O 18 Brumário de Luís Bonaparte. **In**: GIANNOTTI, José Arthur (org.). MARX, José Carlos Bruni (trad.). 2ª ed. São Paulo: Abril Cultural, 1978**a**.

__________. Prefácio Para a Crítica da Economia Política. **In**: GIANOTTI, José Arthur (org.). MARX, José Carlos Bruni (trad.). 2ª ed. São Paulo: Abril Cultural, 1978**c**.

__________. Teses Contra Feuerbach. **In**: MARX. **Os Pensadores:** Marx. José Arthur (org.). São Paulo: Abril Cultural, 1978**b**.

MARX, Karl, e ENGELS, Friendrich. **Manifesto do Partido Comunista**. Carlos Poupe e Edilson Naves (revs.). São Paulo: Global, 1988.

MAYER, Jacob Peter. **Max Weber e a Política Alemã**. Brasília: Universidade de Brasília, 1985.

McCRAKEN, Grant. **Cultura & Consumo**: novas abordagens ao caráter simbólico dos bens e das atividades de consumo. Fernanda Eugenio (trad.). Rio de Janeiro: MAUAD, 2003.

MEDEIROS, Lygia. Juros Bancários São Assalto a Mão Armada. **In:** O Globo. Rio de Janeiro: O Globo, 04.06.2003.

MENDONÇA, José Xavier Carvalho de. **Tratado de Direito Comercial Brasileiro**: das obrigações, dos contratos e da prescrição em matéria comercial. Rio de Janeiro: Freitas Bastos, 1934, vol. VI, liv. IV, parte II.

MESAI, Meghnad. Capitalismo. **In:** BOTTOMORE, Tom (org.). **Dicionário do Pensamento Marxista**. Waltensir Dutra (trad.). Rio de Janeiro: Jorge Zahar, 1988.

MÉSZÁRIOS, István. **Para Além do Capital**. Tradução Paulo César Castanheira e Sérgio Lessa. (trad.). São Paulo/Campinas: Boitempo e UNICAMP, 2002.

__________. **O Poder da Ideologia**. Paulo César Castanheira (trad.). São Paulo: Boitempo, 2004.

MORAES, J. B. Viana de. A Palavra do Instituto dos Advogados de São Paulo. **In:** SIDOU, J. M. Othon. **Proteção ao Consumidor**: quadro jurídico universal. Rio de Janeiro: Forense, 1977.

MÜLLER, Geraldo. **Estado, Estrutura Agrária e População**: estagnação e incorporação regional (Cadernos CEBRAP nº 32). Petrópolis: Vozes, 1980.

NASCIMBENI, Asdrubal Franco. Controle Judicial dos Contratos de Adesão. **In: Revista de Direito do Consumidor**. São Paulo: Revista dos Tribunais/ BRASILCOM-Instituto Brasileiro de Política e Direito do Consumidor, 2002, vol. 42.

NASSIF, Luís. Por Que os Juros São Altos? **In: Folha de São Paulo**. São Paulo: 3.07.2000, Dinheiro.

NERY JÚNIOR, Nelson. Capítulo VI. Da Proteção Contratual. **In:** GRINOVER, Ada Pellegrini. **Código Brasileiro de Defesa do Con-**

sumidor: comentado pelos autores do anteprojeto. 10ª ed. Rio de Janeiro: Forense, 2011, vol. I.

NERY JÚNIOR, Nelson, e NERY, Rosa Maria de Andrade. **Código de Processo Civil Comentado e Legislação Extravagante**. 9ª ed. São Paulo: Revista dos Tribunais, 2006.

NEVES, Lucia Maria Bastos Pereira das. **Corcundas e Constitucionais**: a cultura política da independência (1820-1822). Rio de Janeiro: Revan/FAPERJ, 2003.

NOVAIS, Fernando. Introdução. **In:** SANTIAGO, Silviano (coord.). **Intérpretes do Brasil**. Rio de Janeiro: Nova Aguilar, 2002, vol. III.

NOVO, Aguinaldo. Um Ano de Lucro para os Bancos. **In**: **O Globo**. Rio de Janeiro: O Globo, 8.11.2004, Economia.

O'DONNELL, Guilhermo. Tensões do Estado Autoritário-Burocrático e a Questão da Democracia. **In:** COLLIER, David (org.). **O Novo Autoritarismo na América Latina**. Rio de Janeiro: Paz e Terra, 1982.

OFFE, Claus. **Capitalismo Desorganizado**. São Paulo: Brasiliana, 1989.

OLIVEIRA, Aurino José. **A Teoria da Imprevisão nos Contratos**. 3ª ed. São Paulo: Universitária de Direito, 2002.

OLIVEIRA, Carlos Santos. Contratos. **In**: MELLO, Cleyson de Moraes Mello, e FRAGA, Thelma Araújo Esteves. **O Novo Código Civil Comentado**. Rio de Janeiro: Freitas Bastos, 2003, vol. I.

OLIVEIRA, Celso Marcelo. **Cadastro de Restrição de Crédito e Código de Defesa do Consumidor**. Campinas: LZN, 2001.

OLIVEIRA, Francisco de. Das Dádivas aos Direitos: a dialética da cidadania. **In**: **Revista Brasileira de Ciências Sociais** (RBSC). São Paulo: ANPOCS, nº 25, ano 9, 1994.

OLIVEIRA VIANNA. **Populações Meridionais do Brasil**: história, organização, psicologia. 5ª ed. Rio de Janeiro: José Olympio, 1952, vol. I.

ORTEGA, Gabriel. Projeto de lei Municipal da Semana do Consumidor. Disponível em <http://www.camaramunicipalsp.quaplaweb.com.br/iah/julltext/projeto/PL0322-1984.pdf> Acesso em 27/09/2013 às 09h45min.

PEREIRA, Luiz Carlos Bresser. **Estado e Subdesenvolvimento Industrializado**. 2ª ed. São Paulo: Brasiliense, 1981.

__________. Reforma do Estado e Administração Pública Gerencial. **In:** PEREIRA, Luis Carlos Bresser, e SPINK, Peter Kevin (orgs.). **Reforma do Estado e Administração Pública Gerencial**. Rio de Janeiro: FGV, 2005.

PISIER, Evelyne. **História das Ideias Políticas**. Maria Alice F. C. Antonio (trad.) Barueri: Manole, 2004.

POGGI, Gianfranco. **A Evolução do Estado Moderno**: uma introdução sociológica. Álvaro Cabral (trad.). Rio de Janeiro: Zahar, 1981.

PRADO JÚNIOR, Caio. **A Questão Agrária**. 5ª ed. São Paulo: Brasiliense, 2000.

__________. **Formação do Brasil Contemporâneo**: colônia. São Paulo: Companhia das Letras, 2011.

RAMSAY, Iain. O Controle da Publicidade em um Mundo Pós-Moderno. **In: Revista do Direito do Consumidor. In: Revista de Direito do Consumidor**. São Paulo: Revista dos Tribunais/ BRASILCOM -Instituto Brasileiro de Política e Direito do Consumidor, 1992, vol. 4.

RAWLS, John. **Uma Teoria da Justiça**. Valmireh Chacon (trad.). Brasília: Universidade de Brasília, 1981.

REALE, Miguel. A Boa-Fé no Código Civil. **In**: WALD, Arnoldo (coord.). **In: Revista de Direito Bancário, do Mercado de Capitais e da Arbitragem**. São Paulo: Revista dos Tribunais, jul.-set. de 2003, ano 6, nº 21.

REGONIN. Glória. Estado de Bem-estar. **In**. BOBBIO, Norberto, MATTEUCCI, Nicola e PASQUINO, Gianfranco. **Dicionário de Política**. Carmen C. Varriale e outros (trads.). 13ª ed. Brasília: Universidade de Brasília, 2007, vol. 1.

REQUIÃO, Rubens. **Curso de Direito Comercial**. 22ª ed. São Paulo: Saraiva, 2000, vol. II.

RIBEIRO, Darcy. **O Povo Brasileiro**: a formação e o sentido do Brasil. São Paulo: Companhia das Letras, 2006.

RIBEIRO, Nina. Projeto de Lei na Câmara dos Deputados, apresentado em 1971. Disponívelem<http://www.camaramunicipalsp.quaplaweb.com.br/iah/julltext/projeto/PL0322-1984.pdf> Acesso em 27/09/2013 às 09h45min.

RIOS, Josué. **A Defesa do Consumidor e o Direito como Instrumento de Mobilização Social**. Rio de Janeiro: Mauad, 1998.

RIOS, José Arthur. Associação. **In**: SILVA, Benedicto da. **Dicionário de Ciências Sociais**. 2ª ed. Rio de Janeiro: Fundação Getúlio Vargas, 1987.

RIVERO H., José. Necessidades Básicas de Aprendizagem e Educação do Consumidor. **In: Revista de Direito do Consumidor**. São Paulo: Revista dos Tribunais/BRASILCOM-Instituto Brasileiro de Política e Direito do Consumidor, 1993, vol. 8.

ROCHA, Sílvio Luís Ferreira da. Erro na Oferta no Código de Defesa do Consumidor. **In: Revista de Direito do Consumidor**. São Paulo: Revista dos Tribunais/BRASILCOM-Instituto Brasileiro de Política e Direito do Consumidor, 1994, vol. 9.

SADDI, Jairo. A Imprevisão no Contrato Bancário sob a Égide do Novo Código Civil. **In**: WALD, Arnoldo (coord.). **In: Revista de Direito Bancário, do Mercado de Capitais e da Arbitragem**. São Paulo: Revista dos Tribunais, jul.-set. de 2003, ano 6, nº 21.

SAMPAIO JÚNIOR, Plínio de Arruda. **Entre a Nação e a Barbárie**: dilemas do capitalismo dependente em Caio Prado, Florestan Fernandes e Celso Furtado. Petrópolis: Vozes, 1999.

SANDRONI, Paulo. **Dicionário de Economia do Século XXI**. Rio de Janeiro: Record, 2005.

SANTOS, Wanderley Guilherme. **O Ex-Leviatã Brasileiro**: do voto disperso ao clientelismo concentrado. Rio de Janeiro: Civilização Brasileira, 2006.

SARLET, Ingo Wolfgang. Os Direitos Fundamentais Sociais na Constituição de 1988. **In: Revista de Direito do Consumidor**. São Paulo: Revista dos Tribunais/BRASILCOM-Instituto Brasileiro de Política e Direito do Consumidor, 1999, vol. 30.

SCHIFFMAN, Leon G., e KANUK, Leslie Lazar. **Comportamento do Consumidor.** Dalton Conde de Alencar (trad.). 9ª ed. Rio de Janeiro: LTC, 2009.

SCHWARCZ, Lilian Moritz. **As Barbas do Imperador**: D. Pedro II monarca nos trópicos. 2ª ed. São Paulo: Companhia das Letras, 1998.

SCHNEIDER, Engene V. **Sociologia Industrial**: relações sociais entre a indústria e a comunidade. Ana Cristina Cruz César (trad.). Rio de Janeiro, Zahar, 1976.

SCHUMPETER, Joseph A. **Capitalismo, Socialismo e Democracia**. s/trad. Rio de Janeiro: Fundo de Cultura, 1961.

SEIXAS, Márcio. Saída do Consumidor e a Constituinte. **In: Jornal de Brasília**. Brasília: Jornal de Brasília, 24.4.1987.

SILVA, Luís Renato Ferreira da. **Revisão dos Contratos**: do código civil ao código do consumidor. Rio de Janeiro: Forense, 1998.

SILVA, Luiz Eduardo. **O Sistema Financeiro Perante o Código de Defesa do Consumidor**. Leme: Livraria Jurídica, 2004.

SIDOU, J. M. Othon. **Proteção ao Consumidor**: quadro jurídico universal. Rio de Janeiro: Forense, 1977.

SILVEIRA, Reynaldo Andrade. Proteção ao Consumidor e Direito Bancário. **In**: **Revista de Direito do Consumidor**. São Paulo: Revista dos Tribunais/Instituto Brasileiro de Política e Defesa do Consumidor, abr.-jun. de 2004, nº 50.

SMITH, Adam. **A Riqueza das Nações**: investigação sobre a natureza e suas causas. (Os Economistas). Luiz João Baraúna (trad.). São Paulo: Abril Cultural, 1983, vol. I.

SODRÉ, Marcelo Gomes. **A Construção do Direito do Consumidor**. São Paulo: Atlas, 2010.

SOUSA, Salviana de Maria Pastor Santos. Descentralização e Participação no Panflor: uma avaliação de dinâmica de inserção dos sujeitos sociais no processo de gestão. **In**: SILVA, Maria Ozanira da Silva e (org.). **Pesquisa Avaliativa: aspectos teórico-metodológicos**. 2ª Ed. São Paulo: Veras, 2013.

SOUSA, Washington Peluso Albino de. **Primeiras Linhas de Direito Econômico**. 6ª ed. São Paulo: LTr, 2005.

SOUZA, Miriam de Almeida. **A Política Legislativa do Consumidor no Direito Comparado**. Belo Horizonte: Ciência Jurídica, 1996.

STIGLITZ, Joseph. Uma Agenda para o Desenvolvimento no Século XXI. **In:** GIDDENS, Anthony (org.). **O Debate Global sobre a Terceira Via**. Roger Maioli dos Santos (trad.) São Paulo: UNESP, 2007.

TASCA, Flori Antonio. **Responsabilidade Civil**: dano extra-patrimonial por abalo de crédito. Curitiba: Juruá, 1998.

TAVARES, Maria da Conceição. **Da Substituição de Importações ao Capitalismo Financeiro**: ensaios sobre economia brasileira. 10ª ed. Rio de Janeiro: Zahar, 1982.

TEIXEIRA, Francisco M. P., e TOTINI, Maria Elizabeth. **História Econômica e Administrativa do Brasil**. 3ª ed. São Paulo: Ática, 1993.

THEODORO JÚNIOR, Humberto. **O Contrato e Seus Princípios**. Rio de Janeiro: Aide, 1993.

THOREAU, Henry David. A Desobediência Civil. **In**: THOREAU, Henry David. **Desobedecendo**: a desobediência civil & outros ensaios. José Augusto Drummond (trad.). Rio de Janeiro: Rocco, 1984.

TOCQUEVILLE, Aléxis de. **A Democracia na América**. Belo Horizonte: Itatiaia, 1977.

TOMASETTI JÚNIOR, Alcides. A Configuração Constitucional e o Modelo Normativo do CDC. **In: Revista de Direito do Consumidor**. São Paulo: Revista dos Tribunais/ BRASILCOM-Instituto Brasileiro de Política e Direito do Consumidor, 1995, vol. 14.

UNGER, Roberto Mangabeira. **A Alternativa Transformadora**: como democratiza o Brasil. Rio de Janeiro: Guanabara Koogan, 1990.

VARGAS, João Protásio Farias Domingues de. **Dialética e Defesa do Consumidor**: a relação dialética de consumo como correlativo necessário da relação dialética de produção. <http://www.protasiovargas.com.br/bdpv/tex/dialconsum_mon1.htm>, acesso em: 20.04.2011.

VEIGA, José Eli. Apresentação. **In:** PRADO JÚNIOR, Caio. **A Questão Agrária**. 5ª ed. São Paulo: Brasiliense, 2000.

VENOSA, Sílvio de Salvo. A Força Vinculante da Oferta no Código Civil e no Código de Defesa do Consumidor. **In: Revista de Direito do Consumidor**. São Paulo: Revista dos Tribunais/ BRASILCOM -Instituto Brasileiro de Política e Direito do Consumidor, 1993, vol. 8.

VIANNA, Hélio. **História do Brasil**: período colonial e monarquia. São Paulo: Melhoramentos, 1972, vol. II.

VIEIRA, Enio, e ELOY, Patrícia. BC Dividido Reduz mais os Juros. **In**: **O Globo**. Rio de Janeiro: O Globo, Economia, 20.11.2003.

WALD, Arnoldo. **O Novo Direito Monetário**: os planos econômicos, os contratos, o FGTS e a justiça. 2ª ed. São Paulo: Malheiros, 2002.

WALZER, Michel. **Das Obrigações Políticas**: ensaios sobre a desobediência civil, guerra e cidadania. Rio de Janeiro: Zahar, 1977.

WEBER, Max. **Economia e Sociedade**. Regis Barbara e Karen Elsabe Barbosa (trads.). 3ª ed. Brasília: Universidade de Brasília, 1994, vol. 1.

WEFFORT, Francisco. **O Populismo na Política Brasileira**. 2ª ed. Rio de Janeiro: Paz e Terra, 1980.

WEGNER, Robert. Caminhos de Sérgio Buarque de Holanda. **In:** BOTELHO, André, e SCHWARCZ, Lilia Moritz (orgs.). **Um Enigma Chamado Brasil**: 29 intérpretes e um país. São Paulo: Companhia das Letras, 2009.

WIGGERSHAUS, Rolf. **A Escola de Franfurt**: história, desenvolvimento teórico, significação política. Lylyane Deroche-Gurgel e Vera de Azambuja Harvey (trads.). Rio de Janeiro: DIFEL, 2002.

ZANELLATO, Marco Antonio. O Sancionamento Penal da Violação do Dever de Informar no Código de Defesa do Consumidor. **In: Revista de Direito do Consumidor**. São Paulo: Revista dos Tribunais/ BRASILCOM-Instituto Brasileiro de Política e Direito do Consumidor, 1993, vol. 8.

Impresso em novembro de 2015